KB198274

K·방산에
투자하라

· 일러두기

1. 해외 무기 등의 이름은 국립국어원의 외래어 표기법을 따랐으나, 일부는 이미 정착된 표현을 그대로 사용했다.
2. 무기 등의 이름에 붙은 숫자 중 1~10까지는 영어 'One, Two, Three…'로, 11 이후는 '십일, 십이, 십삼…'으로 읽는 것으로 통일했다.

K 방산에 투자하라

초판 1쇄 인쇄 2025년 1월 15일
초판 1쇄 발행 2025년 2월 5일

지은이 김민석
펴낸이 최순영

출판2 본부장 박태근
경제경영 팀장 류혜정
편집 류혜정
디자인 박선향
원고 정리 장윤정

펴낸곳 ㈜위즈덤하우스 **출판등록** 2000년 5월 23일 제13-1071호
주소 서울특별시 마포구 양화로 19 합정오피스빌딩 17층
전화 02) 2179-5600 **홈페이지** www.wisdomhouse.co.kr

ⓒ 김민석, 2025

ISBN 979-11-7171-313-4 03320

K·방산에 투자하라

김민석 지음

위즈덤하우스

1980년대 이후 이어져 왔던, 거슬러 올라가면 제2차 세계대전 이후 본격화되었던 세계화, 그리고 WTO 체제에서의 일극 중심 세계화와 글로벌 시장화 전략이 근본적으로 변화되는 세계를 우리는 맞닥뜨렸습니다. 돌아보면 미국 일극 체제가 가져다준 큰 전쟁 없는 세상을 거치며 각국 군수 기업들이 문을 닫는, 그야말로 평화의 시대를 살아왔던 것 같습니다. 그러나 러시아-우크라이나 전쟁으로 우리가 새로운 시대를 살고 있다는 자각을 하였고, 그동안 얼마나 국가 방어 전략에 소홀해왔는지가 여실히 드러나는 2022~2024년을 보냈습니다.

세상의 일이라는 것이 돌고 도는 것일까요? 세계 유일의 열전 국가였던 한반도 지역의 지정학적 상황이, 우리로 하여금 끊임없이 전쟁 준비와 방산 물자 준비를 하게 했고, 그것이 유일하게 전쟁 준비가 된 국가, 가성비 최고의 전쟁물자를 준비하는 국가로 인식되게 만드는 놀라운 변화가 급작스럽게 이루어졌습니다. 이런 때 우리에게 매우 필요한 책 한 권이 밀리터리 전문가 김민석 기자를 통해서 세상에 출간되었습니다.

김민석 기자의 최대 장점은 그가 보유한 엄청난 양의 데이터에 근거하는 것입니다. 이번 책에서는 한국 방위산업에 대한 정보를 바탕으로 애널리스트와는 차원이 다른 디테일을 보여줍니다. 외부에 배포하는 자료의 수준을 훌쩍 넘어, 심도 있는 분석과 깊은 속내를 넘나드는 위력을 보여줍니다. 그 결과, 이 책은 밀리터리 초심자를 밀리터리 준전문가로 만들어줄 뿐 아니라, 밀리터리 관련 투자를 감안하고 있는 사람들에게도 반드시 읽고 넘어가야 할 필독서가 되었습니다.

이번 책《K-방산에 투자하라》는 무엇보다 최근에 발생한 러시아-우크라이나 전쟁과 그 안에서 실제로 이루어졌던 전쟁과 무기체계의 변화 등의 내용도 상세히 담고 있어, 그저 과거 데이터 중심을 서술하던 기존 밀리터리 관련 책들과는 다른, 현장감과 생동감까지 느낄 수 있습니다. 그리고 세계의 방위산업 흐름이 어떻게 돌아가고 있는지, 각국이 어떤 준비로 새로운 시대를 준비하고 있는지도 알 수 있어 새로운 세계에 대한 이해를 돕는 데도 많은 도움이 될 것입니다.

- 곽상준_신한투자증권 광화문금융센터 부장, 유튜브 〈증시각도기TV〉 운영

제가 운영하는 〈샤를의 군사연구소〉 채널은 매번 최신 방산 뉴스를 전해드리기 위해 노력해왔습니다. 하지만 예전처럼 직접 발로 뛰어다니는 것에는 한계가 있는지라 여러 번 난관에 봉착했죠. 그런데 바로 그때 〈에비에이션 위크〉의 한국 특파원 김민석 기자를 만났습니다.

김민석 기자는 항공 분야뿐만 아니라 육상과 해상 등 무기체계 전반에 대해 너무나도 해박한 지식을 가지고 있으며, 무엇보다 방대한 해외 네트워크를 구축해 국내에서는 그 누구보다 빠르고 정확하게 방산 소식을 전달할 수 있습니다.

근거 없는 자극적인 내용이 난무하는 요즘 시대에 김민석 기자는 언제나 팩트만을 정확하게 전달한다는 원칙을 갖고 있습니다. 그렇기에 더욱 신뢰할 수 있는 분이지요. 이런 분이 이번에 K-방산에 대한 책을 썼습니다. 《K-방산에 투자하라》는 김민석 기자가 그동안 국내외 현장을 직접 취재하며 얻은 내용을 일목요연하고 알기 쉽게 정리한 책입니다. 독자들께서는 이 책을 통해 K-방산뿐만 아니라 글로벌 방산시장에 대한 가장 신뢰할 만한 인사이트를 얻으리라 확신합니다.

출간을 축하드리며 저 샤를세환이 독자 여러분께 이 책 《K-방산에 투자하라》의 진가를 보증합니다. 앞으로 이 책이 계속 시리즈로 나왔으면 좋겠네요.

- 이세환 기자_유튜브 〈샤를의 군사연구소〉 운영

총 한 자루 만들 능력이 없어 원조에만 의지하고, '탱크 한 대만 있었다면 좋겠다'던 대한민국은 방위산업 매출액 기준 세계 9위로 폭발적 성장을 했습니다. 최근 몇 년간 폴란드, 사우디아라비아, 이라크, UAE 등 많은 곳에서 우리 방위산업의 대규모 수출계약이 맺어졌습니다.

하지만 2025년은 대한민국 방위산업에 거대한 도전의 시기가 될 것 같습니다. K-팝, K-드라마와 같은 한국 콘텐츠와 함께 어깨를 나란히 했던 'K-방산'의 성공신화는 국내 정치 리스크로 그 명예와 신뢰가 크게 떨어졌습니다.

이런 중요한 시점에서, 김민석 기자가 《K-방산에 투자하라》라는 책을 낸 것은 매우 뜻깊은 의미를 갖습니다. 김민석 기자는 오랜 현장 취재 경험을 바탕으로 우리 군과 방위사업의 '핵심 아이템'이라 할 수 있는 10대 무기체계의 개발 비사를 완벽하게 분석했습니다.

또 K-방산의 주역인 방위사업체의 이야기를 라이벌 구도로 흥미롭게 설명한 부분도 인상 깊습니다. 각 회사의 경쟁구도와 장단점을 기업 역사와 재무적 관점으로 살펴본 것은 물론, 우리 방위산업의 성장과 상생을 위해 나아갈 길에 대해서도 대담하게 제시했습니다.

《K-방산에 투자하라》는 산업 측면에서 우리 방위산업의 오늘날의 모습을 살펴볼 수 있을 뿐만 아니라, 4차 산업혁명의 영향으로 하루가 다르게 발전하는 미래 전쟁의 모습과 대한민국의 나아갈 길을 생각하는 계기가 될 것입니다.

- 부승찬_더불어민주당 국회의원

차
례

1장
든든한 캐시카우, 육상 무기체계

2장
막대한 부가 모여드는 항공 무기체계

3장
가장 확실한 미래 먹거리, 해상 무기체계

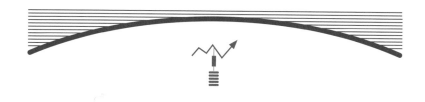

진격의 K-방산

우크라이나 전쟁으로 방위산업에 쏠리는 관심들

한국의 방위산업, 새로운 관심 대상이 되다

2022년 2월 24일, 러시아는 우크라이나의 수도 키이우를 미사일로 공습하고 병력을 투입하며 우크라아와의 전쟁을 시작했다. 사실 양국의 상호경계와 충돌 위험은 그보다 앞선 2021년 10월에 러시아가 자국 병력을 우크라이나 국경에 대규모로 집결시키면서 시작되었는데, 그것이 불과 4개월 뒤 '우크라이나-러시아 전쟁(이하 우크라이나 전쟁)' 이라는 형태로 현실화된 것이었다.

　우크라이나 전쟁 관련 뉴스가 연일 전파를 타자 국가 간 전쟁 및 각국 방위산업에 대한 일반인들의 궁금증과 관심은 예전보다 높아졌다. 더불어 대한민국의 방위산업체, 즉 'K-방산업체'들의 대형 사업 수주를 알리는 소식들 또한 그러한 관심을 높이는 데 한몫했고, 한 발 더 나아가 이 산업 분야에 투자하려는 이들도 늘어나고 있다.

사실 보통의 사람들이 K-방산에 대해 잘 파악하기란 쉽지 않은 일이다. 여타 산업 분야와 달리 방위산업은 국가방위라는 중대한 사안과 밀착되어 있어 기밀사항이 많고 일반인의 접근 또한 쉽지 않기 때문이다. 그렇기에 이 책의 전반적 목적은 현대 방위산업이라는 분야의 특성, K-방산의 위상이 과거보다 높아진 이유, 현재 세계가 주목하는 K-방산의 대표 상품들을 독자들과 함께 알아보는 데 있다. 다만 우선은 앞서 잠시 언급한 우크라이나 전쟁을 통해 '방위산업이 존재할 수밖에 없는 배경', 즉 '전쟁'이 방위산업과 어떤 연관성을 갖는지부터 살펴보자.

우크라이나의 허약한 방위산업이 전쟁을 불렀다?

전쟁은 생산적 행위가 아닌 파괴적 행위다. 다른 산업이 생산성을 향상시키는 기술개발에 전력투구한다면 방위산업은 정밀성, 신속성, 치명성을 높이는 기술개발로 경쟁을 한다. 그래서 방위산업 섹터는 모순적이면서도 동시에 모든 산업의 생산성을 지키고 버티게 만드는, 인체로 치면 백혈구 역할을 맡으며 성장하고 있다.

방위산업 제품들에 있어 생산성이 아닌 파괴력과 치명성의 향상이 중요한 이유는, 그것들이 실전에서 제대로 작동되지 않으면 아군이 막대한 피해를 입기 때문이다. 러시아의 푸틴 대통령이 우크라이나 전면 침공을 쉽게 결정할 수 있었던 이유는 우크라이나의 군사력 및 방위산업 수준이 형편없었기 때문이다.

전쟁으로 파괴된 우크라이나 방위산업의 자랑 An-255므리야.
출처: Oleksii Samsonov

우크라이나는 핵무기를 제외하면 상당수의 구舊소련제 무기와 방위산업 공장을 가진 상태에서 독립한 국가다. 때문에 우크라이나의 방위산업은 이 '구소련의 유산' 아래에서 성장했다. 구소련 시절 제작되어 각종 거대장비 수송에 활용된 An-255므리야Mriya를 군 장비 운송 서비스에 사용하는가 하면, BTR-4 장갑차나 T-84오플롯Oplot 전차 등 옛날 제품을 개조 및 생산해 태국이나 일부 국가들에 수출하기도 했다.

그럼에도 우크라이나에겐 새로운 장비를 생산하고 유지할 능력이 없었다. 심지어 수출에는 성공했으나 납기에 맞춰 납품하는 데는 실패하는 말도 안 되는 일까지 일어났다. 2011년 태국은 우크라이나의 탱크 T-84를 50여 대 주문했는데, 이후 몇 년이 지나도록 우크라이나는 고작 20대 정도만 납품했던 것이다. 구소련 시절의 공장뿐 아니라

K-방산에 투자하라

당시 만들어진 부품까지 생산에 활용하는 바람에 양산 능력이 너무 떨어진 탓이었다. 러시아 입장에선 이러한 '약체' 우크라이나에게 질 리가 없다고 판단했기에 기습공격도 아닌 장시간의 군사훈련 후 전면 침공을 결정한 것이다. 이렇듯 방위산업의 기반이 약한 나라는 적국에 게 매력적인 침공 대상으로 여겨진다.

방위산업 자체가 전쟁을 억제해주진 못하지만, 이미 일어난 전쟁에 서는 국가의 운명을 지키는 가장 중요한 요소가 된다. 우크라이나는 계속되는 러시아의 침공을 막아내기 위해 자국 방위산업과 관련 된 세 가지 선택을 했다.

첫 번째는 MRO, 즉 유지maintenance, 보수repair, 운영operation 부문 에 남아 있는 기술자와 설비를 동원, 고장 나거나 부서진 자국 군대의 장비는 물론 노획한 러시아군 장비까지 수리해 전장에 재투입하는 것이었다. 신규 무기 생산력이 원체 낮았던 데다 러시아의 폭격으로 생산라인 유지마저 어려워 택한 방법이었다.

두 번째는 적극적인 민군 겸용 장비, 특히 드론을 활용하는 생산체 제를 확립한 것이었다. 대규모 군사장비 생산공장은 러시아군의 폭격 에 무력화되기 쉽기에, 우크라이나는 가정 혹은 가내수공업 규모에서 만들 수 있는 FPVfirst person view드론을 중심으로 지하 공장 및 분산 공장을 운영하여 무기 보급에 힘쓰고 있다.

마지막은 무기에 대한 신속한 개발 및 개조 작업이었다. 우크라이나 는 우선 미국과 유럽 국가들의 도움을 받아 각종 영국제·미국제·프랑 스제 무기를 자국 공군이 보유한 구소련제 전투기에 통합시키고 있다. 전투기에 새로운 무기를 통합시키는 데는 통상 수년이 걸리기 마련이다. 그러나 우크라이나는 전시 상황에서의 모험적인 개발을 통해 그 기간을 몇 개월, 혹은 몇 주 수준으로 낮춤으로써 현대전 역사상 유래 없는 속도를 보여주고 있다.

더불어 우크라이나는 자국의 생산력 부족 탓에 개발만 마쳐놓았던 시제 무기들을 양산하여 러시아군에 큰 타격을 가했다. 자체개발한 미사일 R-360넵튠Neptune으로 러시아 흑해함대의 가장 크고 강력한 전투함인 순양함 '모스크바Moscow'를 격침시킨 후 어떤 형태로든 양산 체제를 확립한 것으로 보인다. 러시아 함대에 맞설 만한 군함을 새로 생산하기에는 비용도 비용이지만 오랜 시간이 걸린다는 문제 때문에 이러한 방식을 택했을 것으로 판단된다.

대한민국 방위산업의 눈부신 성장

이상의 관점에서 보면 대한민국의 방위산업은 정말 '잘나가는' 산업이자 '잘 기능하는' 산업이기도 하다. 불과 수십 년 전만 해도 소총 하나 만들지 못해 쩔쩔매던 한국은 이제 엄청난 수출 성장세로 전 세계의 주목을 받는 방위산업 선진국이 되었다

한국 방위산업은 특히나 최근 몇 년간 글자 그대로 눈부시게 발전했다. 거의 20여 년 동안의 답보 상태를 뒤로하고 2002년에는 173억 달러, 2023년에는 140억 달러의 수출액을 기록한 한국 방위산업의 시장점유율은 스톡홀름국제평화연구소SIPRI 기준으로 세계 9위, 2.4퍼센트에 달한다. 한국보다 전체 GDP가 열 배 이상인 중국의 시장점유율이 5.2퍼센트 수준이니, 한국 방위산업의 성과가 얼마나 높은지 알 수 있는 대목이다.

폴란드에서 이뤄진 한국제 방산무기의 대규모 수출계약.
출처: X mblaszczak

국제 방위산업 시장의 규모는 현재 성장일로에 있다. 그간 유럽은 국방예산 투자에 인색했으나 우크라이나 전쟁을 계기로 동부 유럽을 중심으로 방위산업 시장이 크게 성장하고 있다. 또한 이스라엘-팔레스타인, 이스라엘-레바논, 이스라엘-이란 간의 전쟁 및 폭격 탓에 무기에 대한 중동 국가들의 구매 수요 역시 증가세를 보인다. 대만과 중국 사이의 긴장 상태 및 중국의 군사력 성장을 위협으로 느끼는 아시아 태평양 국가들 또한 국방력 강화에 열을 올리는 상황이다. 한국의 방위산업은 바로 이런 흐름을 타고 고속의 성장세를 기록 중이다. 이대로라면 우리 정부가 추구하는 '2027년 글로벌 4대 방산강국'이라는 목표도 무난히 달성할 수 있을 것이다. 실제로 2024년 12월 2일 SIPRI가 발표한 '세계 100대 방위산업체'에 따르면, 세계 100대 방위산업체의 지난해 평균 성장률이 4.2퍼센트인 반면, 한국 방산기

무기 수출국 순위 및 시장점유율, 최고 수출국가				
순위	수출국	방위산업 시장점유율(%)		2014~2018년 대비 2019~2023년의 시장점유율 변화(%)	최고 수출국가
		2019~2023	2014~2018		
1	미국	42.0	34.0	+17	사우디아라비아
2	프랑스	11.0	7.2	+47	인도
3	러시아	11.0	21.0	-53	인도
4	중국	5.8	5.9	-5.3	파키스탄
5	독일	5.6	6.3	-14	이집트
6	이탈리아	4.3	2.2	+86	카타르
7	영국	3.7	4.1	-14	카타르
8	스페인	2.7	2.7	-3.3	사우디아라비아
9	이스라엘	2.4	3.1	-25	인도
10	대한민국	2.0	1.7	+12	폴란드

출처: SIPRI Fact Sheet

업의 평균 성장률은 39퍼센트에 달했다. 세계 100대 방위산업체에 선정된 우리 기업은 한화 그룹, KAI, LIG넥스원, 현대로템이다.

동화처럼 성장한 한국 방위산업

미래의 전쟁은 정말 과거로부터 올까?

인류 역사상 최고의 물리학자 알베르트 아인슈타인Albert Einstein은 제2차 세계대전 발발 직전 당시 미국 대통령이었던 프랭클린 루스벨

K-방산에 투자하라

트Franklin Roosevelt에게 "나치 독일보다 먼저 핵무기를 만들어야 한다"라는 내용의 편지를 쓰는 바람에 핵무기에 대한 죄책감을 갖게 되었다 한다. 생전에 그는 "제3차 세계대전에서 어떤 무기가 쓰일지 모르지만, 제4차 세계대전에서의 무기는 나뭇가지와 돌멩이가 될 것"이라고 말한 바 있다. 만약 제3차 세계대전이 일어난다면 인류의 문명이 붕괴될 테니, 그 이후에는 군사과학이나 방위산업 자체가 존재하지 않을 것이라는 자조적인 말이었다.

부정적 의미가 아닌 순수한 상상력으로 미래의 전쟁은 과거로 회귀한다는 내용이 담긴 문학 작품이나 영화도 종종 등장한다. 2024년 2월 개봉해 화제가 된 SF영화 〈듄: 파트 2 Dune: Part 2〉에도 '과도한 기술 발달로 인해 전쟁은 고대古代로 후퇴했다'는 재미있는 상상력이 들어가 있다. 초광속 비행을 위해 물리법칙을 비껴갈 수 있는 기술 덕에 보이지 않는 투명방어막holtzman shield이 실용화되는데, 이 방어막은 빠른 총알이야 모두 막아내지만 사람 손으로 휘두르는 느린 칼날이나 주먹은 막을 수 없어 1만 년 뒤의 미래 전쟁은 칼과 주먹으로 한다는 것이 영화 속 설정이다.

실제 1만 년 뒤 인류가 기술 면에서는 진보해도 전쟁만큼은 고대의 그것처럼 하게 될지 아무도 모른다. 다만 지금의 현대전이 수십 년 전의 전쟁으로 '후퇴'했다고 이야기하는 군사전문가들이 많은 것은 사실이다. 이는 최근 일어난 전쟁 중 가장 대규모의 것이라 할 수 있는 우크라이나 전쟁의 세 가지 양상 때문이다.

첫 번째 양상은 포탄과 야포의 중요성 증대다. 우크라이나 전쟁에서의 포탄 소모량은 최근 30년간 있었던 그 어떤 전쟁에서보다 많다. 언론에 따르면 2022년부터 2024년까지 우크라이나는 하루에 최대 6000발, 러시아는 하루에 최대 6만 발 이상의 포탄을 사용했고, 우크라이나에 100만 발 이상의 포탄을 공급한 미국은 빈 탄약고를 채우기 위해 한국에 도움을 요청하기도 했다.

두 번째 양상은 전차를 동원한 대규모 기갑전력의 중요성 증대다. 우크라이나 전쟁의 첫 1년 동안 러시아가 동원한 3500대의 전차 중에선 2200대가, 우크라이나가 동원한 1000대 이상의 전차 중에선 700대가 손실되었다. 이렇듯 많은 전차가 동원된 전쟁으로는 일부 중동전쟁들이 있으나 그것들은 대개 1~4주 내외 동안 있었던 단기전이었다. 제2차 세계대전 이후 이토록 엄청난 수량의 전차와 장갑차를 오랜 기간 동원하고 또 각국이 막대한 피해를 입은 전쟁으로는 우크라이나 전쟁이 유일하다. 그야말로 이 전쟁의 기갑전투는 80년 전으로 후퇴한 것이나 다름없는 셈이다.

세 번째 양상은 지루한 지구전 및 막대한 인명피해다. 우크라이나 전쟁이 3년 차에 접어든 2024년 현재의 상황에서, 전쟁 극초반에는 러시아군이 깊숙한 침투공격을 감행했고 우크라이나군이 그에 대대적으로 반격하는 모양새였으나, 대반격 이후 2년 가까운 현재까지 전선은 매우 고착된 상태다. 더불어 양국이 상대국의 마을 하나, 도시 하나를 빼앗는 데는 수많은 인명이 희생되고 있다. 20년 전 미국이 '테러와의 전쟁War on Terror'에서 이라크 저항세력 및 아프가니스탄 탈레반과 수년 가까이 전쟁을 벌인 바 있으나, 당시의 전쟁은 제한전limted war이었던 데 반해 우크라이나 전쟁은 전면전full-spectrum war이라는 차이가 있다. 수십만의 인명이 희생되는 전쟁은 사실상

K-방산에 투자하라

도하 작전 한 번에 수십 대의 전차가 파괴된 우크라이나군.
출처: x Blue_Sauron

우리 인류가 50년 만에 다시 겪는 재앙이라 할 수 있다.

물론 우크라이나 전쟁이 무작정 과거로 회귀했다 이야기하기는 어렵다. 이 전쟁에선 상당한 첨단 기술들이 동원되고 있기 때문이다. AI를 활용한 지휘통제 기술, 위성인터넷을 사용한 실시간 통신 및 정찰, 공중·지상·해상 모두에서 널리 쓰이는 드론 기술, 소셜미디어를 사용한 심리전 및 빅데이터를 활용한 전술 수립 등 우크라이나 전쟁에서는 엄청난 혁신적 방법들이 등장했다. 그럼에도 '우리 눈에 보이는' 우크라이나 전쟁은 21세기 그 어떤 전쟁보다 20세기의 재래식 전쟁에 가깝다. 사실 이런 신무기들은 눈에 잘 보이지 않는 무형의 자산, 혹은 민수용 제품을 활용하거나 개조한 것들이기 때문이다.

한반도의 특수 상황, K-방산 성장의 역설적 이유가 되다

그런데 한국 방위산업의 위상이 세계적으로 급격히 도약한 데는 우크라이나 전쟁에서 비롯된 새로운 전쟁 양상의 힘이 컸다. 그간 한국은 전 세계 방위산업 시장 트렌드에 항상 뒤처져 있었던 것이 사실이나, 바로 그러한 상황 덕에 그 어떤 국가보다도 현대의 전쟁 양상에 적합한 산업구조를 갖추게 된 것이다.

냉전이 끝난 1990년대 이후 방산 선진국인 미국과 유럽은 방위산업 분야에서 엄청난 대격변을 겪었다. 미국의 경우 이라크전을 마지막으로 대규모 재래식 전쟁보다는 국제분쟁에 재빨리 개입하는 데 필요한 신속전개 능력을 갖추기 위해 많은 노력을 기울였다. 이전 세대의 무기가 가졌던 치명성과 기동성은 유지하되 중량을 줄여 신속 전개를 가능케 하는 여러 무기체계weapon system들을 의욕적으로 개발한 것이다. 전술수송기인 C-130에 탑재 가능한 장갑차·전차·자주포·자주박격포·응급수송차량을 만드는 미래전투체계future combat system나, 테러집단의 자살테러보트 또는 소형 고속정을 공격하는 대對수상전·대잠수함 작전·기뢰제거 작전 등의 임무 모듈이 교체 가능하고 기존 전투함보다 두 배 가까이 빠른 40노트의 속력을 낼 수 있는 연안전투함littoral combat ship 등이 그 대표적인 예다.

그에 반해 기존의 재래식 또는 냉전시대 무기들과 관련된 개발은 2001년의 9.11 테러 이후 아프가니스탄과 이라크에서 '테러와의 전쟁'이 시작되면서 정체되었다. 뛰어난 성능의 자주포였던 XM2001크루세이더Crusader, 스텔스 정찰헬리콥터인 RAH-66 코만치Comanche 등의 대형 무기를 개발하는 사업은 테러와의 전쟁에서 불필요하다는 이유로 취소되었다. 다만 평균 20t 정도였던 보병전투차는 지뢰 및 급조폭발물improvised explosive device, IED 공격에 대처하기 위해 중량이 40t대로 늘어나긴 했다.

대신 냉전시대에는 별 관심을 받지 못했던 무기나 새로운 개념의 무기체계가 인기를 끌기 시작했다. 남아프리카공화국 등 제한된 나라에서만 사용되던 지뢰방호차량, 즉 MRAPmine resistant ambush protected가 이라크와 아프가니스탄에 군대를 파병한 국가들 사이에서도 엄청난 인기를 끌기 시작했고, 전면전 시 적의 대공 미사일에 취약해 효용성을 의심받았던 MQ-1 프레데터Predator 드론 같은 무인공격기도 유인전투기 대신 각광받기 시작했다.

하지만 대한민국의 사정은 달랐다. 대한민국의 무기체계 작전 개념은 미국, 넓게 보면 유럽이 속한 나토NATO의 교리를 그대로 따라가고 있었으니, 바로 1980년대에 정립된 공지전투air-land battle 개념이 그것이었다.

사거리가 40km에 이르기에 장거리 사격이 가능한 자주포 K9, 70km 밖에 있는 적의 후방 예비대를 타격할 수 있는 다연장로켓 K239천무Chunmoo, 소형 무장헬기 LAH-1미르온Miron이나 기동헬기 KUH-1수리온Surion, 마지막으로 K2흑표Black Panther전차나 K21보병전투차 등은 대규모 재래식 전쟁에서 기동군단을 중심으로 교전하는 방식에 활용되는 무기들이라 할 수 있다. 한국의 방위산업은 이러한 전력을 갖추기 위해 지금까지 엄청난 노력을 해왔는데, 이는 북한이라는 존재 탓에 상존하는 전쟁의 위험 때문이었다.

다시 말하자면 이렇다. 냉전 붕괴 이후 미국과 유럽 등 방위산업

'테러와의 전쟁'에서 중요한 역할을 맡았던 지뢰방호차량.
출처: army.mil

선진국들은 새로운 양상의 국제분쟁과 전쟁에 적응하기 위해 과거의
장비 및 체계를 과감히 버린 데 반해, 한국의 경우는 북한과의 전쟁에
항상 대비해야 하는 탓에 과거 냉전시대의 무기 전력에서 탈피하거나
큰 변화를 추구하지 못했다. 그러나 우크라이나 전쟁에서 알 수 있듯
최근의 전쟁 양상은 과거의 것으로 회귀하는 듯하고, 그에 따라 현
한국의 무기 전력은 (비록 의도하진 않았으나) 그런 양상 변화에 가장
적절한 것으로 평가받기에 이르렀다. 한때 우리의 발목을 잡았던
한반도의 특수한 상황이 이제는 오히려 K-방산의 급격한 성장 이유가
되었으니 참으로 역설적이라 하지 않을 수 없다.

방위산업의 이해에 필요한 세 가지 질문

나는 이 책에 국내는 물론 해외 방위산업의 최신 동향, 그리고 다른 곳에서는 찾기 어려운 중요 배경지식과 현황을 담았다. 그러나 그 목적은 방위산업 전문가들의 연구 혹은 논문 작성에 도움이 되려는 것이 아니었다. 오히려 내가 집필 내내 염두에 둔 독자들은 국내 방위산업에 관심이 없는 이들, 군대 시절이나 유튜브 영상 혹은 각종 숏폼 콘텐츠에서 국산 무기를 접하고 그 위력에 주목하는 사람들, 대한민국 방위산업의 빠른 성장속도에 영향을 받아 방위산업에 대한 관심을 갖게 된 평범한 시민들이다. 그런 이들이 만약 방위산업을 단순한 관심의 대상을 넘어 투자 대상으로까지 고려하게 된다면, 관련 판단에 활용할 수 있게끔 국내 최신 방위산업의 핵심과 전말을 독자들에게 전달하고자 하는 것이 주된 집필 목적이다.

그렇다면 현재까지 한국의 방위산업이 왜 성장했고, 지금은 어떤 상태에 있으며, 향후 어떻게 발전할지 이해하고 가늠해볼 수 있는 방법으로는 무엇이 있을까? 나는 독자 여러분이 이 책을 통해 다음의 세 가지 질문에 맞는 해답을 직접 찾아가는 과정이 그중 하나일 수 있다고 생각한다. 우선 각각의 질문이 갖는 의미와 이유를 생각해보고, 이 책을 읽어나가며 방위산업에 대한 인사이트를 키우는 방법에 대해 생각해보자. 그러고 나면 한국 방산 및 관련 투자를 바라보는 여러분의 시야도 한층 넓어질 것이다.

지금, 어떤 무기가 중요한가?

전쟁에서 중요한 것은 무기만이 아니다. 동일한 무기를 가진 두 세력이 맞붙어도 전술과 전략, 기후와 기상, 그리고 군인들의 용맹함과 용기의 차이로 승패가 갈린 전투의 예들은 역사 속에서 수없이 찾을 수 있다.

하지만 현대전에서 국방과학기술, 그리고 그 기술의 핵심인 무기의 수준 차이를 용기와 용맹함으로만 이기기란 정말 어려운 일이다. 방위산업과 무기개발기술은 인류의 여러 과학기술 중에서도 가장 첨단의 것들이 집중된 결과이기 때문이다. 바꿔 말하면 기술의 격차는 곧 무기 성능의 격차로 이어지고, 이 격차는 인류 문명이 발달할수록 국가간에 더욱 커지고 있다.

예를 들어보자. 제2차 세계대전 이후 현대적인 공중전을 가장 많이 치른 국가 중 하나는 이스라엘이다. 2024년 9월 말부터 팔레스타인-헤즈볼라 공격 작전을 펼치고 있는 이스라엘은 과거에도 이미 네 차례의 중동전쟁에 이어 레바논을 침공한 바 있다. 그리고 총 다섯 번에 이르는 그 전쟁들 동안 공중전 기술이 얼마나 무섭도록 발전했는지를 잘 보여줬다. 제1차 및 제2차 중동전 당시 이스라엘과 아랍 제국들은 공군 전투기 전력 면에서 기술적 차이가 거의 없었고, 제2차 세계대전 때 사용되었던 구형 전투기들로 전투를 치렀다.

그러나 제3차 중동전 때부터는 양상이 달라졌다. 초음속전투기가 처음으로 양 진영에서 쓰였고, 아직 초음속전투기와 미사일의 공중전 전술air combat tactic(즉, '싸우는 방법')이 확립되지 않은 상태에서 이스라엘 공군은 초음속전투기를 가장 잘 활용할 수 있는 전술을 구사했

K-방산에 투자하라

다. 적국의 전투기와 공중에서 싸우는 것 대신 빠른 속도의 초음속 전투기로 적의 비행장을 기습하는 전술이 그것이다. 당시 이스라엘은 세 시간 동안 퍼부은 기습공격으로 이집트군의 최신예 전투기인 구소련제 미그Mig-21을 포함한 전투기 300대를 파괴했다.

제4차 중동전 때 이스라엘과 아랍 측 모두는 초음속전투기의 위력에 대해 이미 잘 알고 있는 상태였다. 그러나 이스라엘과 달리 이집트와 아랍은 방어자로서 SAMsurface-to-air missile, 즉 지대공미사일을 활용한 만반의 방어선을 구축했다. 러시아제 SAM은 이스라엘이 자랑했던 초음속전투기의 초저고도 기습공격을 막아내며 막대한 피해를 입혔고, 그 결과 이스라엘은 제3차 중동전 때와 달리 전황을 유리하게 이끄는 데 실패했다.

그 뒤 1982년에 있었던 레바논 침공에서 이스라엘 공군 전투기들은 다시금 세계 공군 역사상 가장 뛰어난 성과를 보이는 데 성공했다. 현대 무인정찰기와 드론의 선조라 할 수 있는 IAIIsrael Aerospace Industries의 무인정찰기 스카우트Scout와 일회용 표적기를 사용, 적진을 정찰하고 적을 기만함으로써 적의 SAM을 무력화한 상태에서 공중전을 했기 때문이다.

그러한 상태에서 시리아 공군과 맞붙은 이스라엘 공군은 엄청난 전과를 이루었다. 이스라엘 공군의 미국제 F-15이글Eagle 전투기와 F-16팰콘Falcon 전투기는 시리아의 전투기 미그-23과 미그-25를 상대로 86대1이라는 일방적인 교환비를 기록했다. 불과 몇 시간 만에 80대 이상의 전투기를 격추하는 와중에 이스라엘 공군이 잃은 것은 추락한 정찰용 항공기 한 대가 전부였다. 베트남전에서 얻은 교훈을

일방적인 승리를 거둔 이스라엘의 전투기 F-15.
그림: 작가 Rick Hearter

반영해 미국이 제작한 신형 전투기 F-15와 F-16에 신형 공대공미사일 AIM-9L사이드와인더Sidewinder를 장착한 덕분이었다.

이 예에서 알 수 있듯 최고의 국방과학 기술이 적용된 무기를 사용하는 쪽은 전쟁에서 승리하고, 국방기술이 부족한 나라는 전쟁을 시도할 의지 자체가 꺾이는 것이 현대 전쟁의 진정한 실체다. 그렇기에 이 책의 1부 '세계가 주목하는 K-방산 10대 무기'에서는 현대전에서 가장 주목받는 무기이자 K-방산이 가장 집중하고 있는 열 가지 무기들을 살펴보려 한다. 각각의 무기들은 어떤 체계를 갖는지, 한국산 무기로서 그것들이 갖는 특징과 개성은 무엇인지, 세계 수출시장에서 그것들과 경쟁하는 대상은 어떤 기업의 무엇인지를 알아보고, 한국 방위산업의 핵심 아이템들이 앞으로는 얼마나 더 잘 발전하고 매출을 올릴 수 있을지도 함께 생각해볼 것이다.

'K-방산의 대표 무기' 10종을 선정한 이유

이 지점에서 조금 덧붙여 설명할 것이 있다. K-방산을 대표하는 무기체계 중 10종을 골라 이 책에서 소개하기로 한 세 가지 이유가 그것이다.

첫 번째는 종류의 제한 때문이다. 한국 산업통상부의 통계를 인용하자면 방산기업으로 지정된 회사는 83개에 불과하다. 하지만 대한민국 방위사업청이 지정한 '방위산업 물자'는 1500개가 넘는다. 물론 그렇다 해서 실제로 한국에서 생산되는 무기가 1500종에 이른다는 뜻은 아니다. 국산 무기 하나에는 10여 개부터 수십 개의 방산물자가 들어갈 수 있기 때문이다. 그러나 1970년대부터 현재까지 50여 년간 한국 기업들이 쌓아온 국산 무기개발의 역사 덕분에 현재 한국이 생산 및 수출 가능한 무기의 종류는 수백 가지에 이른다 해도 과언이 아니다. 그 수백 가지의 무기들 중에서도 여기에선 지금까지 K-방산의 수출 면에서 '효자' 노릇을 톡톡히 했거나 향후 K-방산의 '차세대 먹거리'가 될 거라 주목받는 제품 중 상위 10개 제품군을 소개하고자 하는 것이다.

두 번째 이유는 수출경쟁력의 차이 때문이다. 개인화기(소총)의 경우를 예로 들어보자. 한국은 소총을 30년 이상 생산해왔고 누적 생산량 또한 수십만 정에 달하지만 그것을 수출이 유력한 상품으로 선정하기에는 어려운 면이 있다. 1970년대부터 생산되어온 M16A1 소총은 지적 재산권 문제로 수출이 곤란했다. 반면 K2 소총의 경우에는 수출에 문제가 없었다. 그럼에도 이러한 자동소총은 기술적 난이도가 높지 않아 어지간한 국가들에선 자국 내에 직접 설립한 조병창을 통해 생산하거나, 조병창 설립이 어려운 경우라면 소량만 구매하는 방식을 취한다. 또한 민간 시장에서는 각 회사들의 경쟁이 심해 기존 총기업체들과 경쟁한다는 것이 매우 힘들다는 점도 큰 폭의 수출증가 기록을 어렵게 만드는 요소다.

앞서 예로 든 소총의 경우와 달리 경쟁력 있는 기술력을 갖춘다 해도 수출이 원천적으로 불가능한 무기체계도 존재한다. 한국의 미사일사령부가 운영 중인 '현무Hyunmoo' 순항미사일과 탄도미사일은 전략물자로 분류되는 데다 미사일기술 통제체제missile technology control regime, MTCR라는 무기 규제 조항 때문에 수출이 사실상 불가능하다. 이런 점들을 고려, 앞으로 소개할 10종의 무기체계들은 수출이 원천적으로 어려운 무기나 가까운 미래에 수출경쟁력이 크게 늘어날 가능성이 없는 무기를 제외하고, 향후 20년 내에 K-방산의 매출을 책임질 아이템들 중에서 선정한 것임을 미리 밝혀둔다.

10종의 무기체계를 소개하기로 정한 마지막 이유는 세부 무기 품목보다는 종류를 강조하려는 내 의도 때문이다. 과거 한국 방위산업계에는 '한 종류의 무기체계는 오로지 한 회사만이 담당한다'는 '전문화/계열화' 조치가 존재했고, 그 조치가 사라진 지 이미 오래되었음에도 특정 회사가 특정 무기체계를 전담한다는 인식이 여전히 강하게 남아

세계 최고의 재래식 탄도미사일이지만 수출이 불가능한 현무5.
출처: 김민석

있다. 하지만 작금의 트렌드를 보면 차륜형 장갑차, 무인전투로봇, 사단급 무인항공기, 특수작전용 기관단총 등 첨단 무기 및 대형 사업에 대해서는 한 회사가 제조 및 기술을 독점하기보다 여러 업체가 상호경쟁하는 시대로 이행하고 있음을 감지할 수 있다. 때문에 이 책에서도 하나의 특정 제품을 콕 집어내기보다는 제각기 다른 10종의 무기체계를 선정해 설명하는 것이 한국 방위산업에서의 경쟁구도 및 미래 가능성에 대해 이야기하려는 목적에 부합한다고 판단했다.

물론 대한민국의 경제규모와 방위산업의 특성상, 미국의 경우처럼 거의 모든 무기체계를 생산할 수 있는 업체들이 여럿인 구조로 변화할 가능성은 매우 낮다. 그럼에도 열 가지 무기체계를 선정한 이런 배경과 이유를 염두에 둔다면 독자들이 이후의 내용을 보다 쉽게 이해하는 데 도움이 될 것이다.

방산 기업들은 어떻게 경쟁하는가?

방위산업의 이해를 위해 또 한 가지 필수적으로 염두에 두어야 하는 점이 있다. 방위산업은 정부 간 거래인 G to G government to government, 정부의 대행 거래인 FMS foreign military sales, 그리고 정부와 기업 간의 상업 거래인 DCS direct commercial sales 등으로 나뉜다는 게 그것이다. 쉽게 말해 방위산업의 모든 고객은 정부이며, 방위산업의 거의 모든 판매자 역시 정부라는 뜻이다. 달리 표현하자면 방위산업에서는 기업의 주도하에 진행되는 프로젝트가 거의 없고, 정부의 주도와 행동이 결정적 영향을 끼친다는 의미이기도 하다.

튀르키예와 폴란드 등에 수출되어 K-방산의 '대박 상품'이 되었다 할 수 있는 K2흑표 전차의 경우를 예로 들어보자. 흔히 K2흑표의 제작사는 현대로템이라 이야기되지만, 엄밀히 말해 이 전차는 국가 기관인 국방과학연구소 Agency for Defense Development, ADD가 개발한 것이고 현대로템은 생산업체일 뿐이다. K2 전차는 HD현대인프라코어가 만든 엔진, SNT다이나믹스가 만든 변속기, 현대위아가 만든 주포, 한화시스템이 만든 포수 조준경, 풍산이 만든 포탄, 삼양컴텍이 만든 장갑이 창원의 현대로템 공장에서 조립되어 최종 출고된다.

이 때문에 현대로템은 K2 전차의 첫 번째 수출사업이었던 튀르키예 기술수출 과정에서 매우 큰 곤욕을 치러야 했다. 완제품을 수출하는 폴란드 K2 수출사업과 달리 튀르키예는 K2 완제품을 수입하는 게 아니라 K2의 기술이전과 부품을 공급하는 계약을 맺었던 터라 현대로템 측에서는 이윤을 거의 남기지 못했던 것이다. 그에 반해 K2 전차의 IP Intellectual Property, 즉 지적재산권을 가진 ADD는 막대한 기술

K-방산에 투자하라

한국의 기술 및 부품이 적용된 튀르키예의 알타이 전차.
출처: BMC

료를 얻어냈지만, 정작 현대로템은 남는 수익이 거의 없어 ADD에게 기술료를 인하해달라고 읍소해야만 했다.

이 경우와 반대로 생산기업이 IP를 갖는 대표적인 장비는 한국항공우주산업Korea Aerospace Industries, KAI이 개발한 FA-50 경전투기다. KAI 측에서는 국가기관에게 기술료를 지불하지도 않고, FA-50에 장착할 무기나 장비에 대해서도 정부의 간섭을 받지 않는다. 이 때문에 장착 장비를 다양하게 정할 수 있어 선택의 폭이 넓지만 책임도 무겁게 진다. 폴란드 정부의 FA-50 무장통합 계약은 정부 간 협상이 아닌 업체와 폴란드 정부 사이의 계약으로, 폴란드 공군용 FA-50 사양을 확정한 뒤 장비의 공급이 늦어지거나 통합 작업이 지연되는 책임을 KAI가 고스란히 지게 되면서 큰 소동이 일어날 뻔했다. 이는 업체 주

업체 주도로 개발하여 폴란드에 수출한 경전투기 FA-50.
출처: KAI

도 개발의 리스크를 보여주는 대표적 사례다.

요약하자면, K-방산의 약진으로 국내 방위산업 기업들의 매출액은 크게 늘어난 데 반해 구조는 거의 바뀌지 않았다. 방위산업의 규모가 매우 커진 지금도 수조 원의 개발비가 드는 신무기를 만드는 것은 국가 주도하에서만 가능한 일인 것이다.

이런 상황에서, ADD를 중심으로 한 정부는 대규모 개발비가 들어가는 국책사업의 진행 시 항상 라이벌 관계에 있는 방위산업 기업들에게 협업과 협력을 요구한다. 사우디아라비아(이하 사우디), 아랍에미리트(이하 UAE), 이라크 등에 수출되어 성공한 지대공미사일 '천궁 Cheongung'이 서로 앙숙인 한화시스템과 LIG넥스원이 만든 하나의 무기체계로 판매되는 것은 이 때문이다.

K-방산에 투자하라

반면 ADD가 주도하는 정부의 개발방식을 벗어나 새로운 방식으로 개발된 무기체계들은 기존과 전혀 다른 특징과 능력을 갖추기도 하는데, '수출 전용 무기'가 그 예다. 수출 전용 무기란 ADD가 감독 권한과 IP 소유권을 갖는 게 아니라 방위산업체의 자체예산을 활용하거나 방위사업청의 예산 제공을 통해 '수출형 무기체계 개조개발 지원사업'으로 개발되는 무기를 뜻한다.

지금까지 국내에서 개발된 수출 전용 무기들 중 가장 유명한 것은 호주에 120여 대가 수출된 한화에어로스페이스(이하 한화에어로)의 AS21레드백AS21 Redback 장갑차다. 수출 전용 무기로 개발되다 보니 이 장갑차는 국내 수요로 만들어진 무기보다 훨씬 무겁고 비싼 장비를 장착했으며, 빨리 만들어 판매해야 했기에 수입산 부품이 많이 사용되었다는 단점이 있었다. 그럼에도 성능 면에서 여타 경쟁장비들에 비해 압도적 우위를 보인 덕에 결국 호주의 방위산업 시장을 뚫는 데 성공했다.

무기를 만드는 것이 방위산업의 특성인 이상 어떤 무기를 누가 어떻게 만드는지, 또 그것의 미래 발전 전망 및 수요가 어떠할지 아는 것은 곧 그 무기를 생산하는 방위산업체의 역량과 미래를 결정짓는 일이기도 하다. 다시 말해 우리 군의 핵심 무기, 우리 방위산업이 수출하는 핵심 무기에 대한 지식은 K-방산의 현재와 미래를 예측하는 가장 좋은 수단이 되는 것이다. 이는 마치 엔터테인먼트 산업에 투자하기 위해선 어떤 기획사가 어떤 장르에서 어떤 가수를 데뷔시키고 있는지, 또 그 가수는 어떤 성적과 성과를 거두고 있는지 파악해야 하는 것과 크게 다르지 않다.

이런 관점에서 이 책의 5장 'K-방산을 책임지는 핵심 기업들'에서는 현재 한국 방위산업의 선두에 있는 기업들로는 어떤 곳들이 있고, 각 기업은 여러 하위 분야 중에서도 특히 어느 것에 집중하고 있는지를 알아본다. 현재 K-방산기업들 간의 관계는 정부 투자와 개발주도라는 요소 덕분에 상당히 복잡다단한 양상을 띠는데, 5장은 그런 관계를 중심으로 현 K-방산의 흐름과 각 기업의 경쟁력 및 특성을 분석함으로써 한국 방위산업을 독자들이 이해하고 각 기업에 대해 판단하는 데 도움이 될 내용들로 구성되어 있다.

미래전은 어떻게 변할 것인가?

이상의 내용들을 살펴본 뒤 마지막으로 생각해볼 사안은 '그래서 앞으로의 전쟁은 어떻게 변화할 것인가'라 할 수 있다. 우리가 이 책에서 K-방산의 어제와 오늘을 살펴보고 경쟁력과 약점을 정리 및 파악하는 이유는 산업의 관점에서 한국의 방위산업이 미래에 얼마나, 또 어떻게 성장하고 발전할지를 예측하기 위해서이기 때문이다.

그렇다면 그런 것들을 알기 위해선 무엇이 필요할까? 미래에 일어날 전쟁의 모습, 그리고 그 미래전에서 활약할 무기와 전술들에 대한 예측일 것이다. 산업의 관점에서 보자면 무기도 일종의 상품이기에, 현재 잘 팔리는 무기라 해도 향후 고객들의 환경과 행동의 변화에 따라 외면받을 가능성은 얼마든지 있다. 그러므로 미래전에 대해 예상해보고 현재 우리 방위산업이 어떻게 미래를 준비하는지를 확인해보는 시간이 필요하다. 그래서 에필로그 격인 '나가며'에서는 미래전에 대한 대비와 한국 방산의 역량을 살펴보고, 장기적 전망과 위협요소에 대해 이야기하며 이 책을 마무리하고자 한다.

정리하자면 이 책의 내용은 '우리 방위산업은 왜 또 어떻게 강해진 것일까?', '지금의 높은 성장세는 앞으로 얼마나 지속될까?' 등의 거시적 질문으로 시작한다. 더불어 당장 2025년 올해, 내년, 그리고 4대 방산강국으로 도약할 2027년까지 우리가 판매할 아이템들로는 구체적으로 어떤 것들이 있고, 그것들의 경쟁력은 어떠하며, 미래의 방위산업을 위해 현재 어떠한 먹거리들이 준비 중에 있는지에 대해서도 다룬다.

이어 대한민국 방위산업의 대표적인 라이벌 기업들을 비교 분석하고, 그들이 가진 경쟁력과 역량은 어느 정도이며 어떤 경쟁에 노출되어 있는지도 알아본다. 방위산업은 기본적으로 정부를 상대로 하는 세일즈며, 한국 방위산업의 내수시장 경쟁이 곧 해외수출의 성과와 기업들의 운명을 좌우한다는 점을 염두에 두며 읽어나가면 흥미로울 것이다. 마지막으로 뒷부분에선 급격하게 바뀌는 현대 전장의 환경과 미래전을 예측하면서 우리 방위산업의 장기적 전망을 살펴본다.

독자들은 이 책을 통해 여타의 일반 산업과 달리 특수성이 높은 방위산업 부문에서는 어떻게 사업이 진행되고 수출되는지, 또 K-방산의 제품 경쟁력은 어떻게 높아졌고 앞으로 어떤 전망이 가능한지도 알게 될 것이다. 모쪼록 이 책이 대한민국의 방위산업에 대한 독자들의 이해를 높이며 방산기업들의 흥망성쇠와 성과, 미래를 살펴보고 예측하는 데 도움이 되길 바란다.

1장

든든한 캐시카우, 육상 무기체계

무기 1. 전차:
대규모 수출에 성공한 '지상전의 왕자'

전차란 무엇인가?

전차의 공식 명칭은 '주력전차'이며, 영어로는 'main battle tank'라
한다. 일반인들 입장에서 전차라 하면 대개는 '대포가 달리고 무한궤
도를 장착한 크고 무거운 차량'을 떠올리기 마련이다. 그러나 군의
무기체계 중 이런 차량에 해당하는 것으로는 대전차장갑차나 대전차
자주포, 보병전투차 등 여러 가지가 있기에 구분하여 말할 필요가 있
다. 여기서는 우선 이러한 것들을 구분해봄과 더불어 왜 전차의 공식
명칭이 '주력전차'인지에 대해서도 알아보려 한다.

대전차장갑차anti-tank armored vehicle는 전차 파괴 능력이 있는
장갑을 갖춘 군용 차량을 의미한다. 자동차처럼 바퀴로 굴러가는
장갑차는 차륜형wheeled 장갑차, 포클레인처럼 무한궤도track 혹은

현대로템의 105mm 포 탑재 대전차장갑차 모형.
출처: 김민석

caterpillar를 갖춘 장갑차는 궤도형tracked 장갑차라 불린다. 차륜형 장갑차는 바퀴로 굴러가기 때문에 속도가 빠르고 이동거리도 길지만, 아무래도 적 공격을 막는 방어력이 부족하다. 궤도형 장갑차는 험한 지형을 쉽게 돌파할 수 있고 무거운 중량도 감당 가능하기에 두터운 장갑을 장착할 수 있다는 장점이 있다. 다만 가격이 비싼 데다 운용비용 또한 많이 든다는 단점이 있다. 대전차장갑차는 보통 대전차미사일anti-tank missile이 장착된 장갑차를 일컫는데, 한국 육군의 경우에는 장갑차가 아닌 일반 전술차량인 K151에 대전차미사일인 '현궁Raybolt'을 장착한다.

일반인들도 대개는 이런 대전차장갑차나 대전차차량을 전차라 착각 하진 않는다. 크기가 작고 포가 없기 때문이다. 그러나 대전차장

K-방산에 투자하라

무게가 40t에 이르지만 전차가 아닌 장갑차인 AS21레드백.
출처: 김민석

갑차 중 공격수단이 화포인 대전차자주포tank destroyer는 당연히 전차에 달린 포를 사용하기에 일반인 입장에선 전차와 구분하기가 어렵다. 전차와 대전차자주포의 가장 큰 차이는 방어력이다. 대전차자주포의 경우엔 무거운 장갑을 두르지 않아 차륜형 장갑차가 사용되거나, 궤도형이라 해도 작고 가볍다는 것이 전차와의 차이점이다.

기능 및 모습에선 대전차장갑차와 유사하나 종류는 다른 무기가 있다. 보병전투차infantry fighting vehicle, IFV가 그것이다. IFV는 전차 공격에 필요한 대전차미사일을 갖추고 있으나, 보병을 수송하고 보병을 위한 화력을 지원하는 무기다. 한국이 호주로 수출하는 데 성공한 AS21레드백이나 한국 육군의 K21이 이러한 IFV에 해당한다.

그렇다면 현대적인 주력전차의 정의는 무엇이고, 전차인지 아닌지는 어떻게 판단할 수 있을까? 적의 전차를 파괴시킬 수 있는 공격력의 포, 적의 전차가 쏘는 포탄을 방어할 수 있는 방어력, 적의 전차만큼 움직일 수 있는 기동력 등의 '3요소'를 가진 전차라면 주력전차라 할 수 있다. '주력전차'라는 개념이 생기기 전 개발된 전차는 크기에 따라 경전차light tank, 중형 전차medium tank, 중전차heavy tank 등으로 나뉘었다. 그런데 경전차나 중전차는 사라지고 전차의 3요소를 균형 있게 확보한 중형 전차만 현대전에서 쓰이면서, 이것을 주력전차라고 부르기 시작했다.

이 때문에 현대의 전차들은 5m 이내의 긴 포신砲身, 105~130mm 직경의 주포, 45~65t의 두터운 장갑, 그리고 일반 장갑차들보다 출력이 두 배 가까이 강한 1200~1500마력급의 디젤 혹은 가스터빈엔진을 장착한다.

과거와 달라진 전차의 위상

글로벌 시장분석업체인 스페리컬인사이츠Spherical Insights의 발표 자료에 따르면 2022년 기준 세계 주력전차 시장의 규모는 약 68억 달러이고, 2033년까지 73억 달러로 성장할 것이 예측된다. 냉전시대 당시 전 세계의 전차 보유 대수는 10만여 대 이상을 기록하곤 했으나 구소련의 붕괴 이후 이 수치는 지속적으로 감소해왔다. 이라크 전쟁이나 코소보 전쟁 등 현대에 발발한 전쟁은 냉전시대에 상상하던 제3차 세계대전처럼 전차를 활용한 전면적 지상전보다는 대규모 공습과 극히 제한적인 지상 작전으로 이루어졌기 때문이다.

K-방산에 투자하라

테러와의 전쟁에서 사용된 시가지용 개조전차 M1A1 TUSK.
출처: raddit

　다만 2001년 9.11 테러 이후 10여 년간 아프가니스탄과 이라크에서 지속된 '테러와의 전쟁'에서는 전차가 나름 주목받으며 가치를 가졌다. 저항세력들이 퍼붓는 각종 포탄 혹은 로켓 추진 유탄 같은 중화기의 공격을 막아주고, 아군의 보병을 엄호하는 '이동식 진지'의 역할을 할 수 있는 덕분이었다. 특히 건물 안에 숨어 있다가 기습하는 저항세력들을 상대하는 시가지 전투인 MOUTmilitary operations in urban terrain에서는 전차의 강력한 방어력이 중요해졌다. 그러나 '테러와의 전쟁'에서는 전차들끼리 맞붙는 전투가 일어나지 않았기에 시장의 관심은 신규 전차의 획득보다는 시가지 전투에 필요한 기관총이나 장갑을 보강하는 방향으로 집중되었다. 그 결과 신규 전차의 생산량은 2000년대 들어 현재까지 약 20여 년 동안 특히나 급격히 감소했다.

FPV드론에 의해 파괴된 러시아 전차.
출처: cnscdn.com

    그런데 2022년에 발발해 지금까지 이어지고 있는 우크라이나 전쟁은 전차의 역할을 재평가하는 계기가 되었다. 전쟁 초반부터 계속해서 우크라이나군과 러시아군 사이에서 전차를 중심으로 하는 전투가 일어났기 때문이다. 전쟁 극초반에 있었던 러시아 기갑군단의 급속한 진격, 그 후 이어진 우크라이나군의 대반격, 그리고 양측이 교착하는 상태에서 계속 이루어진 전투의 핵심에는 전차가 있었다. 우크라이나군은 유럽 각국에서 구형 T-72계열 전차들을 긁어모아 전투에 투입했고, 그것들이 모두 소진되자 미국의 전차 M1A1 에이브람스Abrams, 독일의 전차 레오파르트2Leopard 2까지 구해 보급했다. 러시아의 경우에는 주력전차인 T-90A가 소모전으로 막대한 피해를 입자 이를 보충하기 위해 구형 전차인 T-62나 T-55도 재생하여 전장

K-방산에 투자하라

에 투입하는 중이다. 이런 과정에서 유럽 각국은 전차의 중요성을 재인식하기에 이르렀다.

그럼에도 주력전차 시장의 불안요소는 존재한다. 대당 가격이 수십억 혹은 수백억 원인 전차가 각종 대전차미사일은 물론 드론, 특히 레이싱 드론에 폭약을 장착한 일명 'FPV드론' 같은 저렴한 무기로 얼마든지 파괴될 수 있다는 점 또한 우크라이나 전쟁을 통해 명백해졌기 때문이다.

그렇다면 앞으로 주력전차 시장은 어떻게 될까? 그리고 한국의 전차들은 얼마나, 왜, 어떤 방식으로 수출될까? 이를 알아보려면 현재의 수출 대박 상품인 K2 전차는 물론 한국 육군의 차세대 전차이자 미래 K-방산의 먹거리가 될 K3 차기전차에 대한 분석이 필요하다. 지금부터는 이것들을 순서대로 다루어보자.

'폴란드 대박'의 주역, K2

가장 먼저 살펴볼 것은 한국 육군의 주력전차로서 지금도 생산되고 있는 K2흑표 전차, 약칭 K2다. 이 전차는 한국 현 지상 무기들 중 최대 수출액을 기록 중이기도 하다. K2는 2014년 7월부터 한국 육군에 배치되었는데 현재까지 세 차례에 걸쳐 총 260여 대가 인도되었고, 4차 양산 수량으로는 183대가 예정되어 있다.

2005년 한국은 튀르키예에 K2 완제품이 아닌 관련 기술을 수출하면서 4억 달러의 수출액을 올렸다. 한국으로부터 K2의 기술 및 부품을 구매한 튀르키예 육군은 현재 알타이Altay 전차를 제작 중이다. 이후

한국 육군의 주력전차인 K2흑표 전차.
출처: Wang Hsiang

한국은 오만과 노르웨이 등을 대상으로 수출을 추진했으나 실패했다. 대신 33억 7000만 달러의 1차 계약을 통해 폴란드에 180대의 K2를 수출하는 데 성공했고, 현재는 20조 원 규모의 800대 추가 수출을 추진 중에 있다. 지금까지 한국은 대형 무기체계들의 수출로 10조여 원 이상을 벌어들였는데, 그중 가장 많이 수출된 장비이자 금액 면에서도 최고를 기록한 장비가 바로 K2다.

하지만 K2는 야심찬 시작과 좌절, 그리고 다시금 부활하는 다사다난한 과정 끝에 매우 힘들게 탄생했다. 이전에도 한국은 K1과 그것의 개량형인 K1A1을 생산한 바 있다. 그러나 K1의 경우 설계는 ROKIT Republic of Korea Indigenous Tank라는 이름으로 미국의 크라이슬러

K-방산에 투자하라

Chrysler가 대신해준 뒤 생산만 한국에서 수행했다. K1A1 역시 주포를 105mm강선포(탄두를 회전시키기 위해 포강砲腔 내부에 강선鋼線을 만들어놓은 포)에서 120mm 활강포滑降砲(장갑 관통력을 늘린 특수 철갑탄 사용을 위해 강선을 없앤 포)로 바꾸기 위해 포탑을 재설계한 것 외에는 한국이 온전히 설계하고 개발한 장비가 아니었다.

이 때문에 ADD와 로템(현 현대로템)은 K2 개발 시작 당시부터 여러모로 노력을 기울였다. 스웨덴, 미국, 이스라엘, 일본, 영국에서 전차 전문가들을 불러 모아 차세대 전차의 개념을 세움은 물론, 세계 최고 전차의 성능에 대해 고민하다가 당시로선 최신 개념의 전차였던 프랑스의 르클레르Leclerc에서 많은 작전 개념을 따온 것이 그 예다.

이렇듯 기술의 발전을 최대한 활용해 가장 적절한 기동력과 방어력을 갖췄다는 점은 K2가 기존의 K1 및 K1A1과 구별되는 가장 큰 차이점이다. 전차에서 가장 중요한 부품은 차체를 움직이게끔 해주는 엔진이다. 전차 역시 자동차의 일종이기 때문이다. K2에 탑재된 엔진은 독일 기업인 MTU에어로엔진스MTU Aero Engines, MTU의 MT883 Ka-500이었다. 이 엔진은 기존 K1이 사용했던 1200마력급 엔진보다 300마력이나 더 높은 1500마력을 자랑하면서도 크기는 훨씬 콤팩트했다. 덕분에 한국은 미국의 M1에이브람스 시리즈나 영국의 챌린저2Challenger 2, 독일의 레오파르트2보다 K2의 길이를 크게 줄이는 데 성공할 수 있었다.

전차의 길이가 짧아지면 적의 공격을 막는 데 필요한 장갑이 커버해야 하는 전차 면적 또한 줄어든다는 이점이 있다. 그에 더해 K2는 국내 전차 최초로 컴퓨터 시뮬레이션을 활용, 적에게 노출되는 면적이 가장

K1A2 전차. 기존의 모든 K1A1 전차는 현재까지 4차에 걸친 개량을 통해 K1A2로 업그레이드되었다.
K1A2는 전후방 감시카메라, 전장관리체계, 피아식별장비가 추가된 개량형이다.
출처: 김민석

적은 상태로 디자인된 포탑을 장착할 수 있었다. 물론 그 이전까지의
전차 설계에 컴퓨터가 사용되지 않았던 것은 아니다. 다만 전차가
공격을 받을 때 어디가 위험한지, 따라서 장갑을 어떤 모양으로 디자
인할 것인지에 관한 부분은 사실상 설계자의 감각과 재능에 의지해야
한다는 문제가 있었다. 그러나 K2는 시뮬레이션을 통해 적의 포 사격
을 가장 효율적으로 막을 수 있는 디자인을 채택, 적용함으로써 이러
한 문제를 해결했다.

더불어 ADD의 주도로 삼양컴택이 제작하는 복합장갑composite
armor, 그리고 풍산이 순수 국내 기술로 제작하는 반응장갑explosive
reactive armour까지 더해지면서 K2의 방어력은 한층 높아졌다. 복합장
갑은 강철 강판으로만 이뤄지는 것이 아니라 초고강도 강판, 세라믹,

K-방산에 투자하라

급정거 시범을 보여주는 K2 전차.
출처: 김민석

케블라kevlar, 폴리머 등 여러 소재가 특수한 구조로 제작된 것이기에 동일 무게의 강철 강판보다 더욱 뛰어난 방어력을 자랑한다. 반응장 갑은 반응성이 매우 낮은 폭약을 채워 넣은 블록형 모듈 장갑으로, 적의 포탄이나 미사일이 닿으면 그것이 갖는 운동에너지나 화학에너지를 폭약으로 상쇄시킴으로써 타격력을 줄인다. 이를 통해 K2는 주 무장인 120mm 주포의 공격을 일정 거리에서 방어할 수 있는 능력도 갖추었다.

또한 K2는 서방측 전차 중 최초로 자동공격대응 시스템을 도입했다. 이 시스템은 연막탄을 이용해 적의 공격을 피하는 작업을 자동으로 수행한다. 쉽게 말해 집 안의 화재경보기가 연기를 탐지하면 스프링쿨러를 작동시키는 것과 같은 개념으로 적 공격을 피하는 것이다.

그와 함께 레이저감지기laser warning receiver, LWR와 레이더까지 장착된 덕분에, K2는 적이 포탄이나 미사일을 발사하면 이를 탐지한 후 적의 방향 쪽으로 연막탄을 자동발사해 상대의 공격을 방해할 수 있다.

K2에 장착된 현대위아의 CN08 120mm 활강포는 공격력 향상을 위해 K1A1에 장착했던 120mm 활강포를 한층 개량한 결과물이다. 포신이 더 길어진 덕에 K2의 포구속도muzzle velocity(포탄을 밀어내는 에너지의 측정 단위)가 K1A1보다 30퍼센트나 빨라졌다. 이에 더해 분당 열두 발을 장전할 수 있는 자동 장전장비를 탑재하여 화력 또한 크게 높였다.

그런데 전차의 공격력이 아무리 좋다 해도 목표물을 맞추지 못하면 아무 의미가 없을 것이다. 때문에 K2에는 1990년대부터 미국과 유럽의 전차에서 유행하던 베트로닉스vetronics라는 시스템이 더 해졌다. 제트 전투기에는 정밀한 비행 능력 및 표적추적 능력을 위해 여러 전자장비가 복잡한 구조로 통합된 에비오닉스avionics라는 시스템이 장착되는데, 베트로닉스는 이러한 에비오닉스의 지상판이라 생각하면 된다. 다시말해 포 사격 시 사용하는 포수 조준경, 전차장 조준경과 같은 장비들에 자동표적추적 기능을 넣거나, 디지털줌 기능을 더해 적보다 먼저 발견하고 먼저 쏠 수 있게 하는 능력을 갖게 하는 것이 베트로닉스다.

K2에 탑재된 베트로닉스장비의 대부분을 책임지는 기업은 한화시스템이다. 이 회사의 주도로 통합된 베트로닉스에는 조준 장비나 컴퓨터뿐 아니라 피아식별장비도 포함되어 있다. 이러한 장비를 아군 차량에 장착하면 K2는 이를 활용, 적과 아군이 뒤엉켜 싸우는 전장에

포수 표적전시기

포수조준경

전차장 조준경

전차장 표적전시기

포수 운용전시기

포수 통제판

전차장 통제판

전차장 운용전시기

1553버스 결합기
/ 사격통제컴퓨터

조종수 열상잠망경

레이저감지기

K2에 탑재된 사격통제장비.
출처: 한화시스템

서도 적의 전차나 차량만을 정확히 선별해 공격할 수 있어 교전 시 매우 유리해진다.

이상과 같은 다양한 개념이 적용된 K2는 개발도 매우 원활히 진행되어 2007년 시제품을 공개하기에 이르렀다. 그러나 실제로 한국군에게 처음 인도되기까지는 7년 이상의 시간이 걸리며 지연되었는데, 이는 전차의 핵심 부품인 '파워팩' 때문이었다.

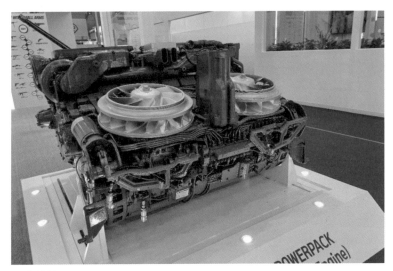

K2의 파워팩.
출처: 김민석

앞서 말했듯 K2의 많은 부분은 국산 부품으로 만들어졌다. 그러나
엔진과 변속기를 결합해 전차의 주요 동력원으로 사용하는 파워팩만
큼은 독일에서 전량 수입했다. 문제는 파워팩의 가격이 16억 원 이상
으로 매우 비싸다는 데 있었다. 또한 독일은 독일제 전차 파워팩의
중동 수출도 제한했다.

이 때문에 두산인프라코어(현 HD현대인프라코어)와 S&T중공업(현
SNT중공업)은 2005년부터 국산 파워팩 개발을 시작했다. 그러나 이미
설계가 완료된 차체에 새로운 엔진과 변속기를 넣다 보니 고장이
빈발했고 성능 또한 제대로 발휘되지 않았다. 모든 자동차는 엔진이
정해진 후 그에 맞게끔 차체가 설계되는데 이 순서를 반대로 하다
보니 문제가 생긴 것이다. 게다가 전차용 디젤엔진은 제작 기술이 매

K-방산에 투자하라

실전배치가 취소된 K2 능동방어장비 1차 개발품.
출처: 국방과학연구소

우 복잡하고 어려워, 가뜩이나 관련 기술력이 부족한 국내 상황에서
이 문제를 해결하는 데는 무려 10년 이상의 기간이 소요되었다.

또 다른 아픔도 있었다. K2에는 최첨단 장비인 능동방어장비active
protection system, APS가 장착될 예정이었다. APS란 레이더와 적외선
센서가 적의 대전차로켓이나 미사일을 탐지하면 네 발의 요격탄을
발사해 그것을 파괴하는 최신식 장비다. 한국은 2011년 ADD가
APS의 개발을 완료한 바 있으나, 요격 과정에서 우리 APS에 의해
발사된 요격탄이 주변 아군에게 피해를 입힐 수 있다는 문제, 또 연막
탄을 쏠 경우 APS를 제대로 사용할 수 없다는 문제만큼은 해결 할 수
없었다. 그렇기에 이 장비는 개발이 완료되었음에도 실전에 배치되는
데 실패했다.

하지만 이런 안타까운 실패는 K2의 수출경쟁력이 지금과 같이 높아지는 전화위복의 계기가 되었다. 특히 오랫동안 기울인 노력과 투자 끝에 DV27K 엔진과 EST15K 변속기가 현재 우수한 성과를 내고 있다. 국산 파워팩은 독일제 파워팩을 수입하지 못한 튀르키예의 알타이 전차에 먼저 장착될 예정이며, 독일제 파워팩을 사용했을 때 제한되었던 중동 수출도 이제는 가능해져 K2 전차의 추가 판매가 이루어질 것으로 보인다.

APS 부문에서도 신기술을 적용하는 시도가 진행되고 있다. 대량의 파편으로 주변 아군에게 피해를 입혔던 1차 APS에서 한 단계 발전한 새로운 시스템이 개발 중이기 때문이다. 현대로템이 이스라엘과 협력하여 개발 중인 이 장비는 평평한 금속판을 정밀하게 폭발시켜 그 형상을 바꿈으로써 속도와 파괴력을 얻는 M-EFPmulti-explosively formed penetrator라는 새로운 기술을 채택, 적의 미사일은 확실히 파괴하면서도 주변이 입을 피해는 최소화할 수 있다.

현재 K2는 세 가지 도전을 준비 중이다. 그중 가장 중요한 것은 폴란드군에 공급될 800대의 K2PL 전차라 할 수 있다. 폴란드를 위한 초기 공급형인 K2GFK2 Gap Filler는 한국에서 생산되지만 K2PL은 폴란드 현지에서 생산한다. 또한 폴란드군의 요구사항을 받아들여 한국은 K2PL에 새로운 모듈식 복합장갑과 APS, 그리고 드론 요격용 재머jammer(전자기파를 방해 혹은 차단하는 장비)를 장착, 방어력과 공격력 모두를 K2보다 한 단계 높일 예정이다. 사실 폴란드는 방어력 향상을 위해 K2PL의 차체 및 포탑을 개조, 55t의 무게를 65t까지 늘려달라는 요청도 한 바 있다. 그러나 전차가 지나치게 무거워지면 작전수행

K2의 폴란드 수출형인 K2PL.
출처: 김민석

시 기동이 제한되거나 둔해지는 문제가 있어, 한국 측은 61t 이내에서 중량 증가를 억제할 예정이다.

K2에 큰 관심을 보이는 중동 지역 국가들도 많다. K2 수십 대를 구매하기 위해 이미 이 전차를 활용한 사막 테스트를 진행하기도 했던 오만이 한 예다. 현대로템은 중동 지방의 특성을 고려, 섭씨 55도 이상의 환경에서도 전차가 원활히 기능하게끔 해주는 냉각장비의 개발을 완료했다. 이집트 역시 '제2의 폴란드'가 될 수 있는 유력한 국가다. 폴란드의 경우와 유사한 방식으로 자국 내에 K2 공장을 건설한 이집트는 폴란드가 그러하듯 자국 역시 독자적으로 K2 생산이 가능해지기를 바라는 중이다.

+ 세계 각국은 운용중인 주력전차에 전술적 추가 요구사항과 최신 기술 등을 성능개량 통해 반영중
+ K2전차의 성능개량 기획단계부터 세계 각국 전차 전력 운용개념 트렌드 변화 등을 고려하여 체계적인 관리 필요

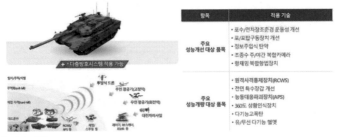

항목	적용 기술
주요 성능개선 대상 품목	• 포수/전차장조준경 운용성 개선 • 포/포탑구동장치 개선 • 정보주입식 탄약 • 조종수 주/야간 복합카메라 • 항재밍 복합항법장치
주요 성능개량 대상 품목	• 원격사격통제장치(RCWS) • 전면 특수장갑 개선 • 능동대응파괴장치(APS) • 360도 상황인식장치 • 다기능고폭탄 • 유/무선 다기능 헬멧

K2 성능개량 계획.
출처: 현대로템

'지상의 이지스함'이 될 K3 차기전차

컴퓨터 시뮬레이션을 통해 최적화 단계를 거친 설계, 전자식 제어 엔진의 적용 등 K2는 현재 전 세계에서 판매되는 전차들 중에서는 가장 최신식의 사양을 갖추고 있다. 심지어 러시아가 자칭 '4세대 전차'라 일컫는 T-14아르마타Armata보다 우수한 부분도 있다.

하지만 K2의 이 모든 특장점은 펜티엄 CPU를 쓰던 시절의 첨단 설계 및 시뮬레이션을 기반으로 한다는 한계가 있다. 2024년을 기준으로 보면 K2의 개발 시작 시점부터 30년이 지난 셈이니 이는 피할 수 없는 한계라 해도 과언이 아니다. 때문에 이제는 AI와 테트워크 기술이 적용된 2020년대의 기술 수준을 바탕으로 하는 차세대 전차의 개발이 요구되고 있는데, 그것이 바로 K3 차기전차(이하 K3)다.

K3는 '아군에게 단순히 화력만 제공해주는 무기 그 이상'을 핵심

개념으로 하는데, 여기에는 AI 및 네트워크 기술과 더불어 우크라이나 전쟁의 교훈까지 반영되어 있다. 아군을 위협하는 지상·공중 위협에 대응하고, 아군에게 정보를 제공해주며, 적의 정보획득 수단, 즉 ISRintelligence, surveillance and reconnaissance 자산에 전차가 탐지되는 것을 막을 수 있도록 만들어 아군이 화력·정보·생존력 면에서 우위를 점하게 한다는 것이 그 내용이다. 다소 어렵고 난해한 개념이라 여겨질 수도 있으나, 풀어서 생각해보면 의외로 그렇지 않다. 고대 시대부터 있어온 창과 방패의 싸움, 보병과 기병의 싸움이 AI와 드론의 시대에도 그대로 적용되는 양상이기 때문이다.

군사 및 안보와 관련된 개념들 중에 '대응방어'라는 것이 있다. 전함battleship이 전쟁의 판도를 결정지었던 100여 년 전에 등장한 이 개념은 '거대 함포로 적을 공격하는 전함은 자신이 가진 함포의 공격을 일정 거리 이상에서 막을 수 있어야 한다'는 것을 골자로 한다. 전차의 공식 명칭이 '주력전차', 즉 '전투에서 가장 중요한 역할을 담당하는 전차'인 이유도 이와 같다. 바꿔 말하자면 기동성은 뛰어나지만 자신이 가진 공격력 이하의 방어력을 보여주는 경전차, 자신의 공격력 이상을 방어하는 과도한 장갑이 갖춰진 탓에 너무 느리고 둔한 중전차는 주력전차가 될 수 없는 것이다.

K1, K1A1, K2 모두는 이러한 대응방어 원칙하에서 공격력과 방어력, 그리고 그 둘을 제대로 활용할 수 있는 기동력을 설정해 만들어졌다. 다만 차기전차인 K3의 경우에는 이러한 대응 방어의 대상이 적의 전차뿐 아니라 AI와 드론, 미사일에까지 이른다는 개념이 도입되었다는 차이가 있다. 이런 배경지식을 바탕으로 지금부터는 K3의 공격력과

K3 차기전차.
출처: 현대로템

방어력, 기동력을 자세히 살펴보자.

K3의 공격수단은 최소 다섯 종류 이상의 복잡한 체계를 갖고 있으나, 아무래도 가장 중요한 핵심은 전차의 기본인 전차포다. K3 전차에 장착할 51구경 130mm 주포는 K2의 CN08 55구경 120mm 활강포보다 포구 에너지muzzle energy(포탄이 화약에 의해 전차의 포를 떠나는 그 순간에 갖는 에너지)가 46퍼센트 이상 증가했다. 이것만으로 K3가 갖는 공격력 수준을 판단할 수는 없지만 그럼에도 기존 K2의 경우보다 훨씬 먼 거리에서, 훨씬 두꺼운 장갑을 가진 적 전차를 파괴할 수 있다는 것만큼은 분명하다.

물론 전차의 공격력이 주포의 파워로만 결정되는 것은 아니다. 그런 점에서 보자면 K3의 공격력은 K2보다 46퍼센트 이상이 아닌, 그보다 몇 배 더 강력하다고 할 수 있다. 우선 전차의 기본 무장인 '날개안정 분리 철갑탄APFSDS'은 적의 주력전차를 격파할 수 있는 가장 중요한

K-방산에 투자하라

무장인데, 포구 에너지가 46퍼센트 늘어난 만큼 K3는 북한의 전차 M2020전차는 물론 중국 등 주변국의 최신형 전차를 2km 이상 거리에서 격파 가능한 위력을 가질 것이다. 이 말인즉슨, 2km 밖에서 쏜 포탄이 두께 1m의 고강도 강철판을 뚫을 정도의 위력을 가진다는 의미다. 이에 더해 K3에 장착된 130mm 활강포에는 철갑탄 외에도 보병 지원을 위한 다목적 유탄, 장거리 사격이 가능한 비가시선non-line of sight, NLOS 유도포탄 등도 장착이 가능하다.

또한 K3에는 K2와 달리 전차포탄 이외에 장거리 다목적미사일 2기가 장착된다. 130mm 활강포에도 주포에서 발사되는 포 발사 유도포탄이나 미사일을 장착할 수 있으나, 그럼에도 별도로 장거리 미사일을 장착하는 이유는 직경 때문이다. 일반적인 대전차 미사일은 150~180mm 정도의 직경을 필요로 하기에, 포에서 발사하기 위해 직경을 줄인 130mm 포 발사 미사일은 사거리와 위력이 부족한 측면이 있다. 그래서 K3는 전용 미사일 발사대를 장착했다.

K3가 K2와 가장 큰 차이점을 보이는 부분은 방어력, 좀 더 정확히 표현하자면 생존성survivability이다. K3가 갖는 공격력의 핵심이라 할 수 있는 130mm 주포는 사실 개조를 통해 K2에도 그대로 탑재할 수 있다. 하지만 K2는 K3 전차에 적용될 생존성을 따를 수 없다. 이는 현재 전차 수출시장에서 경쟁 중인 다른 나라 전차들의 경우도 마찬가지다.

여기서 잠시 '방어력defense'과 '생존성'의 차이를 살펴볼 필요가 있다. 글자 그대로 방어력은 적의 공격을 받을 시에도 무기가 파괴되지 않고 작전을 수행할 수 있는 능력을 의미한다. 적의 공격을 받은 뒤

전차가 멀쩡하다 해도 내부에 탑승한 사람이 죽거나 다쳐 작전수행이 불가능해진다면 그 전차는 방어력을 갖췄다 할 수 없다. 반면 적의 공격을 받아 차체 일부가 터지거나 혹은 제 기능을 멈추더라도 해당 전차로 작전을 수행하고 내부 탑승자가 무사하다면 이는 방어에 성공한 것이다.

방어력과 달리 생존성은 보다 넓은 개념이다. 생존성은 적의 공격을 막는 방어와 함께 적의 공격을 인지하는 능력, 적의 공격을 피하는 능력, 적의 공격을 중단시키는 능력 모두를 아우른다. 때문에 생존성을 확보하는 데는 단순한 장갑 두께를 넘어 그보다 훨씬 더 많은 기능 및 다양한 장비가 요구된다.

이 관점에서 봤을 때 K3 생존성의 핵심은 AI와 센서 체계에 있다. K3에는 포를 쏘기 위한 포수 조준경과 전차장 조준경뿐 아니라 차체 곳곳에 수십 개의 전자광학/적외선/IR 카메라가 장착되어 있어 것들로 찍은 영상을 전차 승무원에게 증강현실로 보여준다. K2에도 운전 보조를 위한 전방 및 후방 카메라가 장착되었으나, K3의 승무원들은 많은 카메라들 덕분에 마치 전차 밖에 서 있는 것처럼 넓은 시야를 확보할 수 있다.

이 '시야'는 사람에게만 제공되는 것이 아니다. K3는 AI 기술을 활용하여 수집하는 모든 물체의 위협분석과 피아식별, 최적 교전 알고리즘을 사용한다. 내 주변에 적과 아군이 어디에 있는지, 그리고 마주친 적들 중 누가 가장 위험한지, 마지막으로 어떤 아군과 같이 작전해야 최적의 결과를 얻는지를 계산하는 것이다. 즉, 어느 방향에서 무엇이 날아오든 즉시 AI로 탐지하고 대응할 수 있기에 사람이 직접 전차의 상

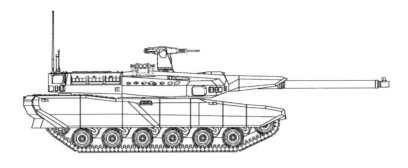

K3 전차의 측면도.
출처: 현대로템

부 출입구(해치Hatch)를 열고 주변을 감시할 때보다 위협 대응 속도가 훨씬 빨라졌다.

K3는 APS라는 개념을 본격적으로 도입한 전차이기도 하다. K2에도 APS가 들어가긴 하나, K3에 장착될 차세대 APS는 단순히 적 미사일만 요격하는 것을 넘어 대응 영역 안에 들어온 모든 위협을 적절한 수단을 사용해 방어한다.

원격사격통제장치remote controlled weapon station, RCWS와 APS의 요격탄은 마치 하나의 무기처럼 사용된다. 날아오는 것이 미사일이면 APS의 요격탄이 그것을 격추하고, 대전차로켓이나 저격총을 든 사람이 발견되면 RCWS가 자동으로 적을 조준한다. 적 드론이 공격할 경우에는 RCWS에 장착된 드론 요격용 재머로 맞선다. 또한 K3의 APS는 K2의 그것과 달리 극초음속hypersonic으로 비행하는 초고속 대전차미사일이나 철갑탄도 요격할 수 있다.

이에 더해 K3의 승무원은 일명 '캡슐형 승무원 구역'에 배치된다.

적의 공격을 막아내려면 전차는 가급적 높이가 낮아야 하고 노출되는 면적 또한 좁아야 한다. 그런데 K2를 비롯한 이전 전차들은 전차에 탑승하는 포수, 전차장, 조종수가 각각 차체와 포탑에 넓게 분산되어 앉아 있었다. 적을 조준해야 할 필요성 때문에 포수와 전차장은 포탑에 탑승할 수밖에 없었던 것이다. 그런 탓에 전차 방어를 위한 장갑도 여러 곳에 넓게 붙여야 했고 그에 따라 중량도 늘어나는 문제가 있었다.

K3의 '캡슐형 승무원 방호구역'은 모든 승무원을 차체 중앙 부분에 모이게끔, 다시 말해 영화에 나오는 우주선 내부가 그렇듯 캡슐처럼 만든 공간이다. 조종에 필요한 장비와 사람이 옹기종기 붙어 있는 이유는, 이렇게 한곳에 몰아넣고 이곳을 보호해줄 장갑을 외부에 두껍게 장착해 장비와 사람 모두를 보호하려는 데 있다. 이를 통해 K3는 무게 대비 방어력을 훨씬 더 튼튼하게 보강할 수 있다. 더불어 초고경도 강판과 나노기술을 사용해 금속과 세라믹을 하나의 일체화된 소재처럼 만든 금속복합체metal matrix composite가 장갑의 소재로 적용될 터라 방어력이 더욱 높아질 전망이다.

여기에다 K3에는 K2에 전혀 적용되지 않았던 두 가지 개념이 활용된다. 전차 이동 시에는 매우 큰 소리와 진동이 발생하기 마련이다. 때문에 현대전에서는 지뢰나 감시장비들이 이를 활용해 전차를 공격하기도 하는데, K3는 고무궤도를 도입해 이런 소음과 진동을 크게 낮출 계획이다. 동력 역시 우선은 디젤-리튬전지 하이브리드로 구동하되, 미래에는 1MW 출력의 수소연료전지를 사용할 것이다. 이는 환경오염 문제 때문이 아니라, 하이브리드 전지나 수소 전지는 전차가 필요로 하는 전력을 생산하기에 좋은 데다 매우 조용하고 열 또한

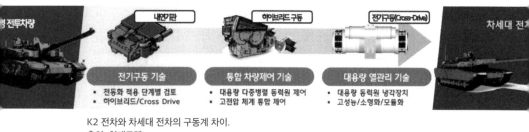

전투차량 | 내연기관 | 하이브리드 구동 | 전기구동(Cross-Drive) | 차세대 전기

전기구동 기술
- 전동화 적용 단계별 검토
- 하이브리드/Cross Drive

통합 차량제어 기술
- 대용량 다중병렬 동력원 제어
- 고전압 체계 통합 제어

대용량 열관리 기술
- 대용량 동력원 냉각장치
- 고성능/소형화/모듈화

K2 전차와 차세대 전차의 구동계 차이.
출처: 현대로템

발산하지 않아 적의 공격을 잘 피할 수 있기 때문이다.

적의 레이더나 적외선 센서에 탐지되는 거리를 줄이는 스텔스stealth 기술은 이미 공군 전투기들에서 광범위하게 사용되고 있다. 그러나 지금까지 전차나 지상차량에는 잘 쓰이지 않았는데 K3에는 적용될 것으로 보인다. 나노기술을 사용한 특수 구조의 메타물질metamaterial로 섬유를 만들어 전차 겉면을 덮는 천 형태의 위장막과 함께, 섬유를 쓰지 않고 3D 프린터를 사용한 압출 적층 방식Fused Filament Fabrication으로 전차를 보호할 나노 구조의 위장 패널을 만드는 것이다.

이런 위장막이나 패널을 장착한다 해서 일반 전차가 '투명 전차'로 변신하는 것은 물론 아니다. 그러나 빛이 없는 야간에 적의 적외선 카메라나 레이더에 노출될 경우, 적의 입장에서는 이 물체가 전차인지 혹은 그냥 바위나 지형지물인지 구별하기가 어려워진다. 그렇기에 이런 면에서 K3는 적의 전차보다 상대를 먼저 발견해 사격할 수 있고, 적외선 카메라나 탐색기를 활용하는 적의 자폭드론 공격도 더욱 쉽게 피할 수 있다.

전차의 미래: '전차 무용론'은 진짜일까?

지금까지 우리는 한국 육군의 주력전차이자 수출 대박 상품인 K2, 그리고 미래 한국 지상전의 주역이자 차세대 수출 상품인 K3의 특징과 더불어 수출시장에서 갖는 경쟁력을 살펴보았다. 그런데 한국 전차의 성능이 아무리 뛰어나다 해도 우리의 경쟁자들이 더욱 강력하면, 혹은 아예 전차라는 무기체계가 인기를 잃는다면 어떤 상황이 벌어질까? 수출에는 당연히 실패할 테고, 그에 따라 한국 방위산업 역시 큰 타격을 받을 것이다. 때문에 우리는 한국 전차의 향후 수출양상, 그리고 미래 시장에서의 위치를 전망해볼 필요가 있다.

가장 중요한 것은 아무래도 전차 그 자체의 미래 전망일 텐데, 여기에는 제2차 세계대전 이후 최대 규모의 전차전이 벌어진 우크라이나 전쟁에서의 관련 수치들을 참고해볼 수 있다(1990년에 있었던 걸프전에서도 이라크군과 다국적군이 수천 대의 전차를 동원하긴 했으나, 전차와 전차가 격돌한 빈도가 낮고 전차가 지상전을 수행한 시간 역시 매우 짧은 탓에 관련 수치들도 별 의미를 갖지 못한다). 미국 CIA의 기밀해제 보고서에 따르면 우크라이나 전쟁에서 2022년부터 2023년 말까지 러시아군은 2200대 이상의 전차를 손실했는데, 이는 러시아가 그 기간 동안 동원할 수 있었던 모든 전차 수의 63퍼센트라 한다. 러시아군의 경우와 비교했을 때 우크라이나군 전차의 손실량은 훨씬 적으나, 그럼에도 수백 대 이상이 러시아의 공격에 파괴된 것으로 추정된다. 게다가 파괴된 양국 전차들 모두가 구형 전차인 것도 아니다. 러시아의 최신형 전차 T-90A는 물론이고 우크라이나가 유럽과 미국으로부터 지원받은 최신예 전차 챌린저2, 레오파르트2, M1A1에이브람스 등도 상당수 파괴되었다.

이런 이유로 현재 군사전문가들 사이에서는 일명 '전차 무용론'이 퍼지고 있다. 포격이나 공중 공습으로 피해를 입는 것은 물론 적 보병이 가지고 다니는 대전차로켓이나 미사일, 심지어는 아주 값싸고 조잡한 FPV드론에도 파괴되니 전차는 별 효용성이 없다는 것이다.

어떤 사람은 지금의 상황을 마치 해상전의 주역이 전함에서 항공모함으로 넘어가는 것에 비유하기도 한다. 제1차 세계대전 당시의 해상전에서는 거대한 대포와 두터운 장갑을 갖춘 전함이 주된 역할을 담당했던 데 반해, 제2차 세계대전의 해상전에서 주역을 맡은 것은 비행기를 싣고 전함보다 더 멀리서 더 빠르게 공격할 수 있는 항공모함이었다. 이런 식의 변화가 지상전에서도 있을 거라고, 다시 말해 기존 지상전의 주인공이었던 전차가 향후엔 그 역할을 잃을 거라 예측하는 것이다.

이러한 예측이 어느 정도 설득력을 갖는 것은 사실이나, 전차의 특성과 속성을 지나치게 저평가한 면도 있다. 겉으로만 보자면 전차는 상대의 간단한 드론 공격으로 쉽게 파괴되는 듯할 것이다. 그러나 방어자 입장에서 생각하면, 드론에 대응할 수 있는 가장 중요한 수단 또한 전차다. 강력한 엔진과 두터운 장갑을 갖춘 전차는 드론 대응용 탐지레이더, 혹은 드론 요격용 기관포나 재머를 전선 가까이에서 가장 안전히 운용하게끔 해주기 때문이다. 드론 탐지에는 정밀레이더 등이, 드론 격추에는 재머가 필요한데 이런 장비들 모두에는 많은 전력의 안정적 공급이 요구된다. 그렇기에 비록 드론의 공격에 많은 피해

드론 방어 기능이 추가된 개량형 K2.
출처: Wang Hsiang

를 입긴 하나, 전차는 최전방의 아군을 적의 드론으로부터 보호해주는 가장 좋은 수단이 된다. 앞서 언급했듯 K2의 폴란드 수출형인 K2PL에는 자동화된 로봇형 기관포탑인 RCWS에 드론 방어 목적의 재머가 장착되고, K2의 라이벌인 독일의 KF51판터Panther에도 공격형 드론뿐만 아니라 전차를 위협하는 적을 향해 돌진하는 방어용 드론이 탑재된다.

전차가 조금씩 홀대받다가 다시금 지상전의 주력장비로 부활한 사례는 과거에도 있었다. 1960년대부터 본격적으로 개발되어 점차 사용이 확산된 대전차미사일은 특히 1973년 이스라엘과 아랍 연합군 사이에서 벌어진 제4차 중동전쟁, 일명 욤키푸르Yom Kippur 전쟁에서 제

　　　　　　　　　　　　　　　　　　K-방산에 투자하라

진가를 발휘했다. 아랍 연합군이 소련제 대전차미사일로 이스라엘군의 전차 수백 대에 손실을 입힌 것이다. 그에 따라 전차 무용론이 대두된 것은 자연스러운 수순이었다.

그러나 이를 계기 삼아 각국의 전차 연구자들은 방어력 측면에서 복합장갑이나 반응장갑을 개발, 대전차미사일에 대한 전차의 방어력을 높였다. 미사일의 조준 및 유도를 방해하는 연막탄과 지상기동 전술, T-64 전차나 T-72 전차와 같이 대전차미사일을 탑재할 수 있는 신형 전차들이 개발된 계기도 욤키푸르 전쟁이었다.

사실 우크라이나 전쟁에서 활약한 드론의 경우에서 짐작할 수 있듯, 전차를 위협하는 새로운 신무기들은 앞으로도 계속 등장할 것이다. 그러나 전차 또한 꾸준히 진화할 뿐 아니라 자신을 위협하는 장비와 하나의 무기체계로 진화할 가능성이 매우 크다.

한국 전차의 수출전망

이제 한국 전차의 경쟁자들, 그리고 수출전망에 대해 살펴보자. 현재 자국 전차의 수출이 가능한 나라는 한국, 중국, 튀르키예, 독일, 프랑스, 미국, 러시아가 전부다(일본과 이스라엘도 독자적 전차 모델을 보유한 나라지만, 자국의 독특한 환경에 맞춘 모델이다 보니 아직까지 수출을 기록한 사례가 없고 앞으로의 가능성 또한 낮다).

그러나 이 모든 국가들이 우리의 경쟁자인 것은 아니다. 프랑스의 경우 현재 신규 전차 생산은 어렵고, 독일과 함께 공동개발하는 MGCS main ground combat system 프로젝트가 완료되어야만 전차 수출이 가능한 상황이다. 또한 러시아는 우크라이나 전쟁 탓에 향후 국제 무기시장에서 사실상 퇴출될 가능성이 클 것으로 보인다.

튀르키예는 알타이 전차의 생산국이고, 알타이 전차는 수출시장에서 K2와의 경쟁이 가능하다. 그러나 핵심 장비인 파워팩, 현수장치, 장갑재 등이 한국으로부터 직수입하거나 면허생산하는 부품들로 이루어져 있어 사실상 알타이 전차가 한국 시장을 위협한다고 보기는 어렵다.

그렇다면 남은 경쟁자는 중국, 미국, 독일, 그리고 독일-프랑스 등의 넷이라 할 수 있다. 그중 중국의 상황을 먼저 보자면 VT-3, VT-4 등 수출형 전차들이 상당한 성과를 기록 중이지만 문제 또한 두 가지가 있다. 중국의 수출형 전차에는 105mm 강선포 혹은 125mm 활강포가 탑재되는데, 이 두 전차포의 관통력은 120mm 활강포보다 30~50퍼센트 정도가 약하다. 따라서 중국도 제외하면 결국 미국과 독일, 두 나라의 세 가지 프로젝트만 남게 된다.

미국의 GDLSGeneral Dynamics Land Systems가 생산하는 M1A2에이브람스는 현재 수출시장에 나와 있는 전차들 중 누적 생산량이 가장 많은 기종이다. 미국은 M1A2 전차를 2300대 이상 보유 중이고, 운용하지 않고 보관 중인 M1A1, M1E1 전차 또한 수천 대에 달한다. 수출대상국 또한 중동 국가인 쿠웨이트, 사우디, 이집트 등 9개국 이상에 이른다(다만 수출 시 미국은 FMS, 즉 상업 구매가 아닌 정부 간 구매의 방식을 통한다). M1A2 전차의 단점으로는 중량이 66t에 달할 정도로 매우 무거운 데다 연비가 나쁜 가스터빈엔진을 사용한다는 것이 있다.

제작사인 GDLS는 최근 에이브람스XAbrams X라는 기술실증차량

중국의 VT-5 전차.
출처: raddit

technology demonstrator을 내놓았다. 사람이 타지 않는 무인포탑unmaned turret을 채택해 중량을 크게 줄임은 물론 하이브리드 파워팩을 사용해 연비를 매우 높이는 등 기존 M1A2에이브람스의 단점을 상당 부분 개선했다는 것이 특징적이다. 다만 이 기술실증차량은 한 명이 타는 차체에 세 명을 억지로 탑승하게끔 개조한 것이라, 실제로는 일명 M1E3라는 모델이 생산될 예정이다. M1E3는 우리 K3의 장점을 상당 부분 반영하였기 때문에, 2030년대에는 K2 및 K3와 수출시장에서 치열히 경쟁할 것으로 보인다.

독일-프랑스 합작회사인 KNDS KMW+Nexter Defense Systems N.V.가 만드는 MGCS 전투체계는 단순히 전차뿐 아니라 IFV, 장거리미사일 탑재 차량 등 기갑 전투에 필요한 여러 중장갑 차량을 하나의 공

미국의 에이브람스X.
출처: GDLS

통 하이브리드엔진 차체로 제작하는 프로젝트다. 전차 버전에 적용된 기술은 K3의 기술적 기능이나 목표가 비슷하며, K3의 개발방식과 달리 보병을 태우는 IFV와 미사일 탑재용 차량을 처음부터 같이 개발하기 때문에 전차 버전만 설계 중인 K3보다 확장성이 뛰어나다는 장점이 있다. 다만 아직은 개발 초기 단계이기에 현재 MGCS 디자인으로 공개된 여러 전차 디자인은 사실 개념도에 불과하고, 실제 실용화는 2030년이 훌쩍 넘어서야 가능할 것으로 보인다.

그렇다면 이제 유의미한 경쟁대상으로 남아 있는 것은 독일이 독자적으로 개발한 전차 2종이다. 그중 하나는 일찌감치 유럽 시장을 장악하고 우리의 K2를 노르웨이 등에서 번번이 패배시킨 레오파르트2다. 이 전차는 첫 생산 시점부터 지금까지 30년 이상의 세월 동안 제작되었으니 디자인 면에서는 K2보다 오래된 것이 사실이다. 그러나 그간

　　　　　　　　　　　　　　　　　　　　K-방산에 투자하라

KNDS의 차세대 전차 EMBT-ADT.
출처: forcesoperations

10여 차례에 걸쳐 개량이 이루어졌고 스위스나 독일, 튀르키예 등에서 제작된 개량용 키트 또한 여럿 있어, 레오파르트2의 구매를 원하는 국가들은 자신들이 각각 원하는 사양에 맞춰 구매할 수 있다는 장점이 있다.

레오파르트2의 확장성이 가장 돋보인 사례는 2024년 2월에 진행된 이탈리아 수출 건이다. 이탈리아는 레오파르트2A8 전차 140대를 구매하는 데 무려 83억 유로를 썼고, 그것들을 수령하는 기간 또한 2027년부터 2037년까지 10년에 달한다. K2와 비교하면 대당 가격이 원화로 무려 800억 원에 이르니 세 배 이상인 데다 납기 또한 늦은데, 그럼에도 이탈리아가 이 전차를 택한 이유는 무엇일까?

답은 '현지화'다. 독일 전차 레오파르트2의 이탈리아 수출용 버전에는 이탈리아 최대의 방위사업체 레오나르도Leonardo가 제작한 전차 포신, 전자광학 센서, 첨단 통신기, 지휘통제 시스템 등이 통합 및 장착된다. K2의 경우 수출대상국에서 제작한 장비를 장착해 수출한 예는 아직까지 없다. 때문에 이런 방법을 이제 막 시작해보려는 단계에 있는데, 그런 만큼 향후에도 여러 시행착오가 따르고 필요한 노하우 또한 적지 않을 것으로 보인다. 그와 달리 레오파르트2 이미 이런 식의 현지화를 수십 년 동안 여러 나라들과 진행해왔다는 강점이 있다.

레오파르트2와 함께 주목해야 하는 또 다른 독일 전차는 라인메탈Rheinmetall이라는 기업이 생산하는 KF51판터. 라인메탈은 본래 KMW라는 업체와 함께 레오파르트2의 생산을 담당해왔다. 그런데 라인메탈은 독자적으로 전차를 판매하기 위해 BPz3뷔펠Büffel 장갑복구차량을 전차용 차체로 개조한 다음, 자신들이 새로 개발한 포탑을 탑재했다.

KF51판터는 차체가 레오파르트2와 거의 동일하다. 그러나 신형 포탑을 장착해 K2처럼 자동장전장비를 갖춤은 물론 수출형 K2와 동일한 RCWS 원격조종 기관포탑, 120mm 활강포, 복합장갑, 발전된 사격통제장비fire control system도 탑재한다. 수출형 K2의 APS와 유사한 성능의 스트라이크실드StrikeShield 역시 적용되었다.

KF51판터가 K2와 다른 점으로는 크게 세 가지가 있다. 하나는 Hero-120 배회형 공격드론loitering munition과 초소형 드론인 스팅어stinger를 포탑에 장착함으로써, 아직 개발 중인 차기전차 K3 와 유사한 기능을 이미 갖췄다는 것이다. 다른 하나는 자폭드론 운용을 위해 전차 내부에 승무원과 함께 드론 조종사 한 명도 함께 탑승한다는 점이다. 그리고 K2와 달리 차세대 전차포인 130mm 활강포를 큰 개조 없이 곧바

K2의 수출 경쟁자 KF51판터.
출처: 라인메탈

로 장착할 수 있다는 것이 마지막 차이점이다.

이러한 점에서 KF51판터는 한국의 차기전차 K3의 신기능을 상당 부분 갖추었기에 K2와 직접적으로, 또 가장 치열하게 경쟁하는 라이벌이 될 수 있다. 실제로 라인메탈은 2023년 9월 헝가리에 KF51판터의 생산을 위한 공장을 세움과 동시에 KF51판터가 그곳에서 생산될 것임을 공표했다. 폴란드에 공장을 세워 K2PL 전차를 생산했던 우리와 매우 유사한 접근 방식으로 시장을 공략하는 셈이다.

그럼에도 KF51판터에는 약점이 있다. 같은 나라에서 생산하는 레오파르트2와 비슷하면서도 다르게 가려다 보니 생겨난 약점이라 하겠다. 현재 라인메탈이 가지고 있는 KF51 전차 차체 생산라인은 생산능력이 매우 낮은 데다 자국 내 경쟁사인 KMW의 부품도 사용하기 때문에 수출 시 어려움이 예상된다. 또한 K2GF 전차나 K3에 비해 차체와 포탑 및 드론 발사대가 크다 보니 상대적으로 자동장전장비의 크기가 작아져, 정작 전투 시 사용 가능한 탄약의 수는 K2보다 적다는 문제점도 있다. 이러한 문제점들을 K2 전차가 잘 파고듦과 동시에 차기전차 K3가 새롭고 혁신적인 기능으로 해외 경쟁 전차들보다 우세한 성능을 가질 수 있다면, 미래의 세계 전차 시장에서도 'K-전차'의 위상은 굳건할 것이다.

K-방산에 투자하라

무기 2. 자주포:
10개국에 수출된 베스트셀러

'진격의 K-방산'의 핵심 아이템, K9 자주포

이번 꼭지의 제목은 원래 '9개국에 수출된 베스트셀러'였는데, 집필하던 중에 또 새로운 뉴스가 터져 제목을 수정했다. 2024년 7월 10일한국은 루마니아에 K9 자주포(이하 K9) 54문, K10 탄약장갑차 36대, 탑재 탄약 등 총 1조 3000억 원 규모의 수출계약을 맺었다. 어쩌면이 책의 원고를 퇴고한 이후에 또 다른 수출이 진행되어 현 제목의'10개국'을 '11개국' 혹은 '12개국'으로 다시금 수정해야 할 수도 있지않을까 싶다.

K9은 '진격의 K-방산'이라는 전설의 문을 열어젖힌 선봉장이자가장 많은 국가에 가장 오래 꾸준히 팔리는, K-방산 수출제품들 가운데에서도 그야말로 핵심 중의 핵심 아이템에 해당한다. 그런 만큼, 이

K-방산 수출의 선봉장 K9 자주포.
출처: 김민석

책에서 언급된 열 종의 K-방산 핵심 아이템 중에서 가장 중요하다 할
만한 것 역시 바로 국산 자주포 K9이라 할 수 있다.

그렇다면 지금부터는 어떻게, 또 왜 이 자주포가 현재와 같이 높은
위상을 갖추게 되었는지에 대해 알아보자. 단, 이를 이해하기 위해서
는 우선 포병과 자주포의 역사, 그리고 현대전에서 나타난 흐름의 변
화를 먼저 살펴볼 필요가 있다.

은퇴를 번복한 전쟁의 신

화약을 사용한 화포가 발명된 것은 지금으로부터 수백 년 전의 일이
다. 포병의 등장 이전에도 투석기catapult나 노포ballista 같은 대형 원거
리 무기가 존재하긴 했으나, 그럼에도 대포는 인류 전쟁의 역사에서

K-방산에 투자하라

엄청난 의미를 가진 무기라 할 수 있다. 대포 발명 이후 전쟁의 양상이 과거와 달라졌기 때문에, 그것도 극단적으로 달라졌기 때문이다.

무연화약, 후장식 장전, 폐쇄기 등 현대 화포에도 그대로 계승되는 화포의 특성이 19세기 이후 정립되자 인류는 처음으로 포격bombardment이라는 것을 전쟁터에서 경험하게 되었다. 단순히 무거운 포탄이 멀리서 떨어지는 상황이 아니라 강력한 파편과 폭풍을 일으키는 포탄이 수백, 수천 발씩 터지는 경험 말이다. 이는 지금껏 겪은 그 어떤 전쟁 상황에서보다 크게 느껴지는 공포감을 인류에게 안겨주었다. 대포가 터지는 소리와 화염 자체도 어마어마했지만, 막대한 인명피해가 발생하는 상황임에도 적은 얼굴조차 볼 수 없기 때문이었다.

"포병은 전쟁의 신"이라는 말이 나온 것도 이 때문일 것이다. 구소련의 독재자 이오시프 스탈린Joseph Stalin이 했다고 알려진 이 말은 제2차 세계대전에서 포병의 활약이 얼마나 대단했는지를 가장 잘 축약한 문장이기도 하다. 지금도 러시아에서는 11월 19일을 '포병의 날'로 지정하여 기념하는데, 이날은 소련이 자국의 멸망과 나치 독일의 공격을 막아낸 스탈린그라드 전투에서 포병이 가장 뛰어난 활약을 보인 날이라 한다. 다시 말해 소련은 포병으로 국가의 멸망을 막아냈기에 "포병은 전쟁의 신"이라는 찬사를 보낸 것이다.

사실 대한민국도 '포병이 나라를 구원한' 곳 중 하나다. 한국전쟁 초기에는 북한군의 기갑부대를 막을 유일한 자산이 포병뿐이었고, 인천상륙작전 이후 계속된 고지전에서 중공의 인해전술을 방어할 수단 또한 포병이었다. 일례로 1952년 10월에 국군제9보병사단이 중공군 38군 소속 3개 사단과 벌인 일명 '백마고지 전투'에서는 좁은

제2차 세계대전 당시 구소련의 포병부대.
출처: allworldwars.com

고지전에서의 방어를 위해 단 9일 동안 무려 39만여 발의 포탄이
사용되었다는 기록이 남아 있다. 백마고지 전투뿐만 아니라 숱한
전투에서 우리는 막대한 물량의 포병 사격으로 적을 격멸했으니,
포탄과 포병이 없었다면 대한민국의 존립 자체도 위태로워질 수
있었던 셈이다.

　하지만 제2차 세계대전부터 항공기의 성능이 엄청나게 향상되자,
전쟁에서 마주할 수 있는 가장 공포스러운 상황은 '폭격'이 아닌 '공습
air strike'이 되었다. 특히 항공 전력이 강한 미국을 중심으로 하는 서방
세계의 군대들은 포병화력보다 공군력 확충에 힘을 쏟았다. 냉전이

K-방산에 투자하라

제2차 세계대전 당시 이뤄진 미국 폭격기의 폭격.
출처: phys.org

끝난 뒤 일어난 이라크 전쟁 등의 현대전에서도 포병은 단순히 보병을
지원하는 보조 수단으로 인식되었다.

　그런데 2022년에 발생한 우크라이나 전쟁은 이런 인식을 송두리째
바꿔버렸다.

우크라이나 전쟁의 중심, 포병

우크라이나 전쟁의 전황을 결정짓는 것은 포병의 화력이다. 냉전 이후
벌어진 그 어떤 전쟁에서도 우크라이나 전쟁에서처럼 포병이 중요

자주포 사격을 하는 우크라이나군.
출처: 우크라이나 국방부

역할을 맡은 적은 없었다. 뉴스에서는 화려하고 실감 나는 드론의 공습을 주로 보여주지만, 매달 1만여 대 이상의 드론을 소모하고 있는 지금도 러시아군과 우크라이나군 모두에서 핵심 화력을 담당하는 것은 포병이다. 대체 왜 이 전쟁은 포병 중심으로 진행되고 있는 것일까?

첫 번째 이유는 양국 모두의 '미약한 공군력 및 약한 드론 화력'이다. 우크라이나 전쟁에서는 러시아군이나 우크라이나군 중 한쪽이 제공권制空權을 장악해 전투를 주도해나간 적이 단 한 차례도 없다. 러시아 공군은 폭격기 및 막대한 전술전투기 전력을 보유 중이지만 많은 수량이 우크라이나군의 격추를 받아 활발한 작전을 펴지 못하고 있다. 우크라이나 공군은 전력이 미약한 탓에 서방의 원조로 들여올 F-16 전투기만을 기다리며, 수십 기에 불과한 구형 미그-29 전투기와 Su-25

K-방산에 투자하라

공격기로 매우 제한적인 항공 작전을 수행할 수 있을 뿐이다.

드론은 이번 전쟁에서 상대국의 전차나 수도를 공격하는 수단으로 크게 각광받고 있으나 사실 그리 효과적인 화력 무기체계가 못 된다. 폭약을 싣고 수백 킬로미터를 비행해 공격하는 대형 드론들이라 해도, 수십 킬로그램에 달하는 폭약을 탑재하는 항공기나 포격에 비해 화력이 훨씬 약하기 때문에 공격작전의 선봉에 서진 못하는 것이다.

두 번째 이유는 발전된 과학기술에 힘입어 극단적으로 향상된 '포병의 치명성'이다. 현재 러시아군과 우크라이나군은 위성 네트워크로 실시간 정찰 정보를 받고, 수만 대의 소형 드론들이 전선에서 작전해 주는 덕에 적의 위치를 찾는 데 소비하는 시간도 크게 감소했다. 이에 더해 저궤도 인터넷 위성인 스타링크Starlink 단말기로 연결된 지휘부는 포병이 발사하는 포탄의 정확도를 높여주고, 포격피해평가bomb damage assessment 또한 엄청나게 간소해졌다. 다시 말해 포탄을 언제 쏴야 할지, 방금 발사한 포탄이 목표물이나 목표 지역으로 잘 떨어졌는지, 그렇지 않다면 어떤 각도로 어디를 향해 다음 포탄을 쏠 것인지 결정하는 시간이 엄청나게 줄어들었다는 뜻이다.

사실 레이저나 위성항법GPS을 사용하는 유도폭탄과 미사일 등의 정밀유도무기precision guided munitions는 포병보다 항공기가 이미 수십 년 전부터 앞서 사용해왔다. 그러나 포병은 항공기보다 훨씬 더 저렴한 비용으로 타격의 정밀도를 높였다는 점이 중요하다. 또한 어떤 민간용 장비를 항공기에 통합하려면 막대한 비용과 기간이 필요한 데 반해, 포병의 경우에는 항공무기보다 훨씬 빠르고 쉽게 디스코드Discord, 스타링크, 스마트폰, 민수용民需用 드론을 활용한 사격이 가능하다는 것 또한 중요한 요소다.

포병 화력 중 상당 부분을 차지했던 견인포howitzer의 시대가 가고 자주포self-propelled artillery의 시대가 된 것도 중요한 변화였다. 자주포는 스스로 움직이고 적의 포격에 견딜 수 있는 기동력과 방어력을 갖춘 포를 일컫는다. 이런 능력을 갖추지 못한 포는 제아무리 사거리가 길고 정확해도 적의 드론 공격이나 포병 대응사격에 극히 취약할 수밖에 없다. 사실상 이제는 거의 모든 포병이 견인포 대신 자주포로 무장해야 한다는 점이 명백해진 것이다.

이 때문에 현재 전 세계 국가들은 포병과 포병 화력, 특히 자주포에 대한 투자와 관심이 한껏 높아져 있다. 우크라이나 전쟁 이전에도 세계 시장에서 가장 잘 팔리는 자주포 중 하나였던 K9은 이런 흐름을 타고 더욱더 수출에 박차를 가하는 중이다. 지금부터는 이러한 K9이 어떻게 만들어졌고, 대체 어떤 점에서 뛰어나기에 높은 수출실적을 보이는지에 대해 살펴보자.

고난과 영광으로 점철된 K9 개발의 역사

방위사업청의 공식 자료에 따르면 K9 개발과 양산 사업은 1998년 12월부터 2020년 6월까지 무려 20년 6개월이, 그리고 8조 2895억 원의 예산이 사용된 초장기·초대형 사업이다. 하지만 K9의 개발 가능성을 처음 탐색했던 1990년 당시에는 아무도 K9이 이토록 장기간에 걸쳐 생산되고 널리 수출될 것이라 전망하지 못했다. K9의 개발과정에는 워낙 다양한 우여곡절이 있을 것으로 보였기 때문이다.

K-방산에 투자하라

우선 1990년, 일명 '신자포(신형 자주포)'라는 이름으로 K9의 작전요구성능requirement of capability, ROC을 정할 때부터 많은 논란이 일었다. 포병의 야포에 엔진을 달아 스스로 움직이는 자주포를 국내 최초로 개발하는 사업인데 목표 성능이 너무 높게 설정되었다는 비난이 많았던 것이다. 자주포의 핵심 성능인 사거리, 즉 포탄을 얼마나 멀리 발사할 수 있는지에 대한 능력과 더불어 발사속도, 기동성 및 방어력 등 모든 측면에서 K9은 실제로 미국의 주력 자주포인 M109A6을 능가하는 수준, 또 세계 최고 성능의 자주포로 개발 중이었던 독일의 PzH2000보다 약간 낮은 수준의 성능을 목표로 삼았다. '동급 미국산보다 높은 성능의 국산 무기를 만든다'는 개발계획은 사실 현재의 관점에 비춰봐도 쉽게 추진하기 어려운데, 하물며 당시의 상식으로는 더더욱 이해되지 않았을 것이다.

이 때문에 개발이 완료되어 전투사용가능 판정을 받은 1998년 10월까지의 8년이라는 시간은 K9 자주포 개발을 맡은 ADD와 삼성테크윈(현 한화에어로)에게 있어 고통의 시기였다. 첫 난관은 당장 개발 시작 시점에서부터 시작되었다. 1990년 말을 기준으로 K9 개발에 요구되었던 국내 기술 수준은 실제 목표를 가능케 하는 데 필요한 수준의 45퍼센트에 불과했다. 이 문제의 해결을 위해 ADD와 삼성테크윈은 현수장치와 항법장비를 영국과 미국에서 각각 도입했으나, 그것들을 활용해 만들 K9는 영국산 및 미국산 자주포보다 성능이 더 좋아야 한다는 점에서 상당히 고민스러웠다.

K9에 들어갈 주포나 차체, 포탑 연구와 관련해서도 많은 어려움이 있었는데, 심지어 개발 도중에는 한국을 방문한 미국 기술진들이 기술

출처에 대해 의심을 품은 적도 있었다. K9 이전에 한국이 생산한 K55 자주포의 경우 설계도면 하나까지도 미국에서 건너온 면허생산품이었다. 그만큼 한국의 자주포 관련 기술력이 낮은 상황이었는데, 미국산보다 우수한 성능의 자주포를 만들 거라 하니 이를 믿지 못한 미국 측이 자국의 지적재산권을 한국이 침해하는 것은 아닌지 조사했던 것이다.

심지어 K9 개발 사업을 시작할 당시에는 앞서 언급한 ROC, 즉 작전요구성능도 문제가 되었다. 한국 육군은 제작사들 측에 10초에 세 발의 포탄을 발사해야 한다는 급속발사능력, 진격 시 공병부대 없이도 기동할 수 있는 수상도하능력, 심지어 대공방어를 위해 탑재해야 할 20mm 발칸포까지 요구했다. 이제 처음으로 자주포 개발에 나선 상황인데 그에 비해 만족시켜야 할 요구성능이 지나치게 많았던 셈이다. 다행히 수상도하능력과 발칸포 장착 관련 요구는 포기되었고, 발사속도 관련 요구는 적의 표적이 이동하는 거리를 고려, 10초에 세 발 대신 15초에 세 발의 포탄을 발사 가능하게 하겠다는 수준으로 낮춰 개발이 추진되었다.

이런 여러 악조건과 짧은 개발기간 중에는 안타까운 사고도 있었다. 시제차 완성 후 초기 시험이 이뤄졌던 1997년 12월, 최대발사속도를 시험하던 중 시제차에 발생한 화재로 연구원 한 명이 순직하고 두 명이 부상을 입는 사고가 일어난 것이다. 발사속도를 높이기 위해 시제차에는 기존 자주포에 없었던 포탄 이송기와 신형 장약이 탑재되었는데 그것들의 기능에 문제가 생긴 것이 화재 원인이었다.

그럼에도 시제품 개발 후 검증에 필요한 4100발의 사격시험, 1만

3800km의 주행시험을 일정에 맞춰 완료하는 등 K9 개발은 사전에 계획했던 일정을 준수하며 진행되었다. 이는 화재 사고로 부상당했던 연구원들이 트라우마를 극복하고 재차 시험사격에 나서는 등 여러 개발 담당자의 헌신적인 노력과 희생이 있었기에 가능한 일이었다. 폭설 환경에서 수행되어야 하는 주행시험이 당시 지나치게 적은 강설량 탓에 불가능해지자 급히 스키장을 빌려 성공적으로 테스트를 마치게끔 했던 그들의 기지도 한몫했음은 물론이다.

역사상 가장 빠른 수출과 11차 양산의 위업

각양각색의 악전고투 끝에 완성한 덕분이었을까. K9은 전투사용가능 판정을 받은 지 얼마 지나지 않은 2000년 7월에 튀르키예로 관련 기술을 수출하는 데 성공, 만들어지자마자 수출이 성사된 최초의 국산 무기체계가 되었다. 지금으로부터 25년 전인 당시에는 국산 무기가 수출되는 경우도 드물었을 뿐 아니라 이미 1000대를 생산 중이었던 K1 역시 말레이시아 수출이 좌절된 상황이었음을 감안하면 이는 엄청난 성공이라 할 수 있었다.

K9의 튀르키예 수출은 일명 '기술이전 공동생산 방식'으로 이루어 졌다. 다시 말해 튀르키예 육군의 차세대 자주포인 T-155프르트나Fırtına를 제작하는 데 한국이 도움을 주고, 60여 종의 부품 또한 공급함으로써 튀르키예의 자국산 자주포 생산을 돕는다는 개념이었다.

사실 당시 튀르키예는 자주포 개발을 위해 한국보다 독일과 먼저 협상을 진행 중이었다. 그러나 한국은 튀르키예에 대지진이 일어났던

튀르키예의 T-155 자주포.
출처: Defense Turk

1999년 8월 당시 한국 장병들이 모은 지진피해 성금을 육군참모총장이 직접 튀르키예로 날아가 전달하는 등의 적극적인 세일즈 활동을 통해 경쟁에서 승리할 수 있었다.

튀르키예로의 수출과정에서는 작지 않은 해프닝도 있었다. K9와 튀르키예의 T-155는 동일하게 독일 MTU의 엔진을 사용한다. 그런데 어느 시점에서 독일 정부는 MTU 엔진의 튀르키예 수출 승인을 거부하고 나섰다. 그에 따라 이미 성사되었던 튀르키예로의 K9 수출계약도 물거품이 될 위험에 처했으나, 한국 정부와 독일 정부의 외교적 협상 끝에 다행히 한국은 2000년 12월 15일에 독일의 수출허가 결정을 얻어낼 수 있었다.

K9의 국내 생산은 매우 순조로이 이뤄졌다. K9은 1999년부터

K-방산에 투자하라

K9 자주포와 천무 다연장로켓.
출처: 김민석

2019년 6월까지 20년의 세월 동안 생산되어, 일부 개인화기와 같은 소형 무기가 아닌 고가의 첨단 무기체계 중에서는 한국에서 가장 오래 양산된 무기라는 기록도 보유하고 있다. 11차 양산에 이를 정도로 오래 지속된 시간 동안 삼성테크윈은 K9을 한국군에 납품할 수 있었고, 안정적인 수요를 기반으로 한국의 지상방산 시장에서 주도적 지위를 획득할 수 있었다.

K9이 생산된 20년 동안에는 총 네 번의 '증강목표 조정'이 있었다. 증강목표 조정이란 쉽게 말해 합동참모본부가 특정 무기를 총 몇 대나 생산할지 조정하는 것인데, K9과 관련된 네 번의 증강목표 조정 중 가장 중요한 것은 마지막으로 이뤄진 2010년 12월의 결정이었다.

K9의 생산량에 대해서는 이전까지도 군과 국방부 내부에서 많은

차별화된 성능과 가격으로 K9 자주포가 기록한 수출 관련 데이터			
국가	계약 대수	K9 명칭	비고
폴란드	332	Krab, K9	K9 차체/완제품 수출
튀르키예	280	T-155 Firtina	K9 기술이전 현지생산
이집트	200	K9A1EGY	K9, K10 기술이전 현지생산
인도	100	K9 Vajra-T	K9 기술이전 현지생산
핀란드	96	K9 Moukari	K9 중고품 수출
루마니아	90	K9RU	K9, K10 완제품 수출
에스토니아	36	K9 Kõu	K9 중고품 수출
호주	30	AS9 Huntsman	K9, K10 현지생산
노르웨이	28	K9 VIDAR	K9, K10 완제품 수출

출처: 『K9자주포 양산사업』 방위력개선사업 집행종결보고, 방위사업청 화력사업부 포병사업팀, 2020.10.13.

논의가 있었다. K9은 당시 약 40억 원이라 견인포보다 훨씬 고가였던 데다 '이제 육군의 장거리 화력지원장비들은 포병용 무기가 아니라 공격헬기, 다연장로켓 등 최신 무기가 되어야 한다'는 의견들이 많았기 때문이다. 'K9을 살 돈이 있으면 차라리 아파치 공격헬기를 사야 한다'는 식의 주장도 당시에는 흔했다.

K9과 관련된 이러한 평가 및 필요성을 완전히 바꾸어버린 것은 2010년 11월 23일에 일어난 '연평도 포격사건'이었다. 해병대 연평부 대원들이 북한의 기습공격으로 불에 타버린 진지를 지키며 반격할 당시 사용한 K9 3문의 모습은 그 어떤 연구나 논문보다 K9의 필요성을 보여주는 강력한 근거였다. 이를 계기로 우리 육군은 각 군의 자주

K-방산에 투자하라

포 전력을 강화하기로 결정했다. 그 결과 전방 사단마다 1개 대대, 기계화여단마다 1개 대대, 그리고 군단 소속에 추가로 대화력전 임무를 하는 포병대대 1개를 배치함은 물론, 해병대와 육군 서북도서방위사령부에도 기존 편제에 더해 각각 추가 포병대대를 조직함으로써 무려 1178문이라는 엄청난 수의 K9 자주포를 배치했다.

이렇게 국내 시장에 대량으로 도입되자 K9은 수출시장에서도 주목받으며 판매량이 비약적으로 늘어났다. 한화에어로의 발표에 따르면 2023년 현재 전 세계에서 155mm 포탄을 사용하는 자주포 4656문 중 한화에어로가 생산한 K9은 1787문인데, 이는 세계 자주포 수출시장에서 36퍼센트의 점유율에 해당하는 수치다. 이에 더해 2024년에 새로 성사된 루마니아 수출계약, 향후 시작될 이집트의 면허생산과 인도의 추가 구매까지 고려하면 앞으로의 점유율은 더욱 높아질 것으로 전망된다.

기록적 수출을 기록한 K9 자주포의 비결

그렇다면 K9은 어떤 특성이 있어 이렇듯 성공적인 수출실적을 기록한 것일까? 가격, 성능, 구매 및 납기조건이라는 세 가지 면을 살펴보면 이에 대해 명확히 알 수 있다.

먼저 볼 것은 가격이다. K9의 가격이 약 40억 원임은 앞서 이야기한 바 있는데, 방위사업청의 자료에 따르면 이는 영국 BAE시스템스British Aerospace System의 미국 법인이 개발한 M109A7PIM 자주포보다 30퍼센트, 독일 라인메탈의 PzH2000 자주포보다 50퍼센트 저렴하다.

단순히 가격 면에서만 우수했던 것이 아니다. K9이 대단한 점은 20년간 생산되었음에도 물가상승률과 무관하게 거의 일정한 가격이 유지되는 엄청난 비용관리 능력을 바탕으로 했다는 데 있다. 아래 표에 나와 있듯 1차 양산 시와 11차 양산 시의 생산단가는 각각 37억 원과 39억 원인데, 20년 동안의 물가상승분을 감안하면 거의 기적처럼 원가가 관리되었음을 알 수 있다. 특히 K9의 비교 대상인 미국 및 독일 자주포의 판매가격이 같은 기간 동안 두 배 가까이 상승한 것을 생각하면 이 대단한 원가관리 능력이 그저 놀라울 따름이다.

(단위: 억 원)

1~11차 양산 시의 K9 자주포 단가										
구분	1차	2차	3차	4차	5차	6차	7차	8차	9차	10차	11차
단가	37.11	36.7	37.02	37.55	36.22	37.27	37.27	38.81	38.22	41.24	39.84

출처: 『K9자주포 양산사업』 방위력개선사업 집행종결보고, 방위사업청 화력사업부 포병사업팀, 2020.10.13.

성능 면에서도 K9은 현대전에 요구되는 자주포의 모든 성능을 만족시키는 세계 정상급의 상품이다. 우선 사거리를 살펴보자. 라인메탈의 PzH2000이 사용하는 것과 동일한 항력감소base bleed 포탄을 쓴다면 K9의 사거리 또한 PzH2000의 경우와 같다. 또한 일반 포탄 사용 시의 사거리는 40km로, 미국 육군이 운용하는 자주포 M109A7PIM의 30km급 사거리를 상당히 능가한다. 물론 M109A7PIM도 M982엑스칼리버Excalibur 유도포탄을 쓰면 40km 밖의 표적을 공격할 수 있지만, K9 역시 이 유도포탄을 사용할 경우에는 50km 이상 떨어진 곳에

K-방산에 투자하라

호주에서 생산될 K9헌츠맨 자주포.
출처: 한화에어로

대한 공격이 가능하다. 적군 포의 사거리가 길수록 후방에 배치하는 아군 보급진지나 주둔지는 더 위험해지고, 반대로 아군 포의 사거리가 길수록 아군은 깊숙이 위치한 적 진지를 보다 안전한 곳에서 타격할 수 있다. 이 점을 고려하면 K9은 경쟁상품들보다 매력적일 수밖에 없다.

K9의 발사속도 또한 견인포나 동급 자주포보다 뛰어나다. 최고속도로는 15초 동안 세 발을 연속 사격할 수 있고, 3분 동안 총 여섯 발의 발사가 가능하다. 분당 세 발 정도로 발사속도를 조절하면 1시간 동안 연속사격이 가능하다는 것도 이미 실증된 바 있다. 독일의 PzH2000 자주포는 최고속도로 10초 동안 세 발을 발사할 수 있으니 K9은 그에 비해 5초가 느린 것이나, 실제 화력 기준에서는 거의 차이가 없다. 또한 K9의 최대 발사속도는 PzH2000보다 느리지만, 실전 상황에서 지속 사격에 쓰이는 실질 발사속도는 견인포나 구형 자주포 대비 두

배에 이르니, 같은 자주포 1문이라도 시간당 화력에서 두 배의 차이를 보이는 셈이다.

이에 더해 K10 탄약보급장갑차와 함께하기까지 한다면 K9이 보일 하루 및 1주일 단위의 화력은 같은 규모의 경쟁 자주포나 견인포와 비교가 불가능한 수준이 된다. 탄약보급장갑차는 K9에 탄약을 자동 보급해주는 장비가 장착된 차량으로, 104발의 포탄을 탑재하고 K9에 분당 10발 이상의 포탄을 보급해준다. 따라서 사람 손으로 포탄을 보급하는 경우보다 탄의 소모 및 재보급에 드는 시간 또한 당연히 크게 줄어든다. 그렇기에 K9과 K10 탄약보급장갑차가 팀을 이룬 포대의 하루 및 일주일 단위의 화력은 K9보다 발사속도가 빠른 독일산 PzH2000 자주포보다 우월하다.

방어력과 공격력도 자주포에 있어 매우 중요한 요소다. 현대전에서는 포병화력을 무력화시키기 위한 공격수단이 엄청나게 발전했다. 특히 우크라이나 전쟁에서 급격한 발전 모습을 보인 것은 드론 혹은 레이더를 활용해 실시간으로 자주포의 위치를 파악한 뒤 발사 지점을 향해 대응사격을 하는 대對포병 사격counter-battery fire이다. 대포병 사격을 막아내려면 우선 기동성 높은 자주포로 적을 쏘고 곧바로 진지를 이탈하는 슛 앤드 스카우트shoot & scoot라는 전술을 잘 활용해야 한다. 1000마력급 디젤엔진을 사용하는 K9은 어떠한 험지에서든 빠른 진지 전환이 가능할 뿐 아니라 차체 및 화포의 반동을 받아내는 서스펜션 suspension 성능이 뛰어나 발사의 준비와 철수에 걸리는 시간 또한 구형 자주포 대비 매우 짧다. 즉, 슛 앤드 스카우트를 매우 빠르게 수행할 수 있는 자주포인 것이다.

K9 자주포에 포탄을 보급하는 K10 탄약보급장갑차.
출처: 김민석

K9의 방어력 역시 우수하다. 자주포가 아닌 견인포들은 포와 포병들을 적의 포탄으로부터 막아주는 방어장갑이 없고, 과거의 구형 자주포들은 가볍지만 방어력이 약한 알루미늄 장갑을 사용했다. 그와 달리 K9에는 자신이 쏘는 155mm 포탄 파편을 막아낼 수 있는 강철장갑이 갖춰져 있다. 다시 말해 자신이 발사하는 전차포탄을 막아낼 수 있는 방어력을 가진 셈인데, 이런 요소 덕분에 K9은 전투에서 적의 공격을 피하고 살아남을 수 있는 생존성이 경쟁제품들 대비 매우 뛰어난 편이다.

'로봇 택시' 대신 '로봇 자주포'로 진화하는 K9A2

이제는 K9이 앞으로 어떻게 진화해나갈지를 살펴볼 차례다. 한화에어로는 K9의 현재 성능을 세계 최고의 수준으로 최대한 발전시키는 것을 목표로 하는 K9A2 블록1Block1 자주포, 그리고 지금껏 아무도 시도하지 못했던 '완전 무인자율 자주포'를 지향하는 K9A3 자주포 개발 사업을 동시에 준비하고 있다.

먼저 살펴볼 것은 '기존 자주포의 틀 안에서, 세계 최고를 지향하는' K9A2 블록1 자주포다. 이 자주포는 지난 20여 년간 큰 변화가 없었던 K9의 공격력을 크게 향상시키려는 것으로, 이를 통해 독일의 PzH2000 자주포는 물론 아직 개발 중인 미국의 차세대 자주포 M1299아이언선 더Iron Thunder와 동급의 화력을 갖추는 것을 목표로 한다.

그러한 목표의 핵심에는 '무인포탑'이 있다. 현재 K9에도 자동장전 장비가 갖춰져 있긴 하다. 그러나 이 장비는 포 사격에 필요한 포탄만 자동으로 장전시켜주기에 포탄에 추진력을 주는 장약은 사람, 즉 장전

K9A2 자주포 무인포탑 테스트 차량.
출처: 한화에어로

K-방산에 투자하라

수가 직접 손으로 장전해야만 한다. 이런 점 때문에 장전에 오랜 시간이 걸릴 뿐 아니라 K9 1문에 다섯 명의 승무원이 탑승해야 한다는 문제가 있다.

K9A2 블록1과 K9A3에 장착될 무인포탑은 K9의 포탑을 새로 만든 것인데, 장약의 자동장전장비가 추가됨으로써 자주포가 완전 자동장전 기능을 갖추게 해준다. 이로써 승무원의 수는 세 명으로 줄어들 뿐 아니라 탄약 장전 시 발생할 수 있는 안전사고를 피하면서 과거 대비 빠른 속도로 사격이 가능해져 화력 또한 크게 향상될 수 있다(K9A2 블록1과 K9A3 자주포는 기존 자주포 대비 30~40퍼센트 빨라진, 분당 8발의 발사속도를 지원한다). 더불어 자동장전장비가 고장 날 경우에는 수동장전도 지원하는데, 이때 장전수는 장전보조장비의 도움을 받아 체력 면에서의 보조를 받을 수 있다.

여기에다 K9A2 블록1과 K9A3는 모두 포신 수명을 1000발에서 1500발로 연장시켜주는 포신 크롬 도금, 자주포를 적의 공격으로부터 방어해내는 RCWS를 갖춰 공격력과 생존성이 기존 K9에 비해 크게 높아졌다. 특히 우크라이나 전쟁 같은 소모전에서는 짧은 포신 수명 탓에 전투력이 크게 약해지는 현상이 실제로 일어난 바 있는데, 이런 점에서 포신 크롬 도금은 한국군은 물론 해외 국가들이 주목하는 개량점일 것으로 보인다.

K9A2 블록1의 다음 세대 개량형인 K9A3의 경우에는 58구경장 포신이 장착된다. '구경장caliber length'은 포신의 길이를 포탄의 직경으로 나눈 단위다. 구경장이 커지면 포신이 길어지고 포탄의 사거리가 늘어난다는 장점이 있지만, 포의 안정적 발사가 어려워진다는 단점도

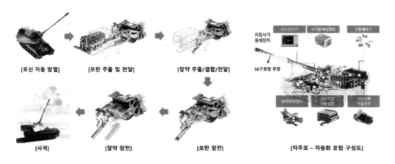

[포신 자동 방열]　　[포탄 추출 및 전달]　　[장약 추출/결합/전달]

[사격]　　[장약 장전]　　[포탄 장전]

자동사격
통제장치

사수전시기　사격통제컴퓨터　구동제어기

58구경장 무장

탄약장전장치　장약/탄약
이송장치　무인선체
작동장치

[자주포 – 자동화 포탑 구성도]

차세대 자주포 K9A3의 자동장전 개념도.
출처: 한화에어로

함께 생기기 때문에 구경장을 키우는 데는 특별한 기술과 수많은 테스트가 필요하다. K9에 적용되었던 52구경장 대신 58구경장으로 주포가 교체된 K9A3는 일반 포탄 사용 시엔 70km 이상의 사거리, 유도포탄 사용 시에는 100km 이상의 사거리를 가져 사실상 정밀유도 미사일급의 장거리 공격이 가능하다.

그러나 화력 강화는 K9A3의 신기능들 중 극히 작은 부분에 불과하다. 앞서 언급했듯 K9A3는 세계의 그 어느 자주포도 시도하지 못한 '완전 무인자율 자주포'의 구현을 위해 자동화 기술이 대량으로 적용될 예정이다.

우선 K9A3에서는 K9A2 블록1에서 완성된 자동화 무인포탑에 자율주행 기능을 갖춘 신형 차체와 원격통제장비가 통합된다. 전방향 카메라가 자주포 근방에 있는 모든 사물을 감지하고, 자주포는 사격진지까지 자율주행과 원격주행은 물론 선두차량을 따라가는 팔로잉fallowing 모드로의 운행도 가능하다. 더불어 사격진지에 도착한 뒤에는 표적정보

차세대 자주포 K9A3의 모형.
출처: 김민석

및 사격의 진행과 실행에 대한 정보를 원격으로 전달받아 사격을 수행한다.

이 완전 무인자율 자주포의 핵심 장비는 일명 'K11A1'인 지휘통제장갑차(이하 지휘차)다. 현재 한국 포병부대에도 지휘차가 있긴 하나, K11A1 지휘차는 그야말로 무인자주포를 원격으로 통제하는 원격 지휘소다. 이 지휘차 안에는 지휘관 한 명, 포반장 세 명, 통신병 한 명, 그리고 정비병과 경계병이 각각 한 명씩 탑승한다. 세 명의 포반장은 3문의 K9A3 무인자주포를 운용하고 이러한 조합, 즉 세 대의 무인자주포와 한 대의 지휘차가 1개 포병소대를 구성하게 된다.

지휘차에 탑승하여 무인자주포를 통제하는 포반장은 원격으로 무인자주포의 모든 정보를 전달받지만 필요시에는 직접 자주포를 조작할 수 있다(물론 K9A3는 반자동모드나 자동모드로도 운용이 가능하

K9A3 구조도.
출처: 한화에어로

다). 지휘차에 탑승하는 경계병은 차량에 자체탑재된 드론으로 주변을 경계할 수 있다. 2024년 10월 개최된 방산전시회 'KADEX 2024'에서 공개된 정보에 따르면, 이에 더해 K11A1 지휘차에는 아군의 드론을 방어하기 위한 드론 요격용 드론과 대공탐지레이더 및 RCWS도 함께 장착된다. 대공장갑차 수준의 고성능 대공방어력을 갖춤으로써 집중적인 방어력을 제공한다는 '집중 방어 개념'이 적용된 셈이다.

자주포와 지휘차 외에도 K9A3 무인자주포의 운용을 구성하는 또 다른 요소가 있다. 적 포병의 사격위치를 파악하는 대포병 레이더counter-battery radar와 지휘차에게 적 표적의 정보를 제공하는 드론이 그것이다. 또한 현재 한화에어로가 자체개발하고 있는 'AI복합대공무기'인 자주대공포는 20km 밖에서 드론을 탐지해낼 수 있는 능동위상배열레이더active electronically scanned array radar(이하 AESA레이더),

K11A1 지휘차 모형.
출처: 김민석

대공용 공중폭발탄air burst munition을 장착한 30mm 기관포, 대공유도
탄, 드론 격추용 재머 등이 탑재된 차륜형 장갑차로, 적 항공기 및 드론
의 공격으로부터 자주포를 보호하며 자주지대공 미사일인 '천마'의
현재 발사대를 대체할 장비다. K9A3의 경우와 같이 유무인 복합운용
이 가능한 AI가 적용되는 덕에 이 자주대공포는 최소 인원으로 운용이
가능하고, K9A3 자주포 6문당 한 대의 AI복합대공무기가 연동해 공
동작전을 추진할 것이다.

  한화에어로는 2026년 12월까지 K9A2 블록1의 개발을 마치고 현재
한국 육군에서 운용 중인 250문의 K9A1 자주포를 이것으로 개조할
예정이다. 더불어 K9A3의 개발 또한 2030년대 이전까지 완료하는
것을 목표로 하고 있다. K9A2 블록1과 K9A3의 개발 모두가 완료되면
한국 육군은 세계 최고 수준의 자주포 모델을 확보할 것이고, 한국은

유무인복합 지휘차의 운용 개념.
출처: 한화에어로

세계 최초이자 유일한 무인자주포 운용국이 되면서 육군 병력의 감소 문제에 대응이 가능해질 것이다. 한화에어로 역시 무인자주포를 원하는 해외 고객들을 만족시키는 유일한 회사가 될 것으로 전망된다.

성공적인 수출행진, 앞으로도 계속될까?

앞서 이야기했다시피 K9은 최고의 수출기록을 세웠지만, 그렇다 해서 향후 수출양상까지 전망하는 것은 쉽지 않은 일이다. 여기에는 몇 가지 이유가 있는데, 무엇보다 가장 중요한 건 '이미 너무 많이 팔린' 자주포인 탓에 신규 시장 개척이 어렵다는 점이다. 이미 9개 국가에 판매되었고 155mm 자주포 시장의 36퍼센트를 점유하고 있는 상황이라 신규 시장으로 삼을 만한 국가를 쉽게 찾을 수 없는 것이다.

국방비 지출 면에서 상위 20개국에 속하는 나라들 중 자체 자주포 모델을 보유한 국가, 최근에 자주포를 구매한 국가, 현재 운용 중인

         K-방산에 투자하라

자주포의 수명이 충분히 남은 국가를 제외하면 어떤 나라가 K9을 신규 구매할 가능성이 있을까? 이미 K9이 수출된 인도, 사실상 수출이 불가능한 우크라이나나 대만까지 제외하고 나면 아주 소량의 자주포만을 필요로 하는 스페인이나 캐나다 정도가 남는다. 남미와 아프리카의 나라들도 생각해볼 수 있으나, 이들 국가가 국방에 적은 비용을 집행한다는 점을 고려하면 사실상 K9을 구매할 가능성은 매우 낮다고 할 수 있다.

그럼에도 희망적인 점은 세계 자주포 시장 자체가 확대되고 있다는 것이다. 이는 무엇보다 우크라이나 전쟁을 통해 자주포의 필요성 및 중요성이 급격히 높아진 덕분이다. 때문에 캐나다처럼 현재 아예 자주포를 운용하지 않는 국가들이라 해도 향후 자주포 구매에 나설 확률이 높다.

다른 한편으로 K9은 '추가 주문'이 기대되는 무기이기도 하다. 이미 100대를 구매한 인도 육군은 K9의 성능에 무척 만족하여 추가 주문과 관련된 사항들을 한국 측과 협의 중이고, 이집트 또한 현재 보유 중인 포병 규모를 유지하려면 K9 자주포의 추가 구매 및 현지생산을 필요로 하는 상황이다. 이미 현지 공장을 세운 호주 역시 K9을 추가로 주문할 가능성이 있다.

타국의 자주포 전력을 구매한 바 있거나 자국산 자주포를 보유한 국가들이라 해서 K9을 주문하지 말라는 법도 없다. 가령 사우디의 상황을 보면 현재 3개 국가로부터 무려 일곱 종류의 자주포를 구매하고 있는데, 자국 육군을 실전적 체제로 개혁하고 방산기술을 발전시키려면 한국과의 파트너십을 통해 호주나 이집트처럼 자국 내에 K9

자주포 생산공장을 만드는 방안이 적합하다.

싱가포르의 경우 자국산 자주포인 SSPH-1프리머스Primus를 운용 중이다. 이 자주포는 K9과 같은 시기에 개발되었지만 사거리가 짧고 화력이 부족하다는 문제 때문에 싱가포르 입장에서 현대전에 대응하려면 신형 자주포를 구비할 필요가 있다. 한국은 이러한 점을 고려, 폴란드나 튀르키예의 경우처럼 한화에어로의 K9 자주포를 기반으로 하여 싱가포르가 필요로 하는 차세대 자주포를 만드는 방안을 제안해볼 수도 있을 것이다.

유럽 자주포 시장을 노린 비밀무기, 한화에어로의 차륜형 자주포

다만 우리에게도 숙제는 있다. K9의 성능과 미래 비전이 여타 경쟁자들보다 앞서야 한다는 게 그것이다. 특히 2024년 4월에 K9A2 자주포를 제치고 영국의 MFPMobile Fire Platform 사업에서 승리한 KNDS독일의 RCH155와 더불어 라인메탈의 HX3, 그리고 스웨덴의 BAE가 제작하는 아처Archer와 같이 대형 트럭 혹은 차륜형 장갑차에 장착하는 차륜형 자주포들은 K9의 가장 강력한 경쟁자들이다.

차륜형 자주포의 경우 궤도형보다 유지비가 적게 들고 도로 기동성도 뛰어나다. 특히 RCH155는 155mm 자주포 중 세계 최초로 이동 간 사격firing while maneuvering이 가능해 적의 드론이나 미사일 공격을 좀 더 쉽게 피할 수 있다. 다만 차륜형 장갑차답지 않게 가격이 비싸고, 크기와 중량이 커 항공수송이 어렵다는 단점이 있다.

과거 스웨덴의 방산업체였던 보포스Bofors를 인수한 영국 BAE시스템스의 아처와 체코의 CSG그룹이 만드는 디타DITA 역시 RCH155만큼 고도로 자동화되고 사거리 및 발사속도가 빠른 차륜형 자주포다. 이스라엘의 솔탐Soltam이 만든 ATMOS2000 자주포나 KNDS프랑스의 세자르Caesar 자주포는 이들보다 성능은 떨어지나 가격이 저렴해 이미 상당수량이 수출되었다. 저렴한 가격과 유지비를 원하는 고객이 분명히 존재한다는 것은 곧 K9로 공략하기 어려운 시장이 분명히 존재한다는 뜻이기도 하다.

다행히 2024년 7월 19일 창원에서 열린 '2024 국방품질학회'에서 한화에어로는 자사가 개발 중인 신형 차륜형 자주포를 공개했다. 이

한화에어로의 차륜형 자주포 모형.
출처: 김민석

차륜형 자주포의 주요 부품.
출처: 한화에어로

차륜형 자주포는 KTSSM 전술 지대지 유도무기 발사차량에 개조된 K9A2 자주포 포탑을 장착한 것이다. K9A2 자주포와 같이 세 명 이하의 인원으로 조작이 가능할 뿐 아니라 장약과 포탄 역시 완전 자동장전이 가능해 장전에 사람의 힘을 필요로 하지 않고, 발사속도 또한 같아 성능 면에서 RCH155와 동등하다. 향후 K9A2 자주포에 58구경장 신형 포신도 적용될 것을 고려하면, 한화에어로의 차륜형 자주포는 훗날 70km 이상의 장거리 포격도 가능해질 것으로 보인다.

가격경쟁력 및 기동성도 RCH155보다 훨씬 뛰어나다. 방탄능력을 갖춘 8륜 장륜식 차량에 포탑을 장착한 한화에어로의 차륜형 자주포는 RCH155보다 저렴할 뿐만 아니라 가벼워 항공수송 등이 보다 용이하고, 높이 탓에 RCH155가 통과하지 못하는 터널이나 트레일러에도 격납할 수 있다. 다만 복서Boxer 장갑차(독일과 네덜란드가 공동개발한 차륜형 장갑차)를 사용한 RCH155보다 가벼운 만큼 방어력 면에서는 RCH155보다 다소 떨어지고, 포 발사 시의 반동을 견디기 위해 발사에 앞서 네 개의 유압 스페이드spade를 땅에 내려야 하기 때

차륜형 자주포 성능 비교

구분	H-차륜형 자주포 (Hanwha Aerospace)	ARCHER (BAE)	RCH 155 (KMW)	SIGMA155 (Rheinmetall/Elbit)
전력화	개발 중	스웨덴 4문('16), 스웨덴 24문('22)	우크라이나 18문('25)	아시아태평양 0문('26)
형상				
주무장	155mm 52구경장	155mm 52구경장	155mm 52구경장	155mm 52구경장 / 60구경장
사거리 (탄종)	40km(표준탄)/ 54km 이상(사거리 연장탄)	50km (엑스칼리버탄)	54km (V-LAP탄)	60km (V-LAP탄)
발사 속도	8발/분 이상	8발/분	8발/분	8발/분
탄약 적재량	탄약 40발 장약 192모듈 이상	탄약 21발 장약 108모듈	탄약 30발 장약 144모듈	탄약 40발 장약 192모듈
항속 거리	700km	500km	700km	-
운용 인원	2명	3명	2명	2명
최대 속도	100km/h	70km/h	100km/h	100km/h
주요 특징	경쟁사 대비 성능 우위 목표	탄보급 5분 이내 (전용 탄운, 보급차 운용)	기동간 RTF/사격	중량 여유치 5톤

출처: 한화에어로

문에 준비 시간도 좀 더 길다. 가격과 성능을 절충하기 위해 공격에 필수적 요소인 발사속도와 사거리는 확보하되, 부수적 성능에서 약간의 양보를 한 셈이다.

현재 초기 설계 단계에 있는 이 차륜형 자주포와 관련해 한화에어로는 여러 설계 버전을 고민 중이다. 지금까지 공개된 제안 버전은 '천무' 다연장로켓의 운반차량을 개조한 버전, 그리고 체코의 기업 타트라Tatra가 만든 고기동 트럭을 개조한 버전이다. 향후 사용자의 요구에 따라서는 방어력이 더 뛰어난 타이곤Taigon 차륜형 장갑차를 개조한 버전의 자주포도 고려될 수 있다. 3년 정도의 개발 기간이 필요한 한화에어로의 차륜형 자주포가 실제 수출시장에 등장한다면 궤도식 자주포인

K9A2와 좋은 콤비가 되어 다양한 고객의 요구를 모두 충족시키는 '자주포 토탈 서비스'가 가능할 것이고, 이를 통해 한화에어로는 확고한 위상을 차지할 것으로 보인다.

K-방산에 투자하라

무기 3. 장갑차:
세계 최고의 성능을 인정받은 진정한 명품

장갑차와 전차, 뭐가 다른 걸까?

앞 꼭지의 서두에서 잠시 이야기했듯, 대한민국 육군에 복무했던 남성들을 제외한 보통의 사람들은 장갑차armoured fighting vehicle와 주력 전차를 구별하는 데 어려움을 겪는다. 그러니 한국이 생산하는 장갑차에 대해 살펴보기 이전에 우선은 장갑차와 전차의 차이점부터 간단히 짚고 넘어가자.

대개 전차는 무한궤도를, 장갑차는 바퀴wheel를 사용한다. 그러나 경전차 중에서도 무한궤도를 사용하는 것들이 있는가 하면 무한궤도를 사용하는 장갑차들 또한 많다. 따라서 장갑차와 전차는 둘의 가장 큰 차이, 즉 주포main gun의 유무로 구별하는 편이 쉽다.

현대 전차 중 90~130mm 구경의 전차포로 직사사격direct fire을

AS21 장갑차.
출처: 한화에어로

하며 싸우는 것을 주 임무로 하는 것은 주력전차, 그 외의 모든 전
투차량은 대부분 장갑차에 속한다. 다만 몇몇 예외는 있다. 전차포보
다 크고, 직사가 아닌 간접사격indirect fire용 박격포나 야포를 장착한
장갑차는 자주포라 불린다. 또한 전차포를 장착한 장갑차는 화력지원
장갑차mobile platform firepower, 혹은 대전차자주포라 일컫는다. 약한
방어력과 가벼운 무게 탓에 전차처럼 실제 작전임무에서 선봉에 설 수
없기 때문에 이런 명칭이 붙은 것이다. 간단히 말해 전차포를 장착하
고 주 목적이 사격인 전투차량은 전차, 용도나 목적이 전차보다 훨씬
넓고 다양한 장갑을 두른 전투차량은 장갑차라고 생각하면 된다.

　이러한 구분에 대한 설명이 방위산업이나 무기를 이해하는 데 별
도움이 안 된다고 여겨질 수도 있다. 그러나 오히려 이런 분류는 시장
의 상황 및 전망을 파악하는 데 강력한 근거가 된다. 전차와 장갑차

　　　　　　　　　　　　　K-방산에 투자하라

한화에어로가 개발 중인 화력지원장갑차.
출처: 한화에어로

는 겉으로야 비슷해 보일 수 있지만 설계 목적에 따라 세부 구성이 매
우 다르며, 계열화에서도 서로 다른 양상을 보이기 때문이다.

지상전의 팔방미인, 장갑차의 현재

전차는 흔히 '지상전의 왕자'라 불린다. 지상군용 전투차량 중 가장
중요한 것이라는 뜻이겠다. 하지만 장갑차야말로 지상전 수행에서의
핵심 전력이라 할 수 있다. 전차보다 활용도가 훨씬 높고 사용범위도
넓어 거의 모든 임무에서 사용되고, 장갑차를 개조한 전투차량이
지상전의 수많은 임무에 사용되기 때문이다.

과거의 장갑차들은 경제성이 강조되었기에 가격이 전차보다 크게
저렴했다. 그러나 최근 20여 년 동안에는 장갑차의 기능과 능력, 특히

베트남전에서의 M113 장갑차.
출처: Topwer.ru

방호력을 높이기 위해 많은 투자와 기술발전이 이뤄졌다. 2001년 9.11 테러 이후 시작된 '테러와의 전쟁' 당시 미국의 동맹국들은 이라크 및 아프가니스탄에서 장기 작전을 벌였다. 그런데 저항세력들은 중장비가 없지만 매복과 게릴라전으로 공격을 했기 때문에 전차포를 가진 전차보다 기관포를 갖추어 다양한 표적에 대응이 가능한 장갑차를 더 많이 필요로 했고, 투입되는 것이 많은 만큼 피해도 더 클 수밖에 없었다. 그 결과 10여 년에 걸친 '테러와의 전쟁'이 끝날 무렵 장갑차들의 방어기술은 크게 진보했고, MRAP 같은 특수 장갑차들의 수요 또한 늘어났다. 그리고 이렇게 발달된 방어기술이 적용된 장갑차들의 가격

K-방산에 투자하라

은 당연히 크게 높아졌다.

그렇다면 현대전에서의 장갑차들은 대개 어떻게 분류되고 그에 따라 각각 어떤 특징을 가질까? 장갑차에서 파생된 형태의 전투차량들은 100여 가지 이상이 있기 때문에 그 모든 종류를 이 책에서 다루기는 어렵다. 대신 여기에서는 독자들이 언론이나 인터넷에서 방위산업 관련 콘텐츠를 접할 때 그것들을 이해하는 데 도움이 될 만한 장갑차 관련 설명을 해보려 한다.

장갑차를 만들 때 가장 기본이 되는 형태는 대부분 병력수송장갑차armored personnel carrier, APC다. APC의 임무는 집결지에서 전투지역으로 병사들을, 또 그들이 휴대하는 군장이나 소총 등을 실어 나르는 것이니, 비유하자면 APC는 '전쟁터의 버스'라 하겠다. 그런 만큼 여타 종류의 장갑차들과 비교해볼 때 APC는 구조가 훨씬 단순하고, 무장이 간단하며, 가격 또한 대부분 가장 저렴한 축에 속한다. 하지만 앞서 말했듯 '테러와의 전쟁' 시기에 보병 및 장갑차 방호관련 기술이 비약적으로 이뤄져, 지금은 지뢰방어를 위한 하부 장갑이나 내폭형 좌석 등 신기술들이 많이 적용되는 추세다.

1970년대 이후부터 구소련을 시작으로 등장하기 시작한 보병전투차, 즉 IFV는 여기에서 좀 더 발전한 개념의 장갑차다. 임무 면에서는 APC와 비슷하나, 병사들을 전투지역으로 수송해주는 데 그치지 않고 그 이후 화력지원도 해줄 만한 수준의 무장을 갖췄다는 점이 IFV의 특징이다. APC도 보통은 기관포 등의 무장을 갖추지만 IFV에는 2km 이상의 장거리 사격이 가능한 기관포, 전차의 경우와 유사한 조준장비 및 컴퓨터 기반의 사격통제장비가 장착될 뿐 아니라 일부 IFV는 전차를 직접 상대할 수 있는 대전차미사일도 갖추고 있다. 이렇듯 무장이 많이 탑재되는 까닭에 IFV는 대개 APC보다 비싸고, 심지어 전차 가격과 비슷한 수준의 것들도 많다.

이러한 APC 및 IFV는 여타 파생형 장갑차들의 기본형이 된다. 전차들 중에서도 용도 변경을 위해 개조하는 것들이 꽤 있으나 파생형들은 그보다 훨씬 다양하다. 정찰용 정찰장갑차, 대전차미사일 혹은 전차포를 갖춘 대전차자주포, 자주박격포, 교량의 기립 및 인출 장치를 갖춘 교량가설 장갑차, 적 항공기를 공격하는 대공장갑차, 대대급 이상의 지휘관이 지휘하는 지휘장갑차, 참호를 건설하거나 야전에서 공사를 하는 공병장갑차, 지뢰제거장비를 갖춘 지뢰제거장갑차, 고장난 장갑차의 수리를 위해 후방으로 견인하는 구난장갑차, 부상병을 실어 나르고 응급처치를 하는 의무장갑차 등 지상군이 띠는 모든 임무에 대응하는 전투차량들의 상당수는 장갑차를 개조한 것들이다. 장갑차와 관련된 수요 및 경쟁이 세계적으로 치열한 이유, 세계 장갑차 시장의 규모가 지상 방위산업 제품들 중 가장 큰 이유가 바로 이것이다. 지금부터는 현 한국의 주력 장갑차에 어떤 것이 있고, 또 그중 수출이 가능한 것은 무엇인지 알아보자.

국산 장갑차 개발의 시작, K200

현재 대한민국 육군의 주력 장갑차는 APC인 K200A1과 IFV인 K21이고, 둘 모두 한화에어로에서 생산된다. 과거에는 '방위산업 전문화-계열화 제도'라는 것이 있어 무기체계별로 생산업체가 지정되었다. 당

K200 장갑차.
출처: 김민석

시 무한궤도를 장착한 장갑차는 그 제도에 의해 모두 대우중공업에서 맡아 제작했는데, 이 대우중공업이 현재 한화에어로의 LS사업부가 되었기에 현재와 같은 생산 시스템에 이른 것이다.

　현재 한국 육군이 운용 중인 K200A1은 사실 한국에서 최초로 독자 개발된 APC인 K200의 사양에서 변속기와 엔진을 개량한 버전이라 외양상으론 동일하다. K200의 개발은 1981년에 시작되었고, 생산을 개시한 1985년부터 2008년까지 양산된 K200 및 K200A1의 수는 거의 2500대에 이른다(K200A1은 1990년대 후반부터 생산되었고, 앞서 생산 및 배치되었던 K200을 2000년 이후에 본격적으로 대체하기 시작했다). 이러한 생산수치는 한국군의 지상기동 무기체계 중 가장 높은 것이고, 앞으로도 이 기록이 깨지기는 어려울 듯하다.

K200의 크기와 모습은 베트남전 때부터 파월派越 한국군이 사용하고 대량도입한 M113 장갑차와 비슷하나, M113보다 엔진 출력이 높고 방어력 증대를 위한 증가장갑(장갑차에 덧붙이는 장갑)이 장착된다는 차이점이 있다. 언뜻 M113 장갑차를 개량한 미국 FMC의 AIFV 장갑차와 매우 흡사해 보이기도 하는데, 알려진 바에 따르면 한국이 미국 측의 설계를 구입한 것은 아니지만 내부 구조와 장비만큼은 많이 참고했다 한다.

AIFV와 K200은 무장 면에서도 차이를 보인다. 25mm 기관포를 장착한 1인승 포탑이 있는 AIFV와 달리 K200에는 (M113이 그렇듯) 포탑 없이 K6 12.7mm 기관총만 장착된다. 비용 및 내부 공간 확보의 문제로 K200은 현재까지 무장 면에서의 개량이 이루어지지 않고 있다. 다만 1990년대에는 여러 무장을 사용한 화력강화 업그레이드가 KAFVKorean Armored Fighting Vehicle라는 명칭하에 잠시 제안된 바 있었다.

육군 병력수송 장갑차로 만들어진 K200A1은 공군 기지방어 장갑차로 사용될 뿐만 아니라 K263 자주발칸포, K242 자주박격포, K288 구난장갑차, K277 지휘장갑차, KSM-120 비격 120mm 자주박격포 등 수많은 계열차량으로 운용 중이다.

K200은 1993년 말레이시아로 111대가 수출되면서 '최초의 수출형 장갑차'라는 기록도 갖게 되었다. 당시 말레이시아는 보스니아 내전에 국제평화유지군peacekeeping operations, PKO으로 참전하는 것이 결정됨에 따라 급히 장갑차를 구매해야 하는 상황에 처해, 대우중공업이 한국군 납품용으로 양산 중이었던 K200 물량 중 일부를 살 수 있었다.

　　　　　　　　　　　　　　　　K-방산에 투자하라

말레이시아군은 PKO 작전수행에 K200을 매우 요긴하게 사용했다. 1994년 2월, 영하 32도라는 혹한 속에서 말레이시아군은 해발 1700m의 이그만Igman 산을 넘어 보스니아의 사라예보에 진입하는 작전을 펼쳤는데, 당시 작전에 투입된 여러 나라의 PKO 군대가 운용하는 다양한 장갑차 중 그 산을 넘을 수 있었던 유일한 장갑차가 K200이었다고 한다.

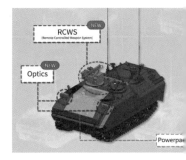

말레이시아군의 K200 업그레이드.
출처: 한화에어로

이에 크게 만족한 말레이시아군은 PKO 파병 이후에도 K200을 계속 사용했다. 더 나아가 2024년 8월 10일, 말레이시아 업체인 츤다나 오토Cendana Auto는 말레이시아군의 K200을 업그레이드하는 계약을 한화에어로와 체결했다. 이 업그레이드를 마친 버전의 K200은 파워팩의 엔진 출력과 변속기 성능이 향상되고, 전방 및 후방에 조종용 카메라가 장착되어 운전 시 편의성을 높이며, 12.7mm RCWS(원격사격통제장치)를 갖출 예정이다.

명예회복을 위해 노력 중인 K21

K200 다음으로 한국이 개발한 장갑차이자 현 한국 육군의 주력 IFV라 할 수 있는 것은 K21이다. K200은 저렴한 가격과 신뢰성으로 국군 기계화보병의 핵심적 기동장비로 자리 잡았지만, 개발 초기에 고려했던 25mm 기관포 탑재가 비용 문제 탓에 포기된 바 있다. 사실 세계 각국은 보병을 단순히 수송하는 APC 대신 보병을 보호하고 함께 전투하는

IFV를 이미 1980년대부터 도입해왔고, 북한 역시 이런 양상을 보일 거라 예측되었다.

한국이 차기장갑차 개발을 결정하게 된 가장 큰 계기는 러시아로부터 차관 대신 구소련제 무기를 구매한 일명 '불곰사업'이었다. 이 사업을 통해 한국은 서방측 국가 최초로 러시아제 최신예 IFV인 BMP-3를 2개 대대분이나 구매했는데, 그것을 분석한 육군과 ADD는 큰 위기감에 빠지지 않을 수 없었다.

분석 결과 구소련의 BMP-3는 수륙양용 기능이 있어 도하장비 없이 강을 건널 수 있었고, 30mm 기관포와 100mm 저압포라는 주무장

K21 장갑차의 행진.
출처: 김민석

K-방산에 투자하라

두 개의 화력 또한 K200은 물론 대부분의 서방측 IFV보다 월등히 강했다. 그에 더해 적의 전차를 상대할 수 있는 대전차미사일과 더불어 핵전쟁 시에도 승무원을 보호할 수 있는 방사능 보호처리 기능 또한 갖추고 있었다. 다만 서방측 IFV에 비해 방어력이 크게 부족하고 승무원들의 승하차가 불편하며 주행 중 진동이 심해 피로감을 느낀다는 단점도 함께 파악되었다.

이러한 결과에 큰 충격을 받은 육군과 ADD는 차기장갑차 설계를 1999년부터 개시했다. ADD를 주축으로 두산인프라코어 방위산업 부분(현 한화에어로 LS사업부), 현대위아, 삼성탈레스(현 한화탈레스) 등 11개 방산업체들이 모여 910억 원의 개발비를 투입한 차기장갑차는 NIFVNext Infantry Fighting Vehicle이라는 명칭하에 개발이 진행되었고, 2005년 5월 최초의 시제품 세 대가 출시된 데 이어 2007년 6월 시험평가를 통과해 전투적합 판정을 받고 K21이라는 이름을 부여받았다.

K21은 세계 최고 수준의 성능을 목표로 하면서도 한국 육군만의 고유한 요구조건을 동시에 만족시키는 IFV가 되는 것을 목표로 삼았다. 우선 공격력을 보자.

K21의 주 무장은 40mm 기관포인 K40이다. 현대위아가 개발한 이 기관포는 제2차 세계대전부터 사용되었던 스웨덴 보포스의 40mm 함포를 지상차량용으로 개조한 것이다. 동급의 IFV들이 갖춘 20~35mm 기관포보다 파괴력과 관통력이 훨씬 강한 K40은 현존하는 모든 IFV의 전면장갑은 물론 구형 전차의 측면장갑도 관통할 수 있다.

특히 한화시스템의 개발을 거쳐 첨단 광학 및 적외선 조준 기능을 갖게 된 사격통제장비 덕에 K21은 공력력 면에서 3세대 전차를 능가

K21 시제차.
출처: 국방과학연구소

한다. 포수와 전차장이 각각 다른 조준경을 통해 조준 및 사격이 가능한 장비인 헌터-킬러Hunter-Killer로는 6km 밖에서도 차량을 탐지하고, 3km 밖에서 차종 및 피아를 식별할 수 있다. 이에 더해 대공표적도 어느 정도 식별해낼 수 있어 적의 헬기에 대한 공격도 가능하다. 더불어 전면은 적 장갑차의 기관포를, 측·후면은 중기관총을 방어할 수 있어 방어력 역시 높다.

이와 함께 특히 눈에 띄는 것은 수상주행 기능이다. 차량을 물에 뜨게끔 만들려면 중량 대비 부피를 늘려 부력을 확보해야 한다. 이를 위해 K21은 특수 탄소복합소재를 사용한 장갑을 장착, 중량을 25t으로

K-방산에 투자하라

수상도하 준비 중인 K21 장갑차.
출처: 김민석

억제하고 차체의 좌우에는 에어백을, 앞에는 파도막이를 설치한다. 이러한 점들 덕에 도하작전 시 K21은 마치 배처럼 강을 건널 수 있다.

이렇듯 K21은 세계 최고 수준의 성능을 목표로 하고 그것을 달성했지만 초기 운용 과정에는 많은 어려움이 있었다. 그중 하나가 2009년 12월과 2010년 7월에 각각 발생한 도하훈련 중 침수사고다. 원인은 무게 밸런스와 소재였다. 개발 당시 K21의 부력은 전투병이 후방에 타 있는 상태를 전제로 했다. 그러나 도하훈련 시에는 후방 전투병이 탑승하지 않았기에 무게중심이 흐트러져 차체가 기운 끝에 침수되었고, 탄소복합재를 사용한 파도막이 또한 물살 등에 쉽게 부러지는 바람에

K21이 가라앉아버린 것이다.

전력화가 되어 이미 전장에 투입되었더라면 승무원들의 목숨을 앗아갈 수도 있었기에 이 사건은 한국 방위산업에 뼈아픈 실수 중 하나로 남았다. 이러한 심각한 실패를 수정하기 위해 ADD와 한화에어로는 K21이 실전배치된 20사단을 중심으로 개발진을 파견했고, 이후 개선된 K21의 도하 시범을 2011년 3월에 양평에서 공개 진행함으로써 결함이 수정되었음을 증명했다.

이후 무사히 양산되어 400여 대가 전력화되었음에도 K21은 해외 수출시장에서의 경쟁에서 번번이 밀려났다. 이는 K21의 독특한 수상도하 기능에서 비롯된 약점 때문이었다. 다른 나라의 IFV들은 당시 이라크 및 아프가니스탄에서 벌어진 '테러와의 전쟁'에서 방어력 강화를 위해 각종 지뢰방어 및 반응장갑을 장착했는데, K21은 도하 기능을 고려해 이러한 장갑강화장치를 갖추지 않았던 것이다.

이 때문에 K21의 제작사인 한화에어로는 두 가지 결정을 내리기에 이르렀다. 하나는 K21의 도하 기능을 없애고 수출형 및 파생형 장갑차를 개발하는 것이었다. 현재 수출사업의 일환으로 K-MPFKorean Mobile Protected Firepower라는 명칭하에 개발 중인 신형 경전차는 K21 차체에서 도하 기능을 없애는 대신 방어력을 높이고 105mm 전차포를 장착한 형태다. 한화에어로는 이에 더해 이렇게 개량된 K21의 차체에 미사일을 장착시킨 대전차장갑차 및 전투공병차량combat engineer vehicel도 준비 중이다. 현재 라트비아에 K-MPF경전차와 K21이 도전해 탈락하였지만 브라질 육군도 K-MPF에 큰 관심을 가진 것으로 알려져 있다.

　　　　　　　　　　　K-방산에 투자하라

업체 자체개발로 수출시장을 뚫은 AS21

K-MPF의 개발에 이어 한화에어로가 내린 또 다른 하나의 결정은 수출전용 장갑차 모델인 AS21을 개발하겠다는 것이었다. AS21의 개발계획은 흔히 대한민국 방위산업 역사상 최초의 도전이자 특별한 도전이라 이야기된다. 군이 먼저 필요성을 제기하거나 정부 연구가 이끄는 개발이 아니라 민간 업체가 주도적으로 개발에 나선 최초의 예인 데다, 국내시장이 아닌 해외시장을 뚫겠다는 야심찬 계획이었기 때문이다.

한화에어로의 전신이었던 삼성테크윈과 두산DST는 그때까지 언제나 군의 요청으로 시작되어 ADD가 주도, 개발한 장갑차와 자주포만 생산했다. 이러한 국가주도하의 개발은 사실 대한민국 방위산업에서 지극히 상식적이었기에 한화에어로의 결정이 엄청난 이슈가 된 것은 당연한 일이었다. 더구나 육군이 구매를 생각하지도 않는 신형 장갑차를 자사 예산으로 개발하겠다 나섰으니 실패 리스크 또한 엄청났다. 때문에 한국 방위산업 관계자들은 한화에어로가 독자개발을 시작한 2018년 당시 크게 놀람과 동시에 우려도 많이 했으나, 사실 한화에어로가 그리 결정한 데는 치밀한 조사 끝에 얻은 세 가지 확실한 근거가 있었다. 그중 첫 번째는 '우리에게도 충분히 기회가 있다'는 판단이었다.

우선 미국의 당시 상황을 살펴보자. 2001년 미국 9.11테러로 이라크-아프가니스탄 전쟁이 시작된 직후 장갑차들에게 핵심적으로 요구된 능력은 '기동성'이었다. 미국이 개발한 M1126스트라이커Stryker는

AS21레드백 장갑차.
출처: 김민석

C-130(미국의 대표적인 전술수송기)으로도 수송이 가능할 정도로 가볍고 신속전개가 가능한 차륜형 장갑차다. 때문에 미국은 IFV나 APC 등 자국 육군이 당시 보유하고 있던 모든 장갑차를 스트라이커로 교체, 통일했다. 일명 '스트라이커 여단Stryker Brigade combat team'을 만든 것이다.

그러나 스트라이커는 그만큼 방어력도 낮았다. 당시 아프가니스탄과 이라크의 저항세력들은 급조폭발물, 대형 지뢰, 대전차미사일 등을 활용해 방어력 낮은 장갑차들에게 막대한 피해를 입히고 있었기에 미국 입장에서는 스트라이커의 방어력을 높일 수 있는 대책이 필요했다. 문제는 M2브래들리Bradley 장갑차의 후속으로 FCSFuture Combat Systems와 GCVGround Combat Vehicle라는 두 프로젝트를 추진했으나 모두 실패로 돌아가는 등 딱히 대책으로 삼을 만한 마땅한 방법이 없다는 것이었다.

유럽 국가들의 경우 기존에 개발된 스페인의 아스코드ASCOD와 스웨덴의 CV90에 증가장갑을 추가한 개량형 장갑차로 전장에서 대응하긴 했다. 그러나 시대적 필요에 맞는 신형 장갑차로의 전환은 쉽게 이루어지지 않았다. 전차 및 장갑차 시장에서 세계를 주도하던 독일이 차세대 장갑차 푸마Puma를 개발하던 과정에서 문제가 발생했고, 독일의 장갑차 제조사인 KMW와 라인메탈 사이에서 발생한 알력 탓에 양사의 협력 또한 원활하지 않았던 것이다.

이렇듯 '테러와의 전쟁' 이후 기존 장갑차들에 대한 혁신의 필요성은 전 세계적으로 크게 대두되었으나, 당시엔 선진국들조차도 그런 현실에 제대로 대응하지 못한 채 우왕좌왕 어수선한 모습만을 보였다. 이러한 상황을 파악하고 있었기에 한화에어로는 '우리가 재빨리 독자 개발에 나선다면 승산 가능성이 충분하다'고 판단했던 것이다.

두 번째 근거는 과거처럼 단일업체가 장갑차의 모든 부분을 개발하던 시대는 저물어가고 있다는 점이었다. 포탑과 무장 부분은 장갑차 개발의 전체 과정에서 많은 비용과 시간이 들기 때문에 한화에어로 같은 개발업체 입장에서는 부담스러울 수밖에 없었다. 그런데 이를 쉽게 해결할 수 있는 길이 발견되었다. 장갑차용 무장포탑을 패키지로 제작하는 업체들이 2000년대부터 이스라엘을 중심으로 하나둘씩 생겨난 것이다. 차체만 있으면 포탑은 그런 업체들로부터 수입해 해결할 수 있으니, 새로운 장갑차 개발에 드는 시간과 비용을 크게 줄일 수 있을 것이라는 게 한화에어로의 계산이었다.

마지막인 세 번째 근거는 한국군 또한 언젠가는 세계적 변화의 흐름을 따라갈 것이라는 예상이었다. K21의 핵심 기능인 자력도하 기능은 전 세계에서 오직 러시아와 한국만 고집한 것이었으나, K21 방어력의 향상에 큰 방해가 되는 요소이기도 했다. 때문에 한화에어로는 한국의 군도 때가 되면 K21보다 방어력이 우수한 차세대 장갑차를 필요로 할 것이라 여겼다.

때마침 K21을 대신할 새로운 차체를 쉽게 개발할 기회도 찾아왔다. K21 차체의 중량인 25t보다 훨씬 무거운 40t 이상의 중량을 감당할 수 있는 K9 자주포가 그것이었다. 복합소재를 사용한 K21과 달리 K9은 강철강판을 사용할 뿐 아니라 독일 MTU의 1000마력급 디젤엔진을 장착, 현대전의 강력한 화력으로부터 아군 병력을 보호해낼 장갑을 충분히 두를 수 있었다. 한화에어로에게는 그야말로 행운 같은 기회라 할 수 있었다.

AS21의 시제차 개발은 K9 구동계를 활용한 차체 제작, 해외 협력업체와의 계약 덕에 매우 짧은 시간에 빨리 이루어졌다. 특히 큰 힘이 된 것은 호주 업체 EOSEngagement Outcomes System의 방산 부문 자회사인 EOS디펜스시스템즈EOS Defence Systems에서 개발한 T2000 무인포탑이었다. 당시 호주는 자국의 장갑차 구매 사업인 'Land 400 Phase 3'를 진행 중이었는데, 이 사업에 입찰한 업체들에게 '호주 방위산업의 발전에 공헌하는 산업협력이 있어야 한다'는 조건을 강력히 주장했다. AS21을 수출하는 첫 번째 국가로 호주를 정한 한화에어로 입장에서는

　　　　　　　　　　　K-방산에 투자하라

AS21 장갑차.
출처: 김민석

반드시 따라야 하는 조건이었던 셈이다. 이를 위해 한화에어로는
T2000 무인포탑을 AS21에 채택, 호주의 요구를 충족시켰다.

T2000 포탑에는 이스라엘 업체인 엘빗시스템스Elbit Systems(이하
엘빗)의 무기가 많이 들어간다. 엘빗은 이 포탑의 핵심 무장인 MT30
MK2 30mm 기관포와 사격통제장비의 최종 생산을, EOS는 포탑
위에 장착되는 12.7mm RCWS와 포탑의 최종 생산을 담당한다.
적 대전차미사일이나 로켓을 요격할 수 있는 APS로는 역시 엘빗의
아이언피스트Iron Fist가 장착되고, 이스라엘 기업 라파엘어드밴스드
디펜스시스템스Rafael Advan-ced Defense Systems(이하 라파엘)가 개발한

미사일 스파이크LR2Spike LR2도 포탑에 두 발이 탑재된다.

T2000 포탑의 장착으로 AS21은 세계 최고 수준의 공격력을 갖춘 IFV가 되었다. 특히 기관포와 미사일 모두를 갖춘 덕에 원거리부터 근접거리까지 교전이 가능하다는 점, APS의 도입으로 방어력이 크게 높아졌다는 점이 주목할 만하다.

한화에어로가 독자 개발한 차체의 기술력도 매우 높다. AS21은 K9에 장착되었던 독일 MTU의 1000마력급 엔진 MT 881 Ka-500과 더불어 차체 구조에 강철 강판 적용, 유기압현수장치hydropneumatic suspension unit, HSU를 그대로 물려받았다. 강철 차체는 K9 차체의 큰 틀을 유지했지만, 디자인은 보병 탑승을 위해 완전히 새로 만들었다.

AS21의 차체 바닥은 지뢰 폭발에 대한 내성이 강하다. 또한 엔진의 흡기구와 배기구는 차체 후방에 면밀히 배치, 정면에서 적이 사격할 경우에도 엔진이 정지하지 않게끔 처리되었다. 장갑 면에서 AS21과 비슷한 여타의 중장갑 IFV들에 비해 AS21의 생존성이 크게 높은 이유가 바로 이것이다. 그에 더해 한화에어로는 많은 군장을 실어 나르는 현대전의 양상에 맞춰 AS21의 내부 공간을 충분히 확보했고, 소음 및 진동을 크게 줄여주는 복합소재고무궤도composite rubber track를 적용함으로써 장착했다.

이러한 노력 끝에 한화에어로는 AS21을 공격력과 방어력, 기동력 모두에서 명실상부한 세계 최고 수준의 IFV로 만드는 데 성공했다. 이어 호주에 서식하는 독거미의 별명 '레드백'을 AS21에 붙이고 호주를 대상으로 적극적인 마케팅을 펼친 결과, AS21레드백(이하 레드백)은 호주의 차세대 IFV로 최종 선정될 수 있었다. 2027년부터 양산될 레드

K-방산에 투자하라

백은 총 129대가 호주 육군에 채용될 예정이고, 총수출액은 24억 달러에 달한다.

레드백의 두 번째 도약, '레드백-eX'

이렇게 우수한 성능과 기능으로 호주 시장 진출에 성공한 레드백에도 유일한 문제점이 있다. 바로 한국산 부품의 사용 비중, 다시 말해 무기체계의 '국산화 비율'이 낮다는 것이다.

이는 한화에어로가 호주 장갑차 사업에 빨리 진입하기 위해 레드백의 개발기간을 단축함과 동시에 호주 기업과의 산업협력을 염두에 두고 외국산 부품을 대량으로 사용한 데서 비롯된다. 물론 국산화 비율이 낮다 해서 단점만 있는 것은 아니다. 그럼에도 외국 업체에게 주요 핵심 부품을 받아 만들 경우에는 더 비싼 가격을 지불해야 하거나, 국내 업체와의 협업 환경과 달리 개발과 유지보수 측면에서 원활한 협조가 이루어지지 않아 군수지원에서 불리하다는 단점이 있다. 무엇보다 한화에어로는 수백 대 이상의 수요가 있는 한국 육군의 차기 장갑차 사업, 일명 'NIFV' 사업에 레드백을 활용해서 참여하려는 의지가 강하다. 레드백을 단순히 수출형 장갑차로만 여기지는 않는다는 뜻이다.

이 때문에 한화에어로는 방위사업청의 새로운 제도 및 사업을 활용하는 방안을 택했으니, 2023년에 처음 시행된 방위사업청의 '신속소요 제도'와 '무기체계 개조개발 사업'이 그것이다. 전자는 전력화가 가능한 무기를 군이 갖고 있는 계획보다 빨리 만들어낼 업체에게

한화에어로가 개발 중인 레드백-eX.
출처: 한화에어로

개발비를 지원하는 제도고, 후자는 이미 개발된 무기체계를 수출하기 위해 개량형 무기를 만드는 업체를 지원하는 사업이다. 이 둘 모두를 활용하여 한화에어로는 현재 일명 '레드백-eX'로 불리는 차세대 장갑차를 개발 중이며, 이로써 내수시장과 수출시장 모두를 동시에 노리겠다는 계획을 갖고 있다.

기존 레드백에 들어가는 외국산 부품을 국산 부품으로 바꾸고, 그 과정에서 가격경쟁력은 물론 레드백보다 우수한 성능을 갖추는 것이 레드백-eX 개발의 목표다. 국산 부품으로 교체하는 작업의 핵심에 있는 것은 T2000 포탑을 대체할 국산 포탑으로, 한화에어로가 자체개발한 무인포탑에 국산 무장을 탑재한 것이다. 또한 레드백-eX의 핵심 무장은 SNT다이나믹스가 생산을 맡을 40mm CTAcased telescoped ammunition, 탄두내장형 탄약 기관포다. 기존 레드백의 40mm 기관포는 IFV에 장착된 여러 기관포 중 가장 위력이 강한 대신,

K-방산에 투자하라

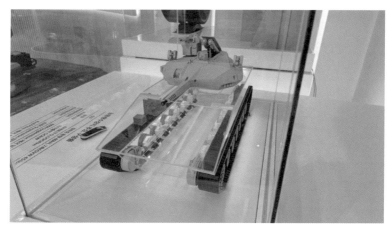

레드백-eX의 차체 현가장비 모형.
출처: 김민석

30mm 기관포에 비해 포탄의 크기가 두 배 가까이 크다는 단점이
있었다. 그러나 CTA 기관포는 실린더형 탄체에 탄환과 탄피와 장약이
하나로 합쳐진 탄약을 사용해 크기는 줄이면서도 강력한 위력을 지녀,
차세대 상륙돌격장갑차(바다에서 해병대원들을 태운 뒤 적이 점령 중인
해안가에 상륙시키는 수륙양용장갑차)인 KAAV-2에 탑재가 예정되어
있다. 향후 레드백-eX 역시 이 기관포를 탑재해서 기존 레드백보다 기
관포탄 탑재량이 크게 향상될 전망이다.

 이스라엘에서 만들어진 대전차미사일 스파이크 LR2도 한화에어
로의 PGM사업부에서 만든 미사일 '천검TAipers'으로 교체된다.
천검은 본래 소형 무장헬기 LAH-1을 위한 것으로 8km 이상 거리에
있는 전차에 공격이 가능하다. 레드백-eX의 RCWS 역시 국산으로
바뀌고, 기관포와 미사일을 통제하는 사격통제장비도 한화시스템이

유무인복합 차세대 장갑차.
출처: 한화에어로

개발한 국산 제품으로 탑재될 예정이다.

그 외의 고가 핵심 장비 또한 모두 국산으로 변경된다. 전차를 공격하는 로켓 혹은 미사일을 요격하는 APS가 기존에는 이스라엘제인 아이언피스트였으나 한화시스템이 국산화한 버전으로 대체되고, 방호용 특수장갑과 종합보호장비 역시 국내업체에서 제작할 예정이다. 장갑차의 핵심 부품이라 할 수 있는 1000마력급 디젤엔진 또한 기존 레드백에 장착되었던 독일 MTU제가 아닌, 한국 기업인 STX엔진이 국산화한 엔진으로 바뀐다.

레드백-eX는 2027년부터 두 대의 시제차로 테스트를 한 이후, 야전운용시험을 거친 뒤엔 현재 한국 기갑수색대들의 주력 장갑차로 사용되는 K200을 대체해나갈 예정이다. 더불어 기본 버전의 레드백을 대신할 모델이 되기 위해 수출시장에도 도전할 계획이다. 한화에어로는 레드백-eX가 완성되면 거기에 스텔스 기능과 MUM-T$_{manned-unmanned\ teaming}$, 즉 유무인복합 기능(유인플랫폼과 무인시스템이 협력해 작전을 수행하는 기능)이 추가된 차세대 장갑차를 개발하겠다는 계획을 갖고 있다.

차륜형 장갑차 시장에 도전하는 K808과 N-WAV 그리고 타이곤

지금까지 살펴본 것들은 모두 궤도형 장갑차인데, 차륜형 장갑차 역시 한국군의 전력증강 및 방산수출에서 매우 중요하다. 궤도식 장갑차보다 가볍고 민첩해 운용유지 비용이 적고 간편한 데다 도로를 타고 신속하게 장거리로 기동할 수 있어, 한국군 기계화부대의 주력 전투차량이 될 수 있음은 물론 수출시장에서도 많은 국가들이 구매를 고려하는 무기이기 때문이다.

그렇다면 한국의 차륜형 장갑차 수준은 어느 정도일까? 이를 알기 위해 가장 먼저 살펴봐야 할 것은 현재 한국 육군에 대량배치가 진행되고 있는 현대로템의 장갑차 K806/808이다. 현대로템은 현 한화에어로의 전신인 두산DST 및 삼성테크윈과 2000년 초부터 차륜형 장갑차 사업을 둘러싸고 치열한 경쟁을 벌였다. 그 싸움에서 2012년 마침내 승리를 거머쥔 현대로템은 앞으로도 6륜장갑차 K806과 8륜장갑차 K808을 600여 대 가까이 양산할 예정에 있다.

K806은 후방 지역의 기동타격대 등에서 운용하기 위해 개발된 저가형이고, K808은 기계화여단에서 K21과 함께 작전을 수행할 주력 차륜형 장갑차다. K806과 K808은 단순히 바퀴의 수뿐만 아니라 장갑

K808 장갑차 행진.
출처: 김민석

방어력, 도하 기능, 탑승 가능한 보병의 수도 다르다.

K808의 기술적 특징을 압축해 살펴보자. 우선 무장은 12.7mm 기관포 1문으로 간단하다. 그러나 차체는 방탄이라 14.5mm 기관포를 방어할 수 있고, 보병은 총 아홉 명이 탑승 가능하며, 파도막이와 워터제트waterjet를 사용한 수상추진 기능은 도하장비 없이 시속 8km의 속도로 강을 건너 수륙양용 작전을 펼칠 수 있게 해준다. 또한 420마력급 디젤엔진과 7단 자동변속기를 갖춰 자동차 운전 경험이 있는 승무원이라면 쉽게 조종에 숙달될 수 있으며, 자동화재진압 시스템과 양압장비, 에어컨과 히터 또한 있어 승무원 및 탑승 보병에게 매우 좋은

K-방산에 투자하라

평가를 받는다.

K808의 성능들이 세계 최고 수준이라 하기는 어렵다. 하지만 확실한 사실은 국제 장갑차 시장에서 구매 가능한 차륜형 장갑차 중 가장 저렴한 축에 속해 가격경쟁력이 있다는 것이다. 이 때문에 선진국들이 내놓는 차륜형 장갑차의 시장에는 진출하지 못했으나, 제3세계 등 경제상황이 좋지 않은 나라들에게 어필할 요소들을 많이 갖고 있다고 할 수 있다.

실제로 현대로템은 페루 육군 조병창FAME S.A.C.이 발주한 차륜형 장갑차 사업을 따냈고, 그 덕분에 한국의 종합무역상사인 STX의 중개 하에 K808 장갑차 수출계약을 2024년 5월에 페루와 체결했다. 우선 수출될 물량은 K808 장갑차 30대(6000만 달러 규모)지만, 페루 육군 조병창은 K808 장갑차 생산공장을 자국 내에 건설해 수백 대를 생산하고 남미 대륙 국가들에게 수출하겠다는 계획을 추진 중이다.

그럼에도 유럽이나 미국의 최신 차륜형 장갑차와 K808 사이의 격차는 작지 않다. 최신형 차륜형 장갑차들에는 방어력과 공격력 수준이 매우 높은 장비가 적용되는 반면, K808은 기관포 혹은 대인지뢰 수준의 공격은 막아낼 수 있으나 대전차미사일 또는 대전차지뢰 같은 것들에 대한 방어력이 없기 때문이다.

이를 해결하기 위해 현대로템이 야심차게 내놓은 신형 장갑차가 N-WAV다. N-WAV는 무게가 35t으로 K21보다 훨씬 무겁다. 크기 또한 길이 9.3m, 폭 3.1m, 높이 2.8m로 엄청나고, 많은 첨단 장비에 힘입어 최대 100km의 최고속도를 낼 수 있음은 물론 도하 능력도 갖추게 된다. 방어력 역시 K808에 비해 크게 높아져 중기관총 공격뿐

페루 수출형 K808 장갑차.
출처: 김민석

아니라 TNT 10kg 정도의 폭발력을 갖는 대전차지뢰나 급조폭발물로
부터의 방어도 가능하다. 또한 승무원 및 탑승 보병들을 폭발의 충격
과 압력으로부터 보호하는 방폭防爆 좌석과 더불어 한국 장갑차 중
최초로 실내 화재는 물론 외부의 폭발과 화재로 바퀴에 불이 붙을
경우에 대비한 소화消火 장비들도 장착된다. 다시 말해, 총알과 포탄이
빗발치는 포화 속에서도 N-WAV는 정상적으로 움직여 위협지대를
벗어날 수 있다는 뜻이다.

화력과 센서의 수준도 뛰어나다. 360도 감시가 가능한 전방향 감시
카메라로 주변의 위협을 탐지하고 운전 편의성을 높였으며, 30mm

K-방산에 투자하라

N-WAV 장갑차.
출처: 김민석

기관총과 조준경 및 APS가 장착된 무인포탑은 적의 미사일 공격을 막아낼 수 있다. 무인포탑 상부에 장착된 RCWS에는 12.7mm 기관포는 물론 드론의 공격에 대응 가능한 재머가 장착된다.

현대로템은 N-WAV 또한 자체예산으로 개발 중이고, 현재 폴란드와 수출 관련 협상을 진행하고 있다. 주된 내용은 N-WAV의 생산시설을 폴란드 현지에 건설하는 것인데, 이 계약이 실제로 성사된다면 현대로템은 폴란드뿐 아니라 헝가리와 불가리아 등지에도 N-WAV를 수출할 수 있을 것이라 기대된다.

차륜형 장갑차를 만드는 한국 업체가 현대로템만 있는 것은 아니다. 한화에어로 역시 '타이곤'이라는 차륜형 장갑차 모델을 개발하는 데 성공했다. 타이곤은 한화에어로가 과거 두산DST 시절 차륜형 장갑차 사업을 위해 만들었던 블랙폭스Black Fox 장갑차를 크게 발전시킨 것으로, 크기와 중량 면에서 경쟁사인 현대로템의 K808 및 K806과 비슷하다. 타이곤의 특징은 강화된 특수부가장갑add-on armor을 차체 전면뿐 아니라 하부에도 장착하고, 폭발 압력을 분산하는 설계를 도입해 TNT 8kg 수준의 지뢰 혹은 폭발물로부터 승무원을 지킬 수 있다. 엔진 역시 525마력급으로 K808에 비해 강력한 편이다.

그럼에도 현재 한화에어로는 타이곤의 업그레이드를 추진 중이다. 타이곤의 스펙은 2020년대 장갑차 시장에선 평범한 수준인 것이 사실이고, 무엇보다 경쟁사인 현대로템이 최신 기술을 집약한 N-WAV 장갑차를 내놓았기 때문이다. 한화에어로가 기존 타이곤을 업그레이드해 선보이려는 일명 '타이곤eX'의 목표는 새로 제작될 8륜 타이곤 장갑차에 최신 기술과 신형 장비를 추가해 성능을 향상시키는 것이다. 타이곤eX는 700마력급의 엔진을 장착함으로써 더욱 강력한 장갑과 장비들이 탑재될 수 있게끔 개조될 것이다.

한화에어로는 대전차자주포, 박격포, 지휘차, 공격차, 의무후송차, 대전차미사일차, 포병지휘차 등으로 계열화 개발이 가능한 타이곤과 타이곤eX로 수출시장을 정조준하고 있다. 특히 2024년 현재는 사우디군이 600대 이상의 구매를 추진하는 차세대 차륜형 장갑차 사업에 도전 중이다. 사우디 육군은 과거 한화에어로로부터 천무 다연장로켓을 구매할 당시 소수의 타이곤을 지휘차 용도로 함께 구매한 바 있는데, 이후 타이곤을 높이 평가해 한화에어로 측에 개량형 개발 및 수출을 위한 상담을 먼저 요청해왔다고 알려져 있다. 만약 한화에어로의 타이곤eX가 가장 강력한 경쟁상대인 중국 기업 노린코Norinco의 차륜형 장갑차를 제치고 사우디군의 차세대 장갑차로 선정된다면, 한화

K-방산에 투자하라

타이곤 장갑차.
출처: 김민석

에어로는 K9 및 AS21의 수출에 이어 또 다른 지상방산의 수출성과를 크게 거둘 수 있을 것이다.

누구나 도전하지만 승자는 한정된 시장

지금까지 장갑차 시장의 동향과 현대전에서 장갑차가 갖는 목적, 그리고 한국 방위산업체가 생산했거나 생산을 준비 중인 각종 궤도형·차륜형 장갑차에 대해서 살펴보았다. 앞서 언급한 것들 외에도 차세대 IFV, 차세대 무인중전투차heavy unmanned ground vehicle, 한국형 MRAP 등 수많은 장갑차가 있으나, 2024년 현재 사용 중이거나 수출 가능성이 높은 것들 중심으로 정리했음을 밝혀둔다.

타이곤 대전차미사일 차량.
출처: 김민석

　차륜형 장갑차와 궤도형 장갑차는 전 세계의 어떤 군대에서든 필요
로 하고 사용하는 장비다. 아무리 작은 나라의 군대라 해도 장갑차 전
력만큼은 갖추려 하고, 아무리 돈이 많은 군대라 해도 모든 전력을 값
비싼 전차나 40t 이상의 고중량 장갑차로만 구성할 수는 없기 때문
이다.

　동시에 장갑차는 어느 나라에서든 자국 방위산업을 키울 때 가장 우
선적으로 고려하는 장비이자, 웬만한 국가들은 자체모델을 갖고 있는
장비이기도 하다. 장갑차의 개념 자체는 '병력을 보호할 수 있는 차량'
이다 보니 제작 면에선 그만큼 기술적 장벽이 낮은 편이고, 제조기술
도 자동차의 그것과 비슷해 국외에서 구매하거나 기술협력생산으로
조달할 수 있는 부품 및 핵심 장비가 많기 때문이다.

　　　　　　　　　　　　　　　　　　　　　K-방산에 투자하라

이렇듯 장갑차에 대한 수요는 많지만 현재 세계 장갑차 시장에 진입하기란 그리 쉬운 일이 아니다. 차륜형 장갑차와 궤도형 장갑차를 이미 전 세계에 수천 대 이상 판매한 미국이나 독일 같은 수출강국들이 여전히 시장을 장악하고 있기 때문이다. 다시 말해 세계 장갑차 시장은 수요도 많지만 경쟁 또한 심한 탓에 수출 성공 가능성이 그리 높지 않은 시장인 것이다.

그럼에도 한국의 장갑차 레드백이 수출시장의 물꼬를 튼 것은 K-방산의 수준과 실력이 그만큼 성장했다는 증거다. 특히 기술 면에서 독일과 미국 등의 선진국과 동등하거나 그 이상으로 확립되었다는 점은 향후 세계시장에서 한국 장갑차가 차지할 시장점유율을 희망적으로 전망할 수 있는 강력한 근거가 될 것이다.

2장

막대한 부가 모여드는 항공 무기체계

무기 4. 전투기:
냉혹한 시장상황을 가성비로 돌파한다

전투기가 공군의 핵심인 이유

군용 항공기의 종류는 매우 많다. 사람이나 물자를 나르는 수송기, 적진을 염탐하는 정찰기, 공중에 떠서 다른 비행기가 더 먼 거리를 비행할 수 있도록 연료를 공급하는 공중급유기, 멀리 있는 적기를 탐지하고 아군을 지휘하는 조기경보통제기와 같은 지원기, 적 항공기나 지상·해상의 목표물을 직접 공격하는 전투기, 폭격기, 공격기 등이 그 예들이다.

그중 세계 거의 모든 나라의 공군에서 주력으로 삼는 항공기는 단연 전투다. 전투기는 또한 세계 군용기 시장에서 가장 많이 팔리고, 가장 많이 운용되며, 공군의 여러 무기체계 중 시장규모가 가장 크고, 개발비가 가장 많이 투입되는 것이기도 하다. 시장조사기관인 모도인

KF-21 시제 6호기.
출처: Wang Hsiang

텔리전스Mordor Intelligence는 2024년 현재 473억 4000만 달러
(약 63조 2000억 원)인 전투기 시장이 2029년에는 568억 3000만 달러
(약 75조 8000억 원) 규모로 증가할 것이라 전망했다.

그럼 전체 군용기 시장에서 각 군용 항공기들은 어느 정도의 비중을
차지할까? 항공·우주·방위산업 전문 주간지인 〈에비에이션 위Aviation
Week〉의 자료에 따르면 2022년 현재 전투기가 33퍼센트, 수송헬기와
수송기가 각각 11퍼센트, 정찰·지휘C4ISR항공기가 11퍼센트, 훈련기가
10퍼센트, 공중급유기가 5퍼센트, 공격헬기가 5퍼센트의 비중을
갖는다. 주목할 만한 부분은, 1위인 전투기의 비중이 2~4위의 비중
모두를 합친 것만큼이나 크다는 것이다. 앞서 '전투기는 공군의 여러
무기체계 중 시장규모가 가장 크다'고 이야기하긴 했으나 이 정도면

K-방산에 투자하라

압도적인 수준이다. 그런데 이토록 큰 차이를 보이는 이유는 무엇일까?

이는 공군의 최우선 목표가 제공권 장악이고, 최종 목표가 폭격이기 때문이다. '제공권'이란 '아군의 모든 비행기 및 비행장비들이 적의 위협을 받지 않고 자유로이 날아다니며 작전을 펼칠 수 있는 능력'이라는 뜻이다. 다시 말해 아군이 제공권을 잡고 있는 지역에서는 지상 및 해상에 배치된 아군의 모든 장비와 사람, 건물 들이 적으로부터의 폭격 위협에 좌우되지 않고 자유롭게 작전을 진행할 수 있다. 마찬가지로 적의 장비나 사람이 있는 땅, 혹은 바다 위의 제공권을 아군이 빼앗아 그 지역을 장악한 경우에도 아군 공군은 마음놓고 적에게 폭격을 퍼부을 수 있다.

물론 적에게 포탄이나 미사일을 쏘기 위해 반드시 제공권을 확보해야만 하는 것은 아니다. 전투기는 회당 4~8t 이상의 폭탄을 싣고 하루에 여러 번 출격해 폭격을 할 수 있기 때문이다. 155mm 포탄 하나의 무게는 18kg, 토마호크Tomahawk 순항미사일의 탄두 무게는 450kg임을 생각하면 전투기 한 대가 한 번 출격해 가하는 폭격이 엄청나다는 것을 짐작할 수 있을 것이다.

사실 과거에는 적을 폭격할 수 있는 비행기 중 크기가 큰 것을 '폭격기', 작은 것을 '공격기'라 불렀고, 전투기는 그저 제공권 장악을 위해 적군의 비행기와 싸우는 것만을 일컬었다. 그러다 현대에 이르러서는 이러한 구분을 없애고 세 가지 모두를 전투기라 칭하기 시작했는데, 여기에는 그럴 만한 이유가 있다.

우선 폭격기의 경우, 가격은 물론 유지비용도 매우 비싸 어떤 나라에서든 운용에 부담을 느끼는 무기가 되었다는 것이 한 가지 이유다.

그 결과 현재 폭격기를 보유하고 전력에 활용하는 국가는 전 세계에서 미국과 중국, 러시아가 전부이고, 그 외의 나라들에서는 폭격기가 더 이상 운용되지 않고 있다.

또 다른 이유는 폭격기와 공격기, 전투기의 임무가 과거에는 정확히 구분되었으나 점차 혼란스럽게 뒤섞였다는 것이다. 공격기가 폭격 임무 대신 전투 임무를 수행하거나, 본래 임무는 공중전인 전투기가 어떤 상황에서는 지상공격 임무도 받았다는 뜻이다. '스윙롤 전투기 swing role fighter'란 바로 그러한 전투기를 일컫는 표현인데, 기술이 크게 발달한 현재의 전투기 시장에서 판매되는 최신형 전투기는 한 발 더 나아가 '멀티롤 전투기multi role fighter'라 불린다. 한번 출격하면 지상공격과 공중전 임무 모두를 수행할 수 있기 때문이다.

전투기가 이렇듯 여러 임무를 띠게 된 데는 엔진 기술 발전의 영향이 컸다. 100여 년 전 처음 출현했을 당시 공군 비행기에는 피스톤을 왕복시켜 프로펠러를 돌리고 출력은 10여 마력인 왕복엔진이 사용되었다. 1940년대 제2차 세계대전 중에 개발된 엔진은 출력이 2000마력 이상에 이르렀고, 그 뒤를 이어서는 제트엔진이 등장했다. 제트엔진은 프로펠러를 돌려서가 아니라 고온의 고압가스를 분출해서 추진력을 얻는 엔진이기에 이전 시대의 것들보다 월등히 뛰어난 힘과 속도를 보였다.

엔진의 발전과 관련해 조금 더 덧붙이자면, 제트엔진 도입 이후에도 엔진 관련 기술은 계속해서 발전을 거듭했다. 1950년 한국전쟁에서 사용된 F-86세이버sabre 전투기와 현재 한국 공군이 사용하는 스텔스 전투기 F-35는 모두 단발 엔진, 즉 하나의 엔진만을 사용하는 기종

K-방산에 투자하라

폭탄 탑재량이 제2차 세계대전 당시 폭격기의 수준에 이르는 F-15K 전투기.
출처: 김민석

이다. 그러나 출력 면에서 F-35의 엔진은 F-86세이버의 엔진에 비해
무려 일곱 배가 높다. 이 점을 생각해보면, 몇 십 년에 불과한 시간 동
안 엔진 관련 기술이 얼마나 빠르게 발전했는지를 조금은 실감할 수
있다.

정리하자면, 과거에는 세분화되었던 전투용 항공기들이 기술 발전
에 힘입어 이제는 전투기 하나로 통일된 것이다. 흔히들 '한국 공군
의 주력 전투기 중 하나인 F-15K슬램이글Slam Eagle의 폭탄 탑재량은
제2차 세계대전 당시 최고 폭격기였던 B-29의 탑재량에 버금간다'고
하는데, 이런 이야기도 이상과 같은 맥락에서 나온 것이라 보면 되

겠다.

현 세계 전투기 시장의 상황

현재의 세계 전투기 시장의 판세는 간단히 세 가지로 요약할 수 있다.
첫 번째, 미국과 더불어 전투기 시장의 두 절대적 강자 중 하나였던
러시아가 우크라이나 전쟁으로 사실상 시장에서 퇴출됨에 따라, 미국-
러시아의 2강 구도였던 것이 미국의 단독 주도 구도로 급변했다. 〈에
비에이션 위크〉의 자료에 따르면 2023년부터 2032년까지 전 세계에
서 가장 많은 수주량을 기록한 전투기는 미국 록히드마틴Lockheed Martin
이 생산하는 F-35(1500대)였다. 공동 2위를 차지한 전투기들은 중국
CAC에서 만드는 J-11과 J-20이었는데, 이 둘의 수주량이 각각 300대
이니 F-35는 무려 그 다섯 배에 이르는 수준임을 알 수 있다.

이들 세 전투기를 제외하면 프랑스 업체 다소Dassault가 만드는 라팔
Rafale 전투기와 록히드마틴의 F-16 전투기가 각각 180~200대 생산될
것으로 예상되고, 그 외에는 시장점유율 확보가 불확실하다고 〈에비
에이션 위크〉는 예상했다. 즉, 전투기는 스마트폰이나 자동차 같은 민
수용 제품보다 훨씬 독과점이 심한 제품이고, 시장 또한 선발주자들이
공고하게 장악하고 있는 셈이다.

두 번째, 미국 다음의 2위 자리를 놓고 중국과 프랑스가 치열하게
경쟁 중이라는 점이다. 앞서 언급했듯 지금까지의 전투기 시장에서는
기존 선발주자들이 굳건한 시장점유율을 유지하는 데 반해 신규 도전
자들의 성과는 미미했다. 하지만 세계 2위의 전투기 수출국이었던

K-방산에 투자하라

판매실적이 좋은 미국의 F-35A 전투기.
출처: Wang Hsiang

러시아가 2022년 우크라이나 침공 이후 시장에서 극적으로 퇴출된 뒤부터는 향후 5~10년간의 시장구도를 예측하기가 어려워졌다. 록히드마틴은 앞으로도 F-35와 F-16을 앞세운 압도적 점유율로 1위를 수성할 확률이 매우 높다. 따라서 중국과 프랑스는 러시아의 퇴출로 공석이 된 2위를 차지하기 위해 향후 엄청난 싸움을 할 것으로 보인다.

앞서 살펴본 자료에서 알 수 있듯 중국은 전 세계에서 미국 다음으로 가장 많은 전투기를 양산하는 국가다. 그러나 지금 생산 중인 J-11과 J-20은 오직 중국의 공군 및 해군 항공대에만 공급될 뿐, 세계시장에는 수출되지 않고 있다. 현재 중국은 파키스탄에만 JF-17 경전투기와 J-10 전투기를 수출하고 있다. 1970년대에는 북한이나 방글라데시, 이집트 등지에 J-7 전투기를 대량으로 수출했지만 현재의 성과는 당시에 미치지 못하는 상황이다. 이런 중국과 달리 프랑스는 최근 다소의 라팔 전투기를 세르비아, 크로아티아, 그리스, 인도네시아 등 다수 국가로 수출하는 데 성공하면서 무서운 속도로 시장점유율을 늘리는 중이다.

세 번째, 신제품이 극단적으로 줄어드는 추세고, 그 대신 성능을 개량한 전투기들이 시장을 대거 지배하고 있다. 현재 전 세계 전투기 중 가장 강력하고 또 가장 최신형이라 평가받는 F-35조차도 첫 비행을 한 때로부터 18년이 지났다. 중국의 J-11은 1970년대에 처음으로 비행한 러시아제 전투기 Su-27의 디자인을 그대로 받아 만들어진 기종이고, 프랑스의 라팔 역시 첫 비행 이후 30년이 훌쩍 넘었다. 여전히 전 세계 공군이 가장 많이 사용하는 전투기인 F-16은 첫 비행 시점이 지금으로부터 무려 40년 전인 기종이다.

대신 전투기들의 성능개량만큼은 끊임없이 이루어지고 있다. 대표적인 예가 한국군의 주력 전투기인 KF-16을 2028년 완료 목표로 2021년부터 KF-16U로 업그레이드하고 있는 것이다. AESA레이더, 신형 임무 컴퓨터 등을 갖춘 KF-16U는 레이더 탐지 거리가 KF-16 대비 두 배 가까이 늘었다. 거의 모든 다른 국가들 또한 F-16뿐 아니라 F-15, F-35, 라팔, J-11 등 자국 보유 전투기들을 대상으로 하는 AESA레이더 개량, 조종석 개량, 엔진의 성능개량 혹은 국산화, 전자전electronic warfare 장비 개량 등의 업그레이드 작업에 사활을 걸고 있는 상황이다.

그렇다면 이렇게 치열하고 독과점적인 전투기 시장을 두드리는 K-방산의 대표적 무기로는 무엇이 있을까? KAI가 제작하는 FA-50과

KF-21이 그 주역들인데, 지금부터는 이 두 전투기에 대해 좀 더 자세히 알아보자.

수출 대박을 기록한 초음속경전투기, FA-50

FA-50은 대한민국이 해외에 수출한 무기체계 중 누적수출액이 가장 많다는 기록을 갖고 있다. K9 자주포와 같은 지상 무기체계는 수출수량 자체는 많으나 FA-50보다 저렴하고, 해상 무기체계인 호위함이나 잠수함은 FA-50보다 가격이 높지만 수출수량이 FA-50보다 작다.

FA-50 전투기.
출처: 김민석

대당 가격이 수백억 원에 이르는 FA-50 및 T-50 고등훈련기(FA-50의 기반이 되는 모델이다)는 현재까지 국내에서는 142대가 판매되었고 해외에는 6개 국가에 총 138대가 수출되었다. 금액 면에서 보면 FA-50(T-50)은 단연 K-방산 최고의 수출상품인 셈이다.

이러한 성공은 '최초의 국산 초음속항공기'라는 거대한 목표를 잘 이룰 수 있을지와 관련된 논란 및 그에 따른 고통이 있었기에 가능했다. '미운 오리새끼'에서 '화려한 백조'로 변신한 T-50과 FA-50의 역사를 짧게 살펴보자.

국산 미사일과 대포의 개발에 성공한 뒤인 1983년, ADD는 국산 군용기 개발에 나섰다. 당시 ADD가 택한 아이템은 군용기 중에서도 기본훈련기, 즉 비행 성능은 제트전투기에 훨씬 못 미치지만 전투기의 기본 비행을 익힐 수 있는 항공기였다. 국산 군용기 개발에 대한 한국 공군의 의지는 사실 그리 강하지 않았으나, ADD가 주도하고 KAI가 만들어낸 KT-1은 마침내 1991년 12월, 첫 비행에 성공했다.

그러한 개발과정과 성공 후 ADD는 한 가지 중요한 사실을 깨달았다. 항공기를 완전히 독자적으로 단독 개발한다는 것은 마치 암흑과 같은 숲을 횃불 하나 없이 돌아다니는 것처럼 위험한 일이라는 점이었다. 그래서 ADD는 KT-1 개발 당시 영국과 스위스의 기업과 대학교로부터 기술이전을 받은 경험을 바탕으로 다음 목표에 도전했다. 초음속 제트훈련기, 즉 전투기급의 기술이 필요한 군용 항공기에 도전하는 'KTX-2 개발 프로젝트'가 그것이었는데, 이것이 T-50과 FA-50의 기원이라 할 수 있다.

1993년에 시작된 KTX-2 설계 작업의 바탕에는 영국의 BAE와

K-방산에 투자하라

미국의 록히드마틴이 있었다. 한국 공군이 BAE와 록히드마틴으로부터 각각 호크 고등훈련기 직도입 사업과 F-16의 한국 버전을 국내에서 면허생산하는 KFP 사업으로 KF-16을 구매하면서 절충교역offset 이라는 이름으로 항공기 설계 기술을 이전받았기 때문이다. 설계 기술은 록히드마틴보다 BAE가 먼저 이전해주었는데, 이는 BAE와의 호크 고등훈련기 20대 구매계약이 록히드마틴의 KF-16 구매계약보다 먼저 이루어졌기 때문이다. 다만 그 내용이 충분치 않아, KTX-2의 본격적인 설계와 개발은 한국이 막대한 비용을 지불해 120대의 KF-16을 구매한 뒤 록히드마틴이 기술자료 및 파견기술자를 함께 제공한 다음에야 비로소 시작되었다. 그리고 2002년 8월, 기나긴 노력과 인고 끝에 드디어 T-50이 처음으로 완성되었다.

하지만 처음 시장에 등장할 당시 T-50의 인기는 지금만 못했다. 왜 그랬을까?

T-50은 최고속도가 마하 1.5 이상이고, 첨단 전자장비와 레이더가 장착되었으며, 훈련기임에도 전투 임무에 투입될 수 있도록 무기 또한 운영 가능하게끔 설계되었다. 고등훈련기라는 이름답게, T-50을 자유롭게 조종할 수 있는 사람이라면 F-16이나 F-15의 조종도 쉽게 해낼 수 있게 고성능의 사양을 갖췄던 셈이다. 그런데 이렇게 '전투기와 지나치게 유사하다'는 점이 오히려 T-50의 발목을 잡았다. T-50이 처음 등장한 2000년대 초반의 수출시장에서는 너무 '럭셔리한' 훈련기로 보였던 것이다.

T-50의 가격은 사실 2024년 현재 기준에서 보더라도 결코 싸지 않으니, 당시에 '초고가 훈련기'로 여겨졌던 것은 지극히 당연한 일이

다. 때문에 한국은 T-50의 첫 수출 대상국으로 점찍었던 이스라엘 및 UAE와의 계약 성사에 연달아 실패했다. 지금은 'K-방산의 최고 손님' 이 된 폴란드도 비슷한 이유로 2013년에 T-50 대신 이탈리아의 레오나르도가 제작한 M-346마스터Master를 선택했다. 이 기종은 T-50에 비해 비행 성능이 낮고 둔하며 실제 무기사용 훈련에서도 뒤처지지만, T-50이 워낙 고가인 터라 폴란드의 선택을 받았던 것으로 보인다.

하지만 T-50의 단점으로 지적된 '지나치게 뛰어난 성능'은 결국 확장성에서 M-346마스터 같은 경쟁자들을 앞서나가는 근거가 되었다. 앞서 말했듯 T-50은 초음속비행이 가능한 항공기다. 때문에 한국은 훈련이 아닌 전투 상황이 벌어질 경우에 실제 임무수행을 위해 투입할 수 있는 T-50, 즉 T-50의 전투형 버전을 함께 개발했다. 전투형 버전인 만큼 TA-50에는 무장 컴퓨터, 레이더, 미사일 및 폭탄 장착 능력이 갖춰져 있다. 그리고 2011년에는 이러한 TA-50을 바탕으로 발전시킨 다목적 전투기 FA-50이 첫 비행에 성공했다. FA-50에는 F-16의 레이더와 같은 수준인 KM-2032레이더, 적의 미사일 조준 상황을 알아채고 그것을 방해하는 레이더 경보기radar warning receiver 및 미사일 교란장비인 채프/플레어 발사기countermeasure dispensing system가 장착되어 있다. 이러한 FA-50이 실전에 배치되기 시작한 뒤부터 FA-50과 TA-50의 수출은 점차 활기를 띠기 시작했다.

FA-50이 LCAlight combat aircarft, 즉 경전투기라는 명칭으로 처음 수출된 국가는 필리핀이었다. 필리핀은 한때 보유 전투기 모두가 노후화해 과거 중국이 자국 영공을 침범했을 당시에도 그에 대응할 전투기가 전무했던 아픔이 있었고, 계속되는 내전 탓에 실전 투입이

FA-50 전투기의 주요 장비.
출처: 한국항공우주산업

가능하면서도 가격은 저렴한 전투기를 간절히 원했다. 이에 2013년
1월 한국으로부터 FA-50을 수입해 2016년부터 실전에 투입했는 데,
FA-50이 실전에서 활용된 국가로는 지금까지도 필리핀이 유일하다.

  말레이시아도 FA-50의 또 다른 수입국이다. 말레이시아는 2021년
부터 경전투기 도입 프로젝트를 시작했는데, 여기에서 FA-50은 인도
국영 기업인 HALHindustan Aeronautics Limited가 자국 최초의 초음속전
투기로 개발한 테자스Tejas 경전투기와 맞붙었다. 인도는 이 경쟁에서
이기기 위해 치열한 로비와 외교적 노력을 펼쳤으나, 결국 2023년 5월
말레이시아가 FA-50의 말레이시아 수출용 버전인 FA-50M를 18대
수입하면서 한국에 패했다.

FA-50의 수출에 있어 가장 큰 성공 사례는 폴란드와의 계약이다. 앞서 잠시 언급했듯 폴란드는 2013년에 T-50 대신 이탈리아의 M-346 마스터의 수입을 결정하면서 T-50에게 탈락의 아픔을 안겼다. 그러나 2022년에 일어난 러시아의 우크라이나 침공은 이러한 상황이 반전하는 계기가 되었다.

당시 폴란드는 눈앞에 다가온 러시아의 위협에 대응하기 위해 자국의 전투기 전력을 시급히 증강할 필요가 있었다. 때문에 자국 공군이 운용 중이었던 F-35나 F-16을 미국 측에 추가 발주하려 했으나, 주문이 밀려 있던 탓에 도입까지는 상당 시간이 걸릴 것으로 예상되어 포기해야 했다. 스웨덴의 사브Saab가 만드는 JAS39그리펜Gripen이나 프랑스 다소의 라팔, 영국·독일·이탈리아·스페인이 공동개발한 유로파이터타이푼Eurofighter Typhoon 역시 비슷한 상황이었다. 이때 FA-50의 제작사인 KAI는 2023년까지 12대의 FA-50GF, 2029년까지 36대의 FA-50PL(FA-50을 폴란드의 요구에 맞게 개발한 버전)을 납품할 수 있다는 제안을 폴란드 측에 전달, 2022년 9월에 30억 달러의 계약을 수주하는 데 성공했다. 대한민국 건국 이후 최대 규모의 항공기 수출계약이 이뤄진 것이다.

현재 FA-50PL은 더욱 뛰어난 성능의 전투기를 원하는 폴란드의 요구에 맞춰 여러 업그레이드를 거치는 중이다. 공중급유기능이 추가되고, 지상 표적에 대한 정밀타격을 돕는 조준장비targer-ting od로 록히드마틴의 스나이퍼Sniper가 탑재되며, 각종 정밀유도무기와 함께 공대공미사일인 AIM-9X사이드와인더Sidewinder가 장착됨은 물론 기존 FA-50에 장착된 기계식 KM-2032 레이더보다 탐지 능력이 훨씬

폴란드 수출형인 FA-50PL.
출처: 한국항공우주산업

우수한 미국 RTXRaytheon Technologies Corporatio의 팬텀스트라이크
PhantomStrike AESA레이더까지 갖춰지면 FA-50PL은 글자 그대로
'가장 강력한 FA-50'이 될 것이라 전망된다.

　한국 공군 역시 지금까지 운용해온 FA-50 전투기에 대한 업그레이
드 프로젝트를 준비 중이다. 여러 개량 사항 중 대표적인 것은 기존에
장착되었던 미국산 AESA레이더를 국산으로 바꾸는 것인데, 이를 위
해 LIG넥스원의 ESR-500A레이더와 한화시스템의 경전투기용 레이
더가 경쟁하고 있다. 또한 전투 임무 시엔 불필요한 후방 좌석을 없앰
으로써 비행 거리 및 시간을 약 20퍼센트 정도 더 늘릴 수 있는 업그레
이드가 KAI의 자체투자로 준비되고 있다. FA-50에 중거리 공대지미
사일을 탑재해 적진 깊숙이 있는 지하 시설이나 지휘소를 타격할 수
있게 하는 업그레이드도 현재 준비 중이다. 이를 위해 FA-50은 향후
LIG넥스원과 독일의 타우러스GmbHTaurus GmbH가 공동개발한 미

FA-50PL을 살펴보는 폴란드 대통령.
출처: 한국항공우주산업

사일을 장착, 400km 이상 거리의 표적을 초정밀타격하는 능력까지
갖출 것으로 전망된다.

그렇다면 FA-50은 과거에 그랬듯 앞으로도 수출 면에서 탄탄대를
걷게 될까? FA-50 수출전망을 부정적으로 예측하는 전문가들은 FA-
50이 작고 가벼워 경쟁 전투기들보다 무장장착 능력이나 탐지장비
능력 등이 부족하다는 점을 지적한다. 실제로 스웨덴의 그리펜 전투기
는 FA-50과 크기가 거의 같음에도 더 큰 레이더, 더 많은 무장장착 능
력, 더 빠른 최고속도를 자랑한다.

인도의 테자스, 중국의 L-15팰콘Falcon, 미국 보잉Boeing의 T-7레드
호크RedHawk 등 F-50의 경쟁기종들이 여전히 위협적이라는 점 또한
FA-50의 수출전망을 불안하게 만드는 요소다. 특히 중국의 L-15는

K-방산에 투자하라

한국이 KF-21 및 FA-50의 유력한 고객일 거라 예상했던 UAE의 선택을 받았고, 미국의 T-7은 T-50을 제치고 미 공군의 훈련기로 채택된 바 있다. 일본 역시 미국과 훈련기 공동개발을 추진 중인 실정이다.

FA-50의 수출이 점점 성공하는 만큼 사용자들의 불만이나 문제 제기가 계속된다는 점도 한국이 해결해야 하는 문제다. 2024년 9월 폴란드에선 FA-50GF에 장착할 무장이 없어 국방차관이 직접 감사를 진행할 것이라는 뉴스가, 한국에서는 FA-50GF가 고장 탓에 비행을 하지 못한다는 뉴스가 각각 보도되었다. 실제로는 FA-50GF에 장착하는 무장의 경우 한국 정부나 KAI가 구매에 관여하지 않고 폴란드 정부와 미국 정부 간의 FMS 방식으로 진행되는 것이라 한국 정부나 KAI와는 무관한 일이었고, FA-50의 고장 관련 뉴스는 부품 운송이 늦어졌던 것이 폴란드 현지에서 와전된 탓에 나온 것으로 밝혀졌다.

그럼에도 FA-50의 고객들이 더 좋은 서비스, 더 좋은 기능을 원하는 것은 사실이다. 폴란드와 말레이시아는 비록 FA-50의 구매계약 당시 정확한 조건으로 명시하진 못했으나, 적 전투기와의 원거리 교전이 가능하게끔 미국 RTX의 미사일인 AIM-120암람Amraam이 FA-50에 장착되는 것을 강력히 원하고 있다. 물론 한국 측에서 이를 해결하기란 그리 쉽지 않지만 말이다.

다행스러운 사실은 경쟁기종들과 비교해볼 때 FA-50은 여전히 강력한 우위에 있다는 것이다. 우선 FA-50과 항상 비교되는 스웨덴의 경전투기 그리펜의 가격은 그보다 더 큰 체급의 전투기인 F-16과 맞먹어 FA-50보다 가격경쟁력이 낮다. 중국의 L-15 전투기에는 AI-222라는 우크라이나산 터보팬엔진이 장착되는데, 이 AI-222는 현재 전쟁 중인 우크라이나에서 수입하는 터라 공급망이 불안하다는 약점이 있다. 미국의 T-7 전투기는 미 공군으로부터 수백 대를 주문받은 기종이나, 결함 문제를 해결하지 못해 2024년 현재까지 생산이 약 3년 정도 지연되고 있는 상황이다. 일본은 T-50과 비슷한 훈련기를 만들기 위해 2024년 4월 미국과 공동연구그룹을 만들었지만, 2024년에야 막 개발이 시작된 탓에 언제 완성될지는 기약할 수 없는 상태에 있다.

이런 상황들을 종합해보면, 2020년대 말까지도 FA-50의 수출경쟁력은 유효할 것으로 보인다. 이에 더해 2028년 이후부터 KF-21보라매 Boramae 전투기까지 수출시장에 진출한다면 이 두 기종을 패키지 형태로도 판매함으로써 경쟁력을 더욱 강화시킬 수 있을 것이다. 그럼 이제는 KF-21보라매 전투기에 대해 살펴보자.

K-방산 수출의 차세대 주역, KF-21보라매

KF-21보라매(이하 KF-21) 전투기는 한국이 최초로 독자개발한 전투기이자, 건국 이래 최대의 국방 연구개발 사업이 낳은 결과물이다. KF-21의 개발비용 및 양산비용은 이전까지 한국에서 진행되었던 그 어떤 무기개발 사업의 비용도 가뿐히 앞설 만큼 엄청난 규모였고, 투입 인력 측면에서도 비교할 만한 것이 없었다. KF-X(개발 초기 당시 KF-21의 명칭) 프로젝트가 '단군 이래 최대의 방위 사업'이라 불린 이유도 이것이다. 하지만 규모가 이렇게 컸던 만큼 이 프로젝트를 둘러싼 논란과 분쟁, 그리고 갈등 역시 여타 무기개발 사업의 경우보다 단연코 길고 오래갔던 것이 사실이다.

K-방산에 투자하라

'KF-X'라는 표현은 '한국형 전투기 개발방안'이라는 제목으로 2002년 ADD 소속 연구자들이 만든 보고서에서 처음 등장했고, 같은 해 11월에는 KF-X에 대한 장기적으로 우리가 구매할 필요가 있다고 결정하는 '장기신규 소요'가 확정되었다. 그러나 실제 개발에 돌입하고 본격적으로 예산을 집행하기 시작한 시기는 그로부터 무려 13년이 지난 2015년 12월이었다. 대체 그 13년 동안 무슨 일이 있었던 것일까?

답은 '7회에 달하는 타당성 조사와 지루한 논쟁'이다. '사업 타당성 조사(이하 사타)'는 국방 사업뿐 아니라 모든 정부 사업에서 예산집행이나 연구계획이 정당한지 살펴보는 작업이다. 그런데 KF-X 개발 사업은 이러한 사타를 일곱 번이나 거쳤고, 개발계획이 국방 사업으로서

KF-21의 시제 6호기.
출처: Wang Hsiang

승인받는 데 번번이 실패하면서 표류한 탓에 13년이라는 세월이 흘러간 것이다. 실패를 거듭한 이유로는 여러 가지가 있지만, 가장 큰 이유는 '초음속전투기는 한 국가가 만들 수 있는 최고의 첨단 무기'라는 데 있었다.

전투기는 군함이나 탱크보다 수십 배 빠른 초음속의 속도로 엄청난 급기동을 하면서, 군함에서라면 수십 명이 붙어야 하는 레이더 사용이나 미사일 발사 같은 작업을 오직 홀로 진행한다. 거대 변신로봇이 무기로 만들어지지 않는 이상, 최고도의 기술이 적용되고 개발난이도 또한 최고인 무기가 바로 전투기인 것이다. 전투기 독자개발이 가능한 국가라면 누가 뭐래도 세계 최고의 국방과학기술을 가진 국가로 인정받는 이유가 바로 이것이다.

그런 점에서 보자면 '13년의 지연과 일곱 번의 사타'는 한국이 자국 국방과학기술 수준에 대한 불신을 만천하에 드러낸 사태였다 해도 과언이 아니다. 아주 잠시를 제외하면 일곱 번의 사타가 진행되는 내내 '한국은 초음속전투기 관련 기술을 개발할 능력이 없다', '설사 KF-X를 생산한다 해도 수출은 어려울 것이다'라는 비관론이 긍정론을 압도했기 때문이다.

그렇게 비관론이 높아진 이유는 실제로 전투기 개발이 어려운 탓도 있었지만, 그보다는 사업 타당성을 검증하는 방식이 과도한 비관론을 부추기기 쉬웠기 때문이다. KF-X 개발 사업은 한국이 전투기 개발에 처음 도전하는 사업이었던 만큼, 그것이 타당한지 검증해보려면 F/A-18, F-16, 유로파이터 등을 만든 해외 전투기 업체들에게 KF-X 개발계획에 대한 의견을 묻고 예상 개발비용을 산정받아야 했다. 그러

K-방산에 투자하라

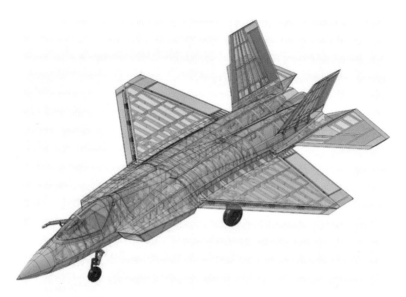

KF-21의 탐색개발 형상 C103.
출처: 한국항공우주산업

나 해외 전투기 업체 입장에서는 국내 연구개발 수준에 대한 정확한 정보도 갖고 있지 않았을뿐더러, 한국이 독자개발을 하면 자국의 수출시장이 줄어들 거란 점을 생각하지 않을 수 없었다. 때문에 '한국 KF-X 개발계획은 사업성도 없고 기술 면에서도 부족함이 많다'는 결론을 내렸고, 이에 한국은 의사결정에 참여한 군과 연구기관, 기업이 모두 납득할 수 있는 객관적 자료로 사업 타당성을 검증받기 위해 계속해서 사타를 일곱 번이나 진행하기에 이른 것이다. 그런 상황 탓에 국방예산을 집행받지 못하는 와중에도, 사업 추진을 간절히 원했던 ADD와 KAI는 '선행연구'라는 이름하에 전투기 제작에 필요한 기초 기술을 묵묵히 연구해나갔다.

'엔진 개수'에 대한 논쟁 역시 개발계획 승인의 발목을 잡는 또 다른 요소였다. 현대 전투기들에는 엔진이 하나(단발) 혹은 두 개(쌍발)가 탑재된다. 단발엔진은 가볍고 구조가 간단해 항공기의 전체 중량을 줄일 수 있고, 크기 또한 작아 항공기 내부에서 차지하는 공간이 작으며, 제작비용과 유지비용이 낮아 전체 운용비용 절감에 도움이 된다는 장점이 있다. 쌍발엔진의 장점으로는 두 개의 엔진 중 하나가 고장 나더라도 다른 하나로 항공기 운항이 가능해 안정성이 높다는 것, 두 엔진이 동시에 작동하기 때문에 단발엔진을 사용할 경우보다 항공기의 출력과 기동성이 높다는 것, 그렇기에 쌍발엔진 항공기에는 단발엔진 항공기에 비해 다양하고 우수한 기능이나 성능의 적용이 가능하다는 것 등이 있다.

KF-X 개발계획과 관련해 엔진 개수에 대한 논쟁이 지나치게 길어진 것은, 이 두 종류의 엔진 중 어느 것을 택해야 하는가를 둘러싸고 의견들이 첨예하게 대립했기 때문이다. 한국 공군은 안정성을 중시하며 일관되게 쌍발엔진의 필요성을 주장한 데 반해, 향후의 수출을 고려하는 이들은 KF-X의 성능이 다소 낮아지더라도 단발엔진을 탑재해 가격을 낮춰야 한다는 입장을 고수했다. 양측 사이에서 오랜 시간 동안 벌어진 치열한 논쟁 끝에, 결국 KF-X에는 쌍발엔진이 탑재되는 방향으로 결정되었다.

이런 난관들 탓에 천금 같은 시간을 흘려보내야 했지만, 천만다행으로 KF-21 개발은 정식으로 시작된 이후 마치 언제 그런 일이 있었냐는 듯 매우 원활히 진행되었다. 2015년 체계개발에 착수한 뒤 기본설계회의와 상세설계회의, 시제품 제작, 그리고 마침내 첫 비행을 한 2022년

조립 중인 KF-21 시제기.
출처: 한국항공우주산업

7월까지 KF-21의 개발과정에서 일정이나 예산이 변경된 경우는 단한 건도 없었던 것이 그 증거다. 이는 KF-21 부품의 성능이 현재의 전투기 수준, 다시 말해 현용 주력 전투기인 4.5세대generation 기준에 맞춰져 있었기 때문에 가능한 일이었다.

또한 KF-21의 개발을 크게 세 단계로 나눈 '블록 개발방식'을 도입, 개발의 비용과 일정 리스크를 줄인 것도 매우 적절한 결정이었다. KF-21은 2026년까지 공대공 능력을 갖춘 블록1, 2028년까지 공대지 능력을 갖춘 블록2를 개발해 단계적으로 성능과 기능을 향상시키는데, 블록2 이후의 성능개량 계획인 블록3는 현재 제작사인 KAI에 의해 'KF-21EX'라는 이름으로 연구 중이다. 그 결과 KF-21은 경쟁기종들에는 없는 완전히 새로운 기능을 갖추진 못했으나 '정확한 일정'과

'우수한 가성비'라는 두 마리 토끼 모두를 잡는 데 성공했다.

앞서 KF-21의 개발비용은 여타 국산 무기들에 비해 월등히 높았다고 언급했지만, 비교의 기준을 세계로 넓히면 그리 절대적으로 높은 것은 아님을 알 수 있다. KF-21 개발 초기에 설정한 개발비는 8조 8000억 원이었는데 이는 다른 나라의 전투기 개발비에 비해 훨씬 저렴한 수준이기 때문이다. 실제로 개발계획이 13년 동안 진행되지 못하고 있을 당시 해외 업체들은 KF-21의 개발비용을 적게는 11조 원, 많게는 19조 원으로 예측했으니 8조 8000억 원은 놀라운 수준이 아닐 수 없다.

게다가 그 13년 동안 모든 제품들의 물가가 오른 만큼 전투기 가격 또한 크게 상승했다. 그럼에도 2024년 KAI가 수출고객에게 발표한 바에 따르면 KF-21의 가격은 8000만 달러(약 1111억 원) 미만이고 시간당 유지비는 1만 4000달러(약 1940만 원)에 불과하다. FA-50과 비교했을 때 KF-21은 거의 두 배 비싸지만 실제 능력은 두 배 이상이니, '진정한 가성비 제왕'이라는 별명은 FA-50보다 오히려 KF-21에게 붙여주는 편이 맞을 수도 있겠다.

보라매의 또 다른 도약, KF-21EX

KF-21보라매 블록1의 개발이 막바지 단계에 접어든 2024년부터 한국에서는 보라매 전투기의 미래 비전에 대한 연구가 활발히 논의되고 있다. 바로 KAI의 미래 공중전 시스템인 NACSNext Aerial Combat System와 KF-21EX가 그것이다.

KF-21EX의 NACS 개념.
출처: 한국항공우주산업

KF-21EX는 KAI가 자체연구 중인 KF-21 블록2 이후의 업그레이드 계획으로, 핵심 목표는 4.5세대 전투기인 KF-21을 2040년대에도 적의 위협에 대응할 수 있는 5.5세대 전투기로 만드는 계획이다. 즉, 전투기의 세대를 한 단계 업그레이드한다는 뜻인데, 이 의미를 제대로 파악하려면 4세대 전투기와 5세대 전투기의 차이, 5세대 전투기와 6세대 전투기의 차이를 간단하게나마 알고 있는 것이 좋다.

4세대 전투기와 5세대 전투기의 가장 큰 차이는 레이더 및 탐지장비에 걸리지 않는 '스텔스' 기능의 유무다. 4세대 전투기는 5세대 전투기에 탑재되는 레이더나 미사일을 동일하게 쓸 수 있지만 스텔스 기능을 갖출 수는 없다. 이 기능의 구현에 필요한 항공기 형상, 기체 내부의 무장수납용 공간인 내부 무장창internal weapon bay은 기존 전투기를 개조하는 방식으로는 도저히 만들 수 없고, 설사 성공한다해도 비용 면에서 수지타산이 전혀 맞지 않는 탓이다. 실제로 미국 보잉은

1970년대에 만들어진 F-15 전투기를 스텔스전투기인 F-15사일런트이 글Silent Eagle로 개조하려다 기술적 한계와 예상보다 높은 비용 등의 문제로 실패했던 경험이 있다.

그렇다면 KAI는 4.5세대 전투기인 KF-21을 어떻게 5.5세대 전투기인 KF-21EX로 업그레이드하려는 것일까? 이는 스텔스전투기의 요소와 관련된 KF-21의 특징들을 살펴보면 알 수 있다. KF-21의 개발 초창기부터 KAI는 저피탐 기술low observable technology, 즉 적의 레이더나 적외선 탐지장비를 회피하는 설계를 일부 적용했고 스텔스 페인트나 패널을 사용해 훗날 내부 무장창으로 사용할 공간도 제작했다. 형상 또한 F-22랩터Raptor나 F-35라이트닝IILightingII 같은 스텔스전투기의 것으로 디자인했다. 즉, '향후 스텔스전투기로 업그레이드할 계획'을 이미 염두에 둔 상태에서 KF-21을 설계했던 것이다. 'KF-21EX'라는 명칭 또한 '나중에 추진할 업그레이드'를 뜻한다.

앞으로 KAI는 2030년과 2035년, 2039년 등 세 시기에 걸쳐 KF-21EX의 개량 작업을 진행할 예정이다. 캐노피canopy(조종석 유리), 각종 통신 안테나, 스텔스 코팅 및 패널, 그리고 내부 무장창까지 갖추는 이 모든 작업이 끝나면 KF-21EX는 F-35급의 5세대 스텔스전투기가 될 것으로 보인다.

KF-21EX에 스텔스 관련 기술만 적용하는 것은 아니다. 우선은 4.5세대 전투기급이었던 센서장비부터 5세대급으로 바꾼다. F-35에 적용된 전자광학 센서, AN/AAQ-40 EOTSElectro-Optical Targeting System(적외선 및 전자광학 카메라로 표적 정보를 획득하는 장비)와 동급인 장비를

KF-21의 상세 성능과 개량 사항.
출처: 한국항공우주산업

내장형으로 개발해 기존의 것을 대체하는 것이다. 더불어 360도 전 방향의 위협을 감지하는 센서인 EODASElectro-Optical Distributed Aperture System도 장착, 조종사가 마치 가상현실처럼 전투기 주변의 영상을 볼 수 있게 한다.

기존 AESA레이더 역시 업그레이드된다. 적의 레이더를 무력화하거나 교란시키는 전자전 모드electronic warfare mode, AI를 사용한 자동표적인식 기능 ATRautomatic target recognition, 탐지된 표적이 적인지 아군인지를 몰래 알아내는 NCTRnon-cooperative target recognifion 기능이 추가되는 덕분이다. 이렇듯 더욱 강해진 AESA레이더의 기능 수행을 보조하기 위해 컴퓨터에도 빅데이터 처리 능력 및 AI를 통한 조종사 보조 기능이 추가된다.

그에 더해 광대역 데이터링크datalink가 추가된다. 데이터링크란 전투기가 발견한 표적의 정보를 아군에게 전송하거나 다른 장비를 원격으로 통제하는 통신망이다. 유무인복합 데이터링크와 위성통신 satellite communication 기능이 장착될 KF-21EX는 자신과 함께 움직일 AAP-150과 UCAVunmanned combat aerial vehicle, 즉 무인전투기를 원격으로 통제한다. AAP-140과 UCAV는 KF-21EX를 보호하거나 KF-21EX 대신 위험한 적진에서 작전을 수행하는 AI 무인항공기로, KAI는 이 둘과 KF-21EX 그리고 6G급 저고도 통신위성을 하나의 공중전 시스템으로 통합할 것이다(AAP-140과 UCAV는 뒤에서 좀 더 자세히 다룬다).

KF-21의 수출경쟁력은 어느 정도일까?

그렇다면 KF-21은 수출시장에서도 경쟁력을 가질까? 그리고 경쟁력이 있다면 어느 정도일까? 이에 대한 답변부터 간단히 하자면, KF-21은 비록 최고의 성능을 갖춘 것은 아니나 그럼에도 비슷한 경쟁제품들에 대한 비교우위가 확실한 전투기라고 할 수 있다. 전투기의 핵심 기능인 무장운용 능력, 생존성, 기동성이라는 세 가지 요소를 기준으로 해외의 경쟁제품을 '등급'별로 비교해보면 이 차이가 확실히 드러난다.

가장 먼저 봐야 할 경쟁상대는 '5세대 전투기', 즉 KF-21이 지향하는 4.5세대 전투기보다 비싸고 성능도 좋은 전투기들이다. 미국 록히드마틴의 F-35와 F-22, 중국 CACChengdu Aerospace Corporation의 J-20, 러시아 수호이Sukhoi의 Su-57이 현재 실제 전장에서 운용 중인 5세대 전투기들이다.

이 가운데 수출시장에서 KF-21과 경쟁할 수 있는 전투기는 오직하나, F-35뿐이다. F-35는 이미 한국 공군도 60대를 운용 중이고,

K-방산에 투자하라

지금껏 총 1000대 이상이 생산된 만큼 생산수량 면에서 KF-21이 넘볼 수 없으며, 부분적이 아닌 완전한 스텔스 성능을 갖춰 생존성 면에서도 KF-21보다 우수하다. F-35의 운용국 중 하나인 이스라엘은 2018년에 있었던 시리아 및 레바논 영공의 침입, 2024년 10월 26일 이란을 대상으로 실행한 대규모 폭격 작전 등의 실전에서 F-35의 스텔스 성능을 사용해 높은 생존성을 직접 증명했다.

그 외 나머지 5세대 전투기들은 F-35와 상황이 다르다. 중국의 J-20은 자국 공군에게만 공급될 뿐 수출은 이뤄지지 않고 있으며, 러시아의 Su-57은 우크라이나 전쟁 이후 수출길이 사실상 막혀버렸다. 더군다나 Su-57은 강력한 쌍발엔진 덕에 고속 및 장거리 비행이 가능하겠으나 스텔스 기술 측면에서는 F-35는 물론 KF-21에도 미치지 못한다. 스텔스에 필수적인 내부 무장창은 갖췄으나, 전파흡수구조radar absorbing structure나 전파흡수물질radar absorbing material과 같이 전자파 반사를 줄이는 장치들이 KF-21보다 부족하기 때문이다.

물론 F-35가 앞으로도 유일하게 구매 가능한 5세대 전투기일 수는 없다. 현재 러시아의 Su-75, 중국의 FC-31, 영국-일본-이탈리아의 GCAP, 독일-프랑스-스페인의 NGF 등 새로운 5세대 전투기, 심지어는 6세대 전투기들이 개발 중에 있기 때문이다. 그러나 FC-31을 제외한 나머지 전투기들이 수출시장에 나오는 시점은 최소한 2035~2040년일 것으로 예상되기에, 당분간은 F-35가 계속해서 우위를 점할 것으로 보인다.

F-35에도 사실 단점은 있다. 구매비용과 운용유지비용이 여타 전투기들보다 지나치게 높은 탓에 수십 대 이상의 대규모 운용은 미국이나

일본 정도만 감당할 수 있다는 게 그것이다. 2023년 12월 한국은 20대의 F-35에 대한 구매계약을 총 4조 266억 원에 체결했다. 대당 가격이 무려 2013억원이었던 것이다. 그렇기에 4.5세대 전투기인 KF-21은 5세대 전투기보다 성능, 특히 전투에서 적의 공격을 회피하는 생존성이 우월하면서도 구매비용과 유지비용이 낮아 소위 '가성비' 측면에서 유리하다 할 수 있다.

이렇듯 F-35와 비교하면 가격경쟁력이 있다는 것이 장점이지만, 동일 세대 전투기인 외국 4.5세대 전투기들과 비교해보면 KF-21은 그와 반대로 '성능 우위'라는 장점을 갖는다. 4세대 전투기란 1970년대 후반에 첫 비행을 한 뒤 현재까지 현역에 있는 전투기를 지칭하고, 따라서 대부분은 KF-21보다 오래된 설계를 바탕으로 하면서 전자장비만을 개량한 형태로 생산되고 있다. 말하자면 외국의 4.5세대 전투기들은 KF-21보다 짧으면 20년, 길면 40년 전에 나온 '구형 기체'인 것이다.

사실 전자장비, 즉 전파로 직을 추적하는 레이더나 전자광학 추적 장비, 임무수행에 사용되는 각종 컴퓨터, 그리고 엔진과 관련해 KF-21이 갖는 성능은 다른 나라의 4.5세대 전투기들과 크게 다르다고 보기 어렵다. 하지만 KF-21은 상대적으로 '신형 기체'라는 점에서 여타의 4.5세대 전투기와 차별화된다. 가령 미국 보잉의 전투기 F/A-18E슈퍼호넷Super Hornet은 KF-21과 마찬가지로 미국 제너럴일렉트릭General Electric이 만든 F-414 엔진을 두 개 탑재하는 전투기이지만, KF-21보다 가속이 느리고 둔해 공중전에서의 비행 성능이 떨어진다. 슈퍼호넷은 1978년 첫 비행을 한 F/A-18A호넷을 기반으로 1995년에 날개 및 동체를 개조한 기종인 탓이다. 다시 말해 업그레이드 설계

K-방산에 투자하라

KF-21의 시제3호기.
출처: 김민석

가 F/A-18호넷의 기존 종이 도면을 바탕으로 진행되었기에 컴퓨터 시뮬레이션을 통한 최적화가 완전히 이뤄지지 못한 것이다.

시뮬레이션을 통한 최적화의 중요성을 보여주는 한 예가 있다. KF-21은 T-50 훈련기 때부터 3D 항공기 개발 프로그램인 카티아CATIA를 대폭 활용, 설계 과정에서의 판단 실수나 불필요한 설계를 배제했다. 슈퍼호넷 역시 카티아를 활용한 것은 마찬가지였지만, 무장장착대의 설치 각도가 잘못 설계되어 전투 임무 중 불필요한 공기저항이 증가하는 문제를 겪었다. KF-21의 경우 '제로베이스'에서 컴퓨터 시뮬레이션을 거친 데 반해 슈퍼호넷은 그렇지 않았기에 이러한 문제가 발생한 것이었다.

다시 KF-21 이야기로 돌아가보자. 가격과 장비 면에서 KF-21과 비슷한 4.5세대 전투기들 중에는 스텔스 성능 면에서 KF-21보다 우수한 것이 없다. KF-21은 비록 5세대 전투기처럼 완전한 스텔스 기능을 갖추진 못했으나, 정밀한 설계 덕에 '비非스텔스전투기 중 가장 스텔스한' 전투기라고 할 수 있다. 따라서 전자장비의 성능이 비슷한 동급 전투기와 공중전에 돌입한다면 KF-21이 선제공격을 할 수 있을 가능성이 크다.

KF-21과 비슷한 시기에 개발이 진행되었던 튀르키예 TAI사의 칸Kaan 전투기를 예로 들어보자. KF-21과 형상이 유사하고 스텔스 성능 또한 비슷하지만 칸은 KF-21에 비해 크기가 훨씬 큰 반면 엔진의 힘은 그만큼 강하지 못하다. 전투기의 공중전 성능에 있어 가장 중요한 요소인 '추력 대 중량비thrust/weight ratio'가 KF-21보다 부족한 것이다. 자동차에 비유해 좀 더 쉽게 설명하자면, 차체는 크지만 엔진 출력이 낮아 레이싱을 펼치면 불리해지는 것과 비슷하다. 그렇기에 KF-21은 동급 전투기 시장에서 성능의 경쟁우위를 가질 것으로 전망된다.

물론 스웨덴 사브의 JAS-39E그리펜, 중국 CAIC의 JF-17선더Thunder나 J-10, 록히드마틴의 F-16팰콘 등 KF-21보다 저렴한 가격으로 승부를 볼 가능성이 큰 기종들도 있다. 그런데 이들 전투기는 KF-21과 달리 단발엔진을 사용하고, 크기 또한 작아 무장탑재 능력과 비행 성능 등이 KF-21보다 떨어진다는 한계가 있다. 하지만 가격이 KF-21보다 저렴한 것은 사실이기에, 한국은 앞서 잠시 언급한 'FA-50과 KF-21을 하나의 패키지로 구성하는 방안', 즉 '하이-로 믹스high-low mix' 운용 전략을 적극 홍보해야 할 필요가 있다.

하이-로 믹스는 쉽게 말해 저렴한 로low급 전투기 다수와 고성능의 하이high급 전투기를 섞어 같은 비용으로 최적의 전투력을 확보하는 무기체계획득 전략이다. 쌍발 대형 전투기인 F-15와 단발 소형 전투기인 F-16을 혼합해 함께 배치하는 것이 하이-로 믹스의 가장 대표적인 예인데, 전쟁에서는 무기체계의 질과 양 모두가 중요하므로 이런 방식을 택하는 것이다. 그렇기에 한국의 KF-21도 FA-50과 하이-로 믹스로 '패키지 판매'를 하는 전략을 사용한다면 수출시장에서 경쟁력을 확보할 수 있으리라 예상된다.

마지막으로, KF-21의 수출대상국들에 대해 좀 더 구체적으로 알아보자. 현재까지 KF-21의 수출이 확정된 국가로는 KAI와 함께 KF-21을 공동개발하기로 한 인도네시아가 유일하다. 다만 인도네시아 측이 개발분담금을 1조 6000억 원에서 6000억 원으로 삭감한 것, KAI에서 근무하던 인도네시아 기술자들의 기밀유출 사실이 2024년 2월에 적발된 것 등의 문제가 발생해 공동개발계획에 잠시 먹구름이 끼기도 했다. 일부 언론들은 기밀유출 사건을 '상세자료의 대량유출'로 보도했으나, 강구영 KAI 대표이사 및 석종건 방위산업청장의 인터뷰에 따르면 회의 등에서 KAI가 제공한 정보를 인도네시아 기술자들이 모아 본국에 보고한 것이라 한다.

이런 일련의 일들 탓에 한때는 인도네시아가 KF-21 구매를 철회할 것이라는 의견, 심지어는 KF-21 공동개발에서 인도네시아를 탈퇴시키고 새로운 파트너를 찾아야 한다는 주장도 나온 바 있다. 그럼에도 한국 방위사업청과 KAI는 KF-21과 관련해 인도네시아와 계속 협력해나가야 한다는 입장이다. 인도네시아와의 계약 내용 중에는 'KF-21 48대의 인도네시아 현지생산'이 있으니 그것에서 얻는 이득이 있을 것이고, 개발 초창기부터 수출에 성공한다는 것은 향후 KF-21의 추가 수출에 엄청난 홍보요소가 될 것이라 판단되기 때문이다. 현재 전투기 시장에서 많은 인기를 받으며 판매 중인 프랑스의 라팔 전투기만 하더라도, 과거에는 첫 수출계약이 10여 년 가까이 이뤄지지 않아 프로젝트가 조기종료될 뻔한 위기를 맞기도 했다.

인도네시아의 입장에서도 KF-21의 현지생산 버전인 IF-X 전투기는 반드시 자국에 필요하다. 인도네시아는 프랑스의 라팔 전투기도 구매할 예정인데, KAI의 자료에 따르면 KF-21의 운용유지비는 라팔 운용유지비의 60퍼센트 수준이기 때문이다. 또한 향후 인도네시아가 IF-X를 추가로 구매하거나 개발비를 완납한다면 한국 정부는 인도네시아의 저렴한 노동력, 아세안 국가이자 이슬람 국가라는 특성을 활용해 중동 수출용 KF-21을 양국의 산업협력으로 생산해보자는 제안도 할 수 있다. 만약 이러한 제안이 받아들여진다면 이는 한국의 인도네시아 시장 확보는 물론 수출경쟁력 강화에도 도움이 될 것이다.

현재 KAI는 KF-21의 수출형 버전인 KF-21SA를 계획하고 있다. 특히 KF-21SA 전투기와 무인편대기, 6G 저궤도 통신위성을 동시에 개발, 저궤도 통신위성을 통해 KF-21SA가 무인기와 공동작전을 수행하는 미래 공중전 시스템을 중동 파트너와 공동으로 개발하는 방안을 추진 중이다. 근래에 중동 국가들은 전투기 성능은 물론 에너지 산업을 대체할 과학기술 및 산업의 개발을 위해 열심히 투자 중이다. KF-21의 업그레이드 버전인 KF-21EX는 단순한 전투기 개발계획을 넘어 무인항공기와 인공위성까지 포함하는 복합적 개념이기 때문에, KAI는 항공기-드론-우주 기술도 중동 국가에 한꺼번에 이전하고 공동개발을 추진해나가고자 하는 것이다. 이러한 공동개발 패키지는

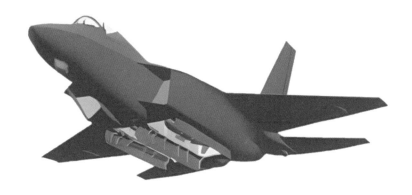

중동 수출까지 염두에 둔 KF-21EX.
출처: 한국항공우주산업

세계 방위산업 공동개발 사례 중에서도 유례를 찾기 어려운 전면적인 것으로, 중동 국가의 정치인들이 결심만 한다면 매우 큰 결실을 맺을 것으로 보인다.

중남미 및 아시아, 동유럽도 KF-21의 유력한 수출시장이다. 다만 이들 시장의 경우 중동보다 투자 여력이 적고 가격 대비 고성능의 전투기를 요구한다는 특성이 있다. 따라서 KF-21이 지금과 같은 수준의 '가성비'를 앞으로도 계속 유지해 경쟁자들보다 우위에 설 수 있는지의 여부는 향후의 수출에 있어 가장 큰 결정요인이 될 것으로 보인다.

무기 5. 드론 및 무인항공기:
실패를 극복하고 차세대 핵심 사업으로

세계는 지금 '드론 전쟁' 중

지금 진 세계에서는 글자 그대로 '드론 전쟁'이 펼쳐지고 있다. 우크라이나 전쟁은 물론 이스라엘-팔레스타인 분쟁, 중동 지역에서 활동하는 후티Houthi 반군이나 이란군의 공격 작전 등에서는 과거 그 어느때보다 드론이 활발하게 사용된다. 이를 근거로 '드론은 미래 전쟁의 핵심 주역이 될 것'이라 예측하는 군사 전문가들이 많다.

하지만 성장 일변도에 있는 한국 방위산업에서 '드론'이라 불리는 무인항공기는 큰 주목을 받지 못하고 있다(드론과 무인항공기의 차이에 대해서는 잠시 후에 설명하기로 한다). 국내 기술로 개발된 무인항공기가 이미 여럿 있으나 이에 대해선 잘 알려진 바가 없고, 수출시장에서도 재래식 무기인 전차나 자주포, 전투기에 비해 무인항공기의 성과

K-방산에 투자하라

대한항공의 중고도무인기.
출처: 김민석

가 미진한 것 역시 사실이다. 실제로 폴란드나 튀르키예 등 K-방산의 주요 고객들도 드론 무기체계의 수출실적에서만큼은 한국을 앞선다.

그러나 드론과 무인항공기는 미래전의 주역임과 동시에 한국군의 미래 핵심 무기체계임이 분명하다. 이 점을 잘 알고 있기에 우리 정부와 연구기관, 방위산업계는 현재 드론 및 무인항공기 개발에 글자 그대로 사활을 걸고 있다 해도 과언이 아니다.

때문에 K-방산에 대한 투자에 관심 있는 이들이라면 이 분야를 계속해서 지켜볼 필요가 있다. 지금부터는 현재 각광받는 드론 무기체계의 기본 정의와 개념, K-방산에서의 무인항공기 개발 역사 및 현재운용 중인 주요 무인항공기의 전력에 대해 알아보고, 차세대 무기체계로 개발 중인 무인항공기들의 현황까지 함께 살펴보려 한다.

'드론'과 무인항공기, 뭐가 다를까?

가장 먼저 정리하고 넘어가야 할 것은 드론이 무엇인지, 또 UAV_{unma-nned aerial vehicle}, 즉 무인항공기(이하 무인기)와는 어떤 차이점을 가지며 어떤 관계에 있는가다. 현재 '드론'과 '무인기'의 개념은 대개 분명히 구분되지 못한 채 혼용되고 있어, 앞으로의 내용을 읽어 나가려면 독자들도 이 둘을 어느 정도는 구분할 수 있어야 한다.

결론부터 말하자면 '드론'은 본래 군용 무인기 모두를 일컬었으나 지금은 민수형의 소형 무인기 전부를 칭하는 표현이 되었다. 이는 21세기 들어 급격히 빨라진 방위산업의 발전과 미디어의 확산이 서로 영향을 주고받은 결과다.

그렇다면 왜 군용 무인기를 수벌을 의미하는 '드론'이라 부르게 되었을까? 이는 미국 때문이다. 1935년 영국은 세계 최초의 무인기 DH82B 퀸비_{Queen Bee, 여왕벌}를 만들었다. 미국은 이 퀸비를 모방해 표적 무인

드론의 원조인 영국의 퀸비.
출처: vintagewings.ca

K-방산에 투자하라

기를 만들었는데, 그 별칭에 '수벌'이라는 뜻의 드론을 넣어 '타깃 드론target drone'이라고 부르면서 드론이라는 이름이 퍼지게 되었다.

타깃 드론은 제2차 세계대전이 끝난 뒤에도 로켓이나 제트엔진을 장착시킬 수 있을 정도로 발달했지만 계속해서 드론이라는 명칭으로 불렸다. 다만 표적용이 아니라 사람을 대신해 정찰하는 용도의 무인비행기는 군에서 원격조종 비행체, 즉 RPVremotely piloted vehicle라 칭했다. RPV는 쉽게 말해 사람이 지상에서 바라보며 조종하는 무인비행기다.

1980년대에 들어서면서 각종 컴퓨터 및 미사일 유도 기술, 항법 기술은 이전과 비교할 수 없을 정도로 빠르게 발전했다. 그리고 그러한 흐름을 타고 RPV의 자리를 대체할 만한 것도 등장했으니, 미리 프로그래밍된 항로로 비행할 수 있는 '무인기'가 그것이었다. 그 이후부터 지금까지 군대에서는 무인기를 지칭할 때는 UAV, 무인기와 통제장비 모두를 지칭할 때는 UASunmanned aircraft system라는 약자를 정식 명칭으로 사용해오고 있다. 다만 2001년 9.11 테러 이후 미국이 아프가니스탄과 이라크에서 시작한 '테러와의 전쟁'을 계기로 UAV 역시 세간에서 드론이라 불리기 시작했다.

사정은 이러했다. '테러와의 전쟁'에서 인류는 과거에 경험해보지 못한 새로운 전투 양상을 접했으니, 전면전이 아닌 게릴라전을 계속하는 적에게 첨단 기술을 활용하는 공격이 그것이었다. 미 CIA는 적 요원의 암살을 위해 미국의 제너럴아토믹스General Atomics가 만든 무인기 MQ-1프레데터Predator에 AGM-114헬파이어Hellfire 미사일을 장착시켜 임무에 성공했다. 이 드론의 활약은 무인기가 유인전투기보

미 공군이 운용 중인 MQ-9리퍼 무인기.
출처: af.mil

다 훨씬 적은 비용으로 강력한 위력을 가할 수 있음을 보여주는 증거와도 같았다.

2007년부터는 MQ-1프레데터의 개량형인 MQ-9리퍼Reaper가 대량 생산되면서 미국 전쟁의 상징이 되었다. 전 세계 언론은 MQ-9리퍼를 활용한 공습에 대해 수많은 뉴스를 쏟아내기 시작했다. 이러한 뉴스들을 통해 UAV가 자주 보도되자 언론인들과 시민들은 그것을 보다 쉽게 칭하기 위해 표적용 무인기의 별명인 '드론'으로 부르기 시작했고, 이후 대형 무장형 무인기까지도 드론으로 불렸다.

하지만 요즘 우리는 무장형이 아닌 무인기도 드론이라 칭한다. 중국의 DJI 등 민간 기업들이 촬영 목적으로 만든 쿼드콥터quardcoptor (프로펠러가 네 개라서 이런 명칭이 붙었다) 무인기가 마치 스마트폰처럼 많이 팔리는 시대가 되자, 여타의 기업들도 자연스럽게 자사가 판매하는 무인기를 드론이라 부르기 시작했다. 이상이 오늘날의 '드론'이 사실상 모든 무인기를 지칭하게 된 과정이다.

K-방산에 투자하라

한국 무인기 전력의 역사와 현황

그렇다면 한국군은 현재 어떤 무인기를 보유하고 있을까? 한국은 드론 선진국들에 비해 40년 이상 뒤처진 1970년대부터서야 무인기 개발에 뛰어들었다. 1970년에는 영국의 기술지원을 통해 표적무인기 개발에 성공했으나, 그 결과물을 현대적 드론이나 전투용 무인기라 보기에는 무리가 있었다.

국내 최초의 전투용 무인기는 군단급 정찰무인기인 RQ-101송골매 Night Intruder-300로, KAI가 10여 년 가까운 시간 동안 개발해 완성시켰다. 현재 기준에 따르자면 단거리/저고도 정찰용 무인기인 RQ-101송골매는 최대 6시간 동안 작전수행이 가능하고, 110km 밖의 표적 근처까지 비행해 작전을 수행한다. 비록 전자광학/적외선EO/IR 카메라 등의 탑재 장비는 구형이지만, 그럼에도 무인기의 기본 요소를 모

RQ-101송골매 무인기.
출처: 한국항공우주산업

두 갖춘 국내 최초 장비라는 점에서 의미가 깊다. 다만 2002년부터 현재 20년 넘게 실전 운용되어 노후화한 탓에, 향후에는 뒤에서 살펴볼 군단급 차세대 정찰용 무인기인 NCUAV 블록1과 블록2로 대체될 예정이다.

RQ-101송골매 다음으로 K-방산이 도전한 무인기는 군단급보다 작은 사단급의 것이었다. 군단급 무인기를 개발하는 기술을 확보했으니, 보다 발전된 기술로 크기와 중량은 줄이면서 성능은 동등한 수준을 유지하는 무인기를 만들자는 전략의 결과물이었다.

사단급 무인기 RQ-102K.
출처: 김민석

2010년 4월 방위사업청에 의해 시작된 사단급 무인기 개발 프로젝트에서는 KAI와 대한항공의 치열한 경쟁 끝에 대한항공이 승리했다. 대한항공은 무인기 사업으로의 진출을 위해 사사 예산을 편성, 사업이 정식 시작하기 전인 2007년에 이미 업체가 자체적으로 만든 근접감시 무인기인 KUS-7을 개발하는 데 성공했고, 군의 구체적인 요구사항을 받아 KUS-9을 완성했다. 개발 완료 후 KUS-9은 군으로부터 RQ-102K라는 정식 명칭을 받아 2020년까지 육군에 공급되었다.

RQ-102K에는 자동착륙 기능, 비행제어 이중화 기능, 비상낙하산 기능 등 안정성을 위한 장비가 많이 적용되었다. 기본적인 사양과 성능을 보자면 RQ-102K는 290kg의 RQ-101송골매보다 훨씬 가벼운 150kg이고, 8시간 동안 체공이 가능하며, 12km 떨어진 표적을 탐지할 수 있다. 또한 비행안정성을 인증하는 '감항監航 인증'을 무인기 최초

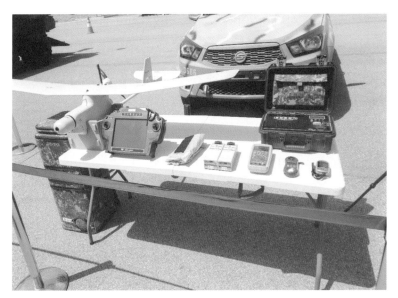

대대급 무인기 리모아이.
출처: 김민석

로 받은 기종이기도 하다.

　마지막으로 살펴볼 현역 무인기는 유콘시스템이 개발한 대대급무인기인 리모아이RemoEye 다. 리모아이는 대대급이기에 크기도 군단급혹은 사단급 무인기보다 훨씬 작다. 그래서 이륙을 시키려면 전용발사대인 캐터펄트catapult를 사용하는 대신 (마치 학생들이 흔히 만들곤하는) 무동력 고무비행기처럼 사람이 직접 손으로 공중에 띄워야 하고, 착륙 시에는 에어백이 펼쳐져 지면에 내려앉는다. 이렇게 크기가 작으니 성능 또한 사단급이나 군단급 무인기에 비해 당연히 떨어져 비행가능 시간은 1시간 이상 정도이며 정찰 가능한 비행범위는 10km 수준이다.

그럼에도 리모아이는 2015년도부터 전력화되어 현재까지 100세트가 군부대에 공급된 상태다. 비록 고성능 무인기는 아니지만 최전방에서 임무를 수행하는 '창끝부대'가 즉각 운용할 수 있기에 리모아이는 한국 육군 및 해병대의 가장 중요한 정찰장비다.

차세대 정찰용 무인기, RQ-105와 NCUAV-2

다음으로 살펴볼 것은 우리 군에 곧 배치될 차세대 정찰용 무인기 2종이다. 그중 2024년 1월부터 양산을 시작해 2028년부터 공군이 운용할 RQ-105K는 한국이 최초로 개발한 '전략용' 무인기다. 앞서 설명한 세종류의 국산 무인기 모두는 군사 작전, 즉 전술tactic 임무용이다. 즉, 어떠한 군사작전을 어떻게 펼칠지 결정하는 데 필요한 정보를 수집하는 임무를 갖는 것이다. 이와 달리 RQ-105K와 같은 전략용 무인기는 향후 국가가 외교와 국방을 어떻게 준비할 것인지에 대한 도움을 주는 전략정보 획득Obtain strategic information의 임무를 수행한다.

RQ-105K는 중고도무인기, 즉 MUAVmid-altitude unmanned aerial vehicles에 속한다. 현재 한국군이 보유한 무인기 중 가장 높은 고도에서 비행하는 고고도무인기high-altitude unmanned aerial vehicle, HUAV는 미국 노스롭그루먼Northrop Grumman이 만든 RQ-4글로벌호크Global Hawk로, 고도 15km 이상에서 비행을 한다. RQ-105K는 글로벌호크에 비해 비행고도가 낮은 만큼 정찰 가능 범위도 당연히 다소 좁을 수밖에 없다.

그러나 합성개구레이더synthetic aperture radar, SAR 및 EO/IR 카메라

대한항공의 차세대 정찰용 무인기 RQ-105K.
출처: 김민석

등 전자광학장비의 성능 면에서 RQ-105K는 다른 무인기와 비교 불가한 수준을 자랑한다. SAR은 일종의 '영상 레이더'로, 적의 위치뿐 아니라 이동경로와 지형의 모습을 마치 흑백사진처럼 표시함으로써 적 장비의 위치는 물론 이동 방향과 속도까지 파악하게 해주며, 100km 밖의 표적까지 탐지가 가능하다. RQ-105K에 탑재되는 SAR은 LIG넥스원이, 전자광학장비는 한화시스템이 만들었는데, 한화시스템의 전자광학장비 역시 레이더와 비슷한 수준의 초장거리 탐지가 가능하다고 알려져 있다.

한편으로 RQ-105K는 개발 기간이 유독 길었던 국산 무기체계라는 안타까운 기록도 갖고 있다. 앞서 말했듯 RQ-105K는 2024년 1월부터

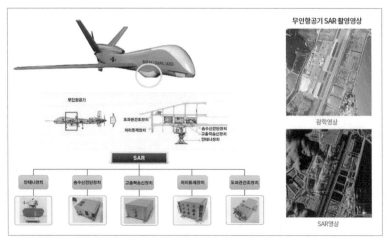

무인항공기 SAR 촬영영상

광학영상

SAR영상

중고도무인기 합성개구레이더 기능.
출처: 국방과학연구소

양산되기 시작했다. 그러나 사실 개발 결정 자체는 2006년에 이미 내려졌고, 개발 능력을 확인하기 위한 탐색개발은 그보다 5년이나 지난 2011년에야 시작되었나. 이후 고성능을 위해 여러 오류와 개선점을 보완하며 10여 년의 시간이 더 지난 후에야 비로소 양산에 돌입한 것이다. 보다 높은 성능을 위해서였겠으나, 그럼에도 개발 기간이 다소 길었다는 점은 아쉬움으로 남는다.

정찰용 무인기인 RQ-105K 개발 후 한국 방위사업청과 ADD, 대한항공은 현재 무장형 무인기 MQ-105K의 전력화를 계획 중이다. RQ-105K에 정찰장비 대신 표적획득장비targeting and designation system, 그리고 ADD가 비밀리에 개발 중인 무인기용 정밀유도 활공폭탄을 장착시킬 MQ-105K는 유사시 적 요인 암살이나 정밀타격 임무를 맡을 것으로 예상된다.

K-방산에 투자하라

대한항공에게 있어 RQ-105K가 차기의 핵심 주력 아이템이라면, KAI에게 있어 차기의 핵심 주력 아이템은 군단급 무인기인 NCUAV Next Corp Unmanned Aerial Vehicles이다. 2012년 10월 군단급 무인기 우선협상대상자로 선정된 KAI는 지금까지 10여 년 동안 개발을 진행해 오고 있다. 한국 공군이 현재 운용 중인 군단급 무인기 RQ-101송골매가 길이 4.7m, 폭 6.4m인 데 반해 NCUAV는 길이 9m, 폭 17m로 크기가 거의 세 배 가까이 커졌다. 이는 한국군 보유 무기들의 사거리가 증가한 데다, 군 규모 축소로 1개 군단이 담당해야 하는 작전구역이 과거보다 훨씬 넓어졌기 때문이다. 이를 감당하기 위해 NCUAV는 EO/IR 카메라는 물론 SAR까지 갖춰 야간 및 악기상에도 표적 정보를 획득할 수 있고, 지상통제센터를 통한 조종과 위성 데이터링크를 통한 조종 모두가 가능하다. 이렇듯 기능이 다양해지고 성능이 향상되었기 때문에 NCUAV는 중고도무인기 RQ-105K나 유인비행기처럼 활주로를 사용해 이륙 및 착륙을 완전자동으로 수행한다.

NCUAV 개발과정에서 K-방산이 처음 도전한 것은 확장성과 다목적성을 염두에 둔 설계였다. 즉, 단순 정찰 임무에 그치지 않고 소형 무기를 장착하면 무장형 무인기로, 또 어떤 상황에서는 통신중계 및 전자전을 위한 무인기로 변신하며 다양한 역할을 맡을 수 있게끔 설계한 것이다.

다만 아쉽게도 NCUAV의 개발과정 역시 RQ-105K가 그러했듯 그리 순탄치 않았다. 기상상황 탓에 시제기가 추락하거나, 기대되는 성능을 구현하기까지 예상보다 오랜 시간이 걸렸던 것이다. 실제로 시험평가 과정에서는 시제기 네 대 중 세 대가 손상되는 어려움이 있었다. 그러한 과정을 거쳐 다행히 현재는 NCUAV의 양산과 관련된 논의가 이루어지고 있다.

더불어 KAI는 NCUAV 개발과정에서의 문제점을 수정하고 성능도 보다 업그레이드한 NCUAV 블록2의 선행연구를 자체예산으로 진행 중이다. 이 버전은 엔진 출력이 200마력으로 강화되고, 공대지미사일 네 발을 기본으로 장착하며, 비행성능 및 체공시간도 NCUAV 기본형보다 향상될 것으로 보인다. 다만 아직 차기 군단무인기의 양산 계획이 확정되지 않은 상태라 실제 생산까지는 다소 긴 시간이 필요할 듯하다.

'전투용 무인편대기'를 둘러싼 경쟁

마지막으로 살펴볼 것은 차세대 전장에서 주력무기가 될 무인편대기 '로열윙맨Loyal Wingman'의 개발 프로젝트다. '윙맨'은 공군 전투기 편대에서 동료들을 칭하는 표현이니, '로열윙맨'은 '전투기 조종사의 목숨을 지켜줄 수 있을 정도로 충성스러운 동료'라는 뜻이 되겠다. 동료 편대기들과의 협업 및 합동 작전이 공중전에서 갖는 엄청난 중요성은 영화 〈탑 건Top Gun〉 시리즈를 봐도 알 수 있다.

그렇다면 무인편대기는 어떤 점에서 조종사의 목숨을 지켜줄 수 있는 '로열 윙맨'인 것일까? 또 무인편대기가 차세대 전장의 주력 무기가 될 수 있는 이유는 무엇일까? 이런 질문에 답하려면 우선은 현대전에서 일어나는 공중전의 특징에 대해 알아야 한다.

현대 공중전의 핵심을 한 문장으로 요약하면 '먼저 보고 먼저 쏜다

K-방산에 투자하라

First look, first shoot'다. 즉, 적보다 먼저 공격할 수 있으면 승리 확률이 높아지는 것이다. 이는 아무리 좋은 항공기와 우수한 조종사라 해도 선제공격을 받으면 반격에 성공하기가 매우 어렵다는 뜻이기도 하다. 세계 각국의 전투기에 최신 AESA레이더, 스텔스 기술, 전자전 시스템, 전자광학추적장비가 앞다투어 탑재되는 것 또한 '적의 레이더에 걸리지 않으면서 조금이라도 더 빨리 적을 발견하기 위해서'다.

무인편대기의 핵심 개념은 '여러 대의 무인기가 유인전투기를 위해 방패 혹은 동료 역할을 해주는 것'이다. 유인전투기는 무인편대기를 우선 적진에 침투시켜 적기를 먼저 공격하게 하거나, 적이 무인편대기를 발견해 공격하는 틈을 노렸다가 기습하는 방식 등으로 공중전에서 승리할 수 있다.

이런 장점 때문에 세계 각국에서는 유인전투기와 함께 싸울 수 있는 무인편대기의 개발에 박차를 가하는 중이다. 그중에서도 가장 앞서나가는 국가는 역시 미국이다. 미국은 협력전투 항공기collaborative combat aircraft, CCA라 부르는 무인편대기 획득 사업을 벌이고 있는데, MQ-9리퍼로 유명한 제너럴아토믹스와 안두릴인더스트리Anduril Industries라는 두 회사가 미 공군의 차세대 무인편대기 개발사의 자리를 놓고 치열하게 경쟁하고 있다. 무인전투기와 무인공격기 부문에서는 선진국보다 다소 뒤처진 한국도 무인편대기 개발에 만큼은 일찍부터 도전해 현재 치열한 연구 중이다.

한국산 무인편대기 중 가장 먼저 소개할 것은 ADD와 대한항공이 개발 중이고 2025년 중으로 첫 비행이 있을 예정인 KUS-LW이다. KUS-LW는 길이 10.6m, 폭 8.4m로 미국 보잉의 오스트리아 지사에

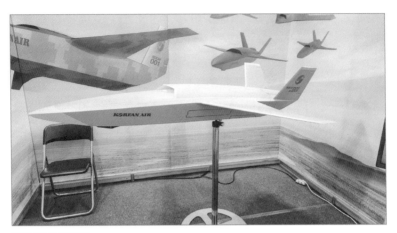

KUS-LW 무인편대기.
출처: 김민석

서 개발한 MQ-28고스트배트Ghost Bat보다 약간 작고, 날개의 모양이나 형상은 거의 비슷하다.

KUS-LW의 기능은 선진국 무인편대기들이 그렇듯 데이터링크를 사용해 유인전투기와 통신하면서 보조를 맞추고, 그다음으로는 내부에 탑재된 IRSTinfrared search and track, 즉 적외선 탐색·추적장비나 소형 AESA레이더로 적을 탐지해 공격하는 기능을 갖췄다. 아울러 ADD는 2028년까지 KA-1전선항공통제기(공중폭격을 유도하거나 탐색 및 정찰임무를 수행하는 항공기)의 탑승자가 KUS-LW를 원격 조종하는 기술을 시연할 예정이다.

또한 KUS-LW는 유사 무기체계와 달리 스텔스 기능이 대폭 적용되었다는 강점도 갖는다. 대한항공은 무인기용 스텔스 기술을 ADD와 함께 10여 년간 연구했고, 실제 크기의 스텔스 무인기 모형을 만들어

K-방산에 투자하라

성능을 검증하는 등의 과정도 면밀히 거쳤다. 저피탐 설계, 소재 및 구조, 전파흡수 페인트 등의 적용을 통해 스텔스 기능이 완벽히 구현된다면 KUS-LW는 경쟁기종들보다 성능 면에서 우위를 점할 것으로 기대된다.

KUS-LW는 한국 최초로 국산 제트엔진을 장착할 군용 무인기이기도 하다. KUS-LW에 장착될 엔진은 ADD와 한화에어로가 개발 중인 KTF5500인데, 이것이 탑재되고 나면 KUS-LW는 한화시스템이 만드는 AESA레이더에다 엔진까지 거의 모든 부분이 완벽히 국산화가 적용된다. 다만 기체 제작 일정과 엔진 제작 일정이 서로 어긋나버린 탓에, 2025년에 비행할 KUS-LW 시제기에는 우크라이나의 모터시치Motor Sich가 만드는 제트엔진 AI-322이 장착될 예정이다.

여기에 더해 대한항공은 2024년 10월 계룡대에서 열린 방산전시회 'KADEX 2024'에서 새로운 무인편대기인 KUS-RPReplicator를 공개했다. KUS-RP는 KUS-LW가 들어가지 못하는 소모성 무인기로 개발된다. 길이 3m, 전폭 1.2m, 중량 200kg, 최고속도 마하 0.9 정도인 KUS-RP는 1500N 추력 소형 제트엔진과 접이식 날개가 있어, 경쟁상대인 KAI의 AAP-150보다 약간 더 무겁고 속도도 조금 더 빠르다. 또한 모듈형 장비 교환 방식을 통해 탐색, 공격, 기만 등에 필요한 내부 장비를 다양하게 갖출 수 있다.

KUS-RP의 가장 큰 특징은 공중발사형 무인기가 되고자 한다는 것이다. 보통의 무인기들이 고정식 날개를 가진 것과 달리 KUS-RP에는 마치 순항미사일의 경우처럼 접이식 날개가 적용된 것도 그 때문이다. 대한항공은 향후 중고도무인기인 MQ-105K에 KUS-RP 무인기를

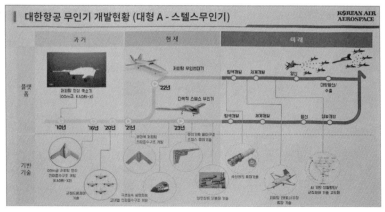

대한항공 무인기 개발현황 (대형 A - 스텔스무인기)

대한항공의 무인기 기술 연구 동향.
출처: 대한항공

실은 다음, 공중에서 발사하는 테스트를 고려 중이라고 한다.

국내 수요와 연구를 중심으로 하는 대한항공과 달리, KAI는 우선 해외 수출경쟁력 강화를 위해 무인편대기를 개발하고 있다. KAI는 차세대 공중전 시스템인 NACS를 구상 중인데, 여기에는 차세대 전투기인 KF-21을 5세대 스텔스전투기로 업그레이드하는 것뿐 아니라 인공위성 네트워크와 무인편대기까지 결합하겠다는 야심 찬 계획도 포함된다.

이를 위해 KAI는 대한항공이 그랬듯 두 종류의 무인편대기를 설계 및 개발 중에 있다. 하나는 AAP-150이라 불리는 소모성 다목적 무인기다. 중량 150kg의 소형 무인기인 AAP-150은 탑재중량이 24kg에 불과하지만, 초소형 마이크로제트엔진이 장착된 덕에 마하 0.6(시속 741km)의 고속비행이 가능하다는 특징이 있다.

AAP-150의 핵심 임무는 전투기에게 가장 큰 위협이 되는 지대공미

K-방산에 투자하라

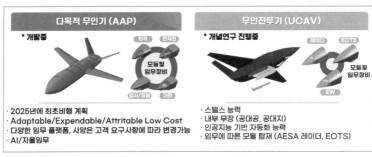

KAI의 다목적 무인항공기 계획.
출처: 한국항공우주산업

사일로부터 KF-21을 보호하며 그것이 무사히 적진에 침투하게끔 돕는 것이다. AAP-150은 머리 부분에 타격용 탄두 모듈, 전자전 모듈, 감시 및 정찰용 모듈, 기만장비 모듈을 필요에 따라 각각 장착할 수 있는데, 이 특성을 활용하면 KF-21의 침투 작전을 도울 수 있다. 기만용 전자전 장비를 탑재한 AAP-150은 적의 레이더에 자신이 KF-21처럼 보이게끔 노출시키고, 적 대공미사일의 위치가 파악되고 나면 적 레이더를 마비시킬 수 있는 전자전 모듈이 장착된 AAP-150이 적의 전파를 방해하고, 탄두 모듈을 갖춘 AAP-150은 적에게 공격을 가함으로써 KF-21이 무사히 적진에 침투할 수 있게끔 돕는 식이다.

KAI가 AAP-150과 더불어 개발 중인 또 한 종의 무인편대기는 UCAVUnmanned Combat Aerial Vehicle, 즉 무인전투기다. 길이 12.2m, 폭 9.6m, 최대이륙중량 9.7t 등 전체적으로 보면 한국 공군이 운용중인 FA-50 경전투기와 크기와 중량 면에서 유사하다. 그런 만큼 920km 밖의 표적도 타격 가능할 정도로 멀리 비행할 수 있고, 속도 또한 마하 0.9(시속 1111km)로 빠르다. 무엇보다 MBDA(영국·프랑스·이탈리아·독

다목적무인기 AAP-150의 비행시험용 모형.
출처: 김민석

일 등 여러 유럽 국가가 공동설립한 방산기업)가 만든 장거리 공대공미사일 미티어Meteor 두 발, 또는 미국의 보잉이 만든 소형 유도폭탄small diameter bomb GBU-39 네 발을 탑재함으로써, 경쟁기종이라 할 수 있는 대한항공의 KUS-LW보다 더 높은 성능을 갖추겠다는 목표를 갖고 있다.

KAI는 단발엔진 UCAV와 쌍발엔진 UCAV 설계안을 모두 가지고 있다. 만약 단발로 정해진다면 ADD가 국내업체와 함께 개발할 전투기급 엔진인 KTF15000를, 쌍발로 정해진다면 롤스로이스-터보메카 Rolls-Royce Turbomeca가 오래전부터 생산해 이미 성능을 검증받은 엔진인 어도어Adour 두 개를 탑재할 것으로 알려져 있다.

한국 공군이 KF-21용 무인편대기로 대한항공과 KAI 중 어느 업체의 것을 택할지 또한 아직 확정되지 않은 상태다. 따라서 현재 KAI는 우

K-방산에 투자하라

선 2025년에 비행할 AAP-150 무인편대기를 수출형 FA-50 경전투기와 하나의 세트로 묶어 해외 고객들에게 패키지 상품으로 제안하는 방안을 모색 중이다.

미래전의 게임체인저에서 방위산업의 게임체인저로

지금까지 다룬 내용을 이제 요약해보자. K-방산의 수출에서 무인기와 드론은 여타 제품들보다 주목받지 못했고 그에 따라 개발 또한 지연되었다. 그동안 해외의 경쟁국들은 수많은 무인정찰기와 무인공격기를 개발, 수출시장에서 이미 치열한 경쟁을 벌이고 있다.

이에 한국도 뒤늦게나마 개발에 도전하기 시작했고, 현재 막바지 단계에 이른 중고도무인기 RQ-105K와 군단급 무인기 NCUAV 블록 2가 완성되면 그때부터 본격적으로 수출시장에 뛰어들 것으로 보인다. 사실 대형 무인기를 제작할 경우에는 국제조약인 '미사일기술통제체제', 그리고 미국의 '국제무기 거래규정International Traffic in Arms Regulations'을 적용받기에 외국 부품의 선택 및 장착에 여러 제한이 따른다.

그러나 한국 기업들은 무인기용 기체와 센서는 물론 엔진까지 국산화하는 데 성공하면서 한국 무인기의 향후 수출전망에 대한 기대감을 높여주었다. FA-50 전투기를 시작으로 한국군의 전투기와 공격헬기 등 유인항공기들의 수출이 성공적으로 이뤄진다면, 그것들과 무인기들을 하나의 팀으로 구성해 유무인복합체계의 형태로 수출하는 것도 얼마든지 가능할 것이다.

3장

가장 확실한 미래 먹거리, 해상 무기체계

무기 6. 디젤잠수함:
미사일 기습공격이 가능한 암살자

인류가 만든 가장 은밀한 무기, 잠수함

군인은 어디에서든 편할 수가 없다. 어떤 안락한 곳에서 근무하든 그 직업이 가진 의무의 무게 때문이다. 그럼에도 군인이 있을 수 있는 '가장 힘들고 괴로운 근무지'를 꼽자면 아마 잠수함을 빼놓을 수 없을 것이다. 그렇다. 세상에서 군인이 일하는 가장 힘들고, 더럽고, 위험한 근무지는 바로 바다 밑의 잠수함이다.

잠수함은 해수면으로부터 수백 미터 아래에 있어야 하는 탓에 엄청난 수압을 받고, 아주 작은 문제나 오류가 발생해도 그것이 원인이 되어 승무원들이 순식간에 심해 한가운데로 사라질 수 있다. 그 때문에 잠수함은 내부 공간이 매우 좁고, 그 안에 모든 것들이 조밀하게 구성되어 있다. 승무원 입장에서는 마치 고시원 같은 곳에 갇혀 있는

도산안창호함.
출처: 해군

듯한 생활을 몇 달 동안 감내해야 한다.

'내부 공간이 매우 좁고, 그 안에 모든 것이 조밀하게 구성되어 있다'는 것이 어떤 의미인지 잘 와닿지 않는 독자들을 위해 조금 더 자세히 설명해보겠다. 제2차 세계대전 당시 잠수함에 탑승했던 수병들은 잠을 잘 만한 곳이 없어 어뢰 위에 그물침대를 설치하고 그곳에서 잠을 청해야 했다. 현대의 잠수함은 비록 그 정도까지야 아니지만, 수병들이 씻을 물은 부족하고 공기를 환기할 만한 장치 또한 없다. 수병들의 식사를 준비해야 하는 주방에는 화력이 센 가스버너를 설치할 수 없어 인덕션만이 겨우 갖춰져 있다. 병사들은 식당도, 심지

K-방산에 투자하라

어 침실도 서로 돌아가며 사용한다. 구소련의 타이푼Typhoon급 잠수함은 4만 8000t에 이르는 거대한 크기 덕분에 흡연실과 사우나까지 갖추었지만, 그런 잠수함조차도 바다 위를 떠다니는 자그마한 전투함과 비교하면 훨씬 생활이 불편하다.

그럼에도 세계 각국이 잠수함을 만들고 운용하는 이유는 무엇일까? 이는 잠수함만이 가질 수 있는 유일한 특징이 너무나 중요하기 때문이다. 잠수함은 인류 역사상 가장 은밀한 무기체계이고, 이 특징은 아마 앞으로도 오직 잠수함만이 가질 것이다. 따라서 잠수함은 가장 치명적인 무기라고도 할 수 있다.

'은밀한' 무기체계라 표현한 것은 잠수함이 바로 '물'속에서 움직이는 무기이기 때문이다. 잠수함은 물속에서, 전투기 등은 공기 중에서 움직인다. 물과 공기 모두는 파동이나 진동 같은 에너지를 옮기는 매질媒質이 될 수 있다는 공통점을 갖는다. 그러나 공기 중과 달리 물속에서는 빛과 전파의 도달 거리가 매우 짧아 카메라나 레이더처럼 현대전에 필수적인 탐지장비를 사용할 수 없다. 물이라는 매질을 통해 멀리까지 탐지할 수 있는 장비는 오로지 소나sonar, 즉 음파를 사용해 물체의 위치 및 거리, 깊이 등을 측정하는 탐지기뿐이다.

그런데 음파는 빛이나 전파보다 속도가 훨씬 느린 데다 각종 지형이나 환경, 바닷물의 밀도나 온도에 따른 난반사도 심하다. 그만큼 소리가 발생한 지점의 방위와 그곳까지의 거리를 알아내기가 어려운 탓에 음파로 수중의 물체를 탐지하는 것은 지금도 쉽지 않은 일이다.

잠수함끼리 서로를 미처 발견하지 못해 충돌하는 사고가 간혹 벌어지는 것도 이런 이유에서다. 저렴하고 작은 무기도 아닌, 무게가 수천~1만 t 이상인 몇 조 원짜리 무기들이 최첨단 음파탐지기를 장착하고 다님에도 서로의 존재 혹은 위치를 모르고 있다가 코앞에 다가와서야 부딪히는 것이다. 현재 인류가 사용하고 있는 모든 탈것들 중에서 이런 특징을 보이는 것은 아마 잠수함밖에 없을 것이다.

잠수함은 앞으로 이러한 '은밀성'을 벗을 수 있을까? 수십 년 전부터 세계 각국은 자기장, 방사선, 레이저, 진동 등 음파 외의 다른 방식으로 수중의 잠수함을 탐지하는 방법을 연구해왔으나, 아직까지 음파탐지기를 뛰어넘는 기술이 개발된 적은 없다. 4차 산업혁명과 AI의 발달이 전쟁과 무기의 많은 부분을 바꾸고 있는 요즘이지만, 잠수함이 가진 은밀성은 물이라는 물질과 음파라는 물리적 현상에서 비롯되는 성질이기에 미래에 달라질 가능성은 크지 않다.

보이지 않아 치명적이고, 보이지 않아 저평가된 무기

잠수함의 대당 가격은 수천억 원에서 수조 원에 이르기 때문에 시장규모 또한 큰 편이다. 자료에 따라 다르긴 하나 2024년 현재 전 세계 잠수함 시장은 221억 달러(약 30조 5000억 원) 이상이고, 전체 전투함 warship 매출에서 약 30퍼센트 정도를 차지한다.

그러나 이러한 시장 규모나 잠수함 자체가 갖는 치명성과 위력, 중요성에 비해 잠수함에 대해 알려진 바는 많지 않다. 달리 표현하자면 잠수함은 우수한 기술력에 비해 상대적으로 주목도가 낮았다. 이는 잠수함의 기술적 목표가 너무 높기도 하지만 수중 무기체계가 갖는 세 가지 특징에서 비롯된 것이라 할 수 있다.

K-방산에 투자하라

첫 번째 특징은 원자력잠수함의 경우 수출이 사실상 불가능하다는 것이다. 잠수함 중에서도 재래식 디젤잠수함과 원자력잠수함은 단순히 추진기관뿐 아니라 크기, 무장 능력, 잠항 시간 면에서 몇 배 혹은 몇 십 배 이상의 차이를 보인다. 일례로 재래식 디젤잠수함 중 3000t 이상의 배수량排水量(배의 중량을 나타내는 단위)을 갖는 것은 드문 데 반해, 원자력잠수함의 경우에는 4000t 이하가 거의 없고 1만 t 이상의 것들이 즐비하다. 가격 역시 원자력잠수함이 재래식 잠수함보다 몇 배 비싸서, 대수臺數로만 보자면 재래식 잠수함이 많지만 시장규모에서는 재래식 잠수함과 원자력잠수함 사이에 별 차이가 없다.

그런데 원자력잠수함을 보유할 수 있는 나라는 극히 적고, 그나마도 모두 핵무기 보유국이다. 핵확산금지조약인 NPTNon Proliferation Treaty는 핵탄두뿐만 아니라 핵물질, 즉 원자력잠수함의 원료도 엄격히 규제하기 때문이다. 당연히 수출은 생각할 수도 없어서 전 세계 잠수함 시장에서 원자력잠수함이 차지하는 비중, 즉 전체 시장 규모의 절반 정도는 결국 내수용인 셈이고 나머지 절반에서는 재래식 잠수함만 거래된다.

다만 원자력잠수함이 타국에 대여되는 예는 있다. 과거 인도는 러시아의 아쿨라Akula급 공격원잠submersible ship-nuclear powered, SSN에 차크라Chakra라는 이름을 붙이고 1988년과 2012년, 2019년 세 차례에 걸쳐 임대한 바 있다. 인도가 핵무기 보유국임과 동시에 러시아에게는 매우 중요한 우방국이라 가능했던 특혜였다.

호주·영국·미국으로 구성된 '오커스AUKUS' 동맹도 SSN-AUKUS Submarine Service Nuclear Attack Submarine-AUKUS 공격원잠과 관련해

수출된 유일한 핵잠수함 INS Chakra.
출처: topwar.ru

이와 비슷한 특혜적(?) 계획을 현재 추진 중에 있다. 핵무기를 가지지 못한 호주가 원자력 발전기술 혹은 핵무기를 연구할 필요 없이 원자력 잠수함을 공급받게끔 해주려는 계획이다. 이를 위해 영국과 호주는 핵잠수함 설계를 함께 진행하고, 설계된 원자로와 원자력잠수함을 영국의 주도로 건조한 다음, 핵잠수함의 음파탐지기나 무장을 제어하는 전투체계를 위해 미국이 만든 잠수함용 전투 시스템 AN/BYG-1의 개량형을 장착할 예정이다.

수중 무기체계가 갖는 두 번째 특징은 현대 해군의 임무들 중 잠수함이 활약할 만한 임무가 많지 않다는 것이다. 잠수함의 가장 핵심적인 임무는 전면전에서 적국의 해상교통을 마비시키고 군함을 침몰시키는 통상파괴commerce raiding다. 원자력잠수함 중 전략형 원자력잠수함, 즉 전략원잠ballistic missile submarines, SSBN의 임무는 적의 수도

K-방산에 투자하라

나 군 시설에 핵미사일을 발사하는 것이고, 공격원잠은 아군 전략원잠의 보호 및 적군 전략원잠의 추적과 파괴를 임무로 맡는다. 그러나 원자력잠수함의 이런 임무들은 사실 인류의 운명이 걸린 핵전쟁이 전면적으로 발발할 경우를 전제로 하는 것이고, 재래식 잠수함의 통상파괴 작전은 제2차 세계대전 이후 지금까지의 그 어떤 전면전에서도 실행된 적이 없다.

물론 1990년대 걸프전 이후 지상의 표적을 공격할 수 있는 UGM-109토마호크 순항미사일을 장착한 잠수함이 공격 임무를 수행하거나 리비아 내전, 시리아 내전, 우크라이나 전쟁 등에서도 잠수함이 미사일 공격을 하는 사례가 많이 나타나긴 했다. 그러나 이러한 지상 공격에서 잠수함이 보이는 화력은 수상전투함보다 낮다. 이지스 구축함 destroyer(어뢰 등을 무기로 적의 주력함이나 잠수함을 공격하는 대형 군함)에는 수십 발의 순항미사일이 탑재되지만 공격원잠에 탑재 가능한 것은 대부분 십여 발 내외다. 유일한 예외로는 미 해군이 보유한 오하이오Ohaio급 순항미사일원잠Guided Missile Submarines, SSGN의 경우 100여 발 이상의 순항미사일 탑재가 가능해 유일한 예외에 해당한다.

마지막 특징은 잠수함의 경우 현시顯示효과가 없는 무기라는 것이다. 영어로 'showing the flag'라고도 하는 현시효과는 특정 국가나 세력이 자신의 존재와 힘을 과시하기 위해 군함 혹은 군사력을 배치하는 것을 뜻한다. 해군 함정은 매우 크고 웅장하며 비행기 혹은 전차보다 훨씬 멀리 갈 수 있고 오랫동안 작전수행이 가능해 무기의 수준을 넘어 '떠다니는 영토'에 가깝다. 이 때문에 바다에 떠 있는 군함은 단순히 군사 작전만을 수행하는 데 그치지 않고 그 나라의 해군력을 보

잠수함에서 발사되는 토마호크 순항미사일.
출처: seaforces.org

여주며 적 혹은 적대세력을 압박하고 위축시키는 역할을 한다. 그러나
함정과 달리 잠수함은 은밀성이 생명이고, 작전 중 결코 모습을 보여
서는 안 되는 무기다. 결국 잠수함을 가장 치명적인 해상 무기체계로
만드는 '은밀성'이란 특성이 한편으로는 잠수함의 한계를 만드는 셈
이다.

그렇다면 K-방산은 세계 잠수함 시장으로도 진격해나갈 수 있을까?
이에 대한 답을 알아보기 위해 지금부터는 한국 방위산업이 끈질기게
노력했던 잠수함 도입과 기술개발의 역사, 현재 실전배치된 최신예
잠수함이자 수출시장에 도전하고 있는 '장보고-3'의 특징 및 수출경쟁

K-방산에 투자하라

력, 그리고 마지막으로 현재 큰 관심을 끌고 있는 한국의 원자력잠수함 보유와 관련된 이슈를 방위산업 관점에서 살펴보려 한다.

'잠수함 보유 자격이 없는' 국가에서 '잠수함을 수출하는' 국가로

먼저 우리 군의 잠수함에 대한 설명을 하기 전에 잠수함을 포함한 모든 해군 함선의 이름과 명칭의 규칙 이야기할 필요가 있다. 군함은 여러 척이 만들어지지만 한 척 한 척 모두가 중요하기 때문에 비행기나 전차와 달리 각 척마다 이름을 붙인다. '대전함' 같은 이름이 그것이다.

그럼 '-급class'은 무엇을 뜻할까? 사업을 시작할 때 군함은 세 척에서 아홉 척 단위로 건조계획을 세우는데, 이 군함들은 세부적 차이는 있지만 같은 분류로 취급되고, 이것을 '-급'이라 한다. '손원일급 6번함 유관순함'이라는 명칭이 한 예다.

더불어 배를 만들 때 붙는 '사업명projetc name'도 존재한다. 잠수함의 경우 사업 순서에 따라 '장보고-1'부터 '장보고-3'까지 이름을 붙이기에, '도산안 창호급 잠수함'을 '장보고-3 잠수함' 등으로 호칭하기도 하는 것은 이 때문이다.

젊은이들이 많이 모이는 서울 마포구 망원동에서 한강변으로 가다 보면 '서울함 공원'이라는 이름으로 해군 퇴역장비를 전시해놓은 공간이 있다. 이곳에 전시된 퇴역장비들 중 가장 사연 많은 것이 바로 국내 최초의 잠수함 중 하나인 SSM-053 돌고래급 잠수함이다.

1977년 처음 개발이 시작되었고 1983~1991년에 해군으로 인도된 돌고래급 잠수함은 160t에 불과한 소형 잠수함이다. 하지만 이 잠수함을 개발하고 완성하는 것, 무엇보다 완성된 잠수함이 '잠수 후 다시 떠

돌고래급 잠수함.
출처: 국방과학연구소

오를 수 있게 하는 것'조차도 당시의 한국 방위산업 수준에서는 엄청난 도전과 같았다. 잠수함 설계에 대한 어떤 노하우도 없고 해외 조선소가 전수해준 일부 기술력만이 전부였기 때문이다. 당시 대한민국에서 처음 잠수함 운용을 익힌 잠수함 승조원들은 작전 임무에 나설 때마다 문자 그대로 '목숨을 거는' 각오를 해야만 했다. 대한민국 잠수함부대의 구호는 '백 번 잠수하면 백 번 부상浮上한다'인데, 이 말이 다짐보다는 바람에 가까운 시절이었던 것이다.

그런 상황이었으니 돌고래급 잠수함은 기술력 면에서 초보 수준의 것일 수밖에 없었다. 그럼에도 엄연히 현대 잠수함의 주요 기능인 잠망경과 소나, 즉 음파탐지기를 사용해 적의 함선을 어뢰로 공격하거나, 적 항구에 침투해 기뢰를 부설하는가 하면 특수부대원을 싣고 침투작전을 수행할 수도 있었다.

K-방산에 투자하라

다만 소형 잠수함인 데서 오는 한계 또한 명확했다. 사람이 임무를 수행하는 공간과 침실은 물론 화장실 변기와 주방조차 제대로 분리되지 않을 정도로 너무나 작고 비좁았던 것이다(실제로 서울함공원에 전시된 SSM-053을 보면 이 점을 쉽게 알 수 있다). 이러한 환경이 승조원들의 전투 능력을 저해할 것임은 누구든 쉽게 예상할 수 있을 것이다.

이 문제의 해결을 위해 해군이 야심차게 추진한 것이 '장보고'급 잠수함 획득 사업이었다. 1993년 한국 해군 전력에 처음으로 취역한 상보고급 잠수함, 즉 장보고급 1번함의 기종은 한국이 독일로부터 구매한 U209-1200이었다. U209-1200은 독일 방산업체인 HDW Howaldtswerke-Deutsche Werft(현 티센크루프Thyssenkrupp, TKMS)가 20개국 이상에 수출한 베스트셀러 잠수함이다. 또한 1982년 영국과 아르헨티나 사이에서 벌어진 포클랜드 분쟁 시 세계 최강인 영국 대잠수함 함대의 공격을 피해 살아남은 잠수함이기도 하다.

사실 잠수함은 그저 구매만 하면 잘 사용할 수 있는 무기가 아니기에, 한국 측의 장보고급 잠수함 획득 사업은 보다 높은 바를 목표로

잠수함별 사업명과 특성			
사업명	함급	설계 모델	비고
KSS-I	장보고-1	장보고급	독일 U209	최초의 디젤잠수함
KSS-II	장보고-2	손원일급	독일 U214	최초 수소연료전지 탑재
KSS-III KSS-III KSS-III	장보고-3 배치1	도산 안창호급	한국 독자설계	최초 3000t급 중형 잠수함, 수직발사관 6기
	장보고-3 배치2	-	한국 독자설계	최초 리튬이온전지 탑재, 수직발사관 10기
	장보고-3 배치3	-	한국 독자설계	추진기관 현재 미정

대한민국 해군의 주력 잠수함 214급.
출처: 해군

하고 있었다. 장보고급 1번함을 한국 승조원들이 독일로 가서 들여온 것과 달리, 2번함부터는 독일에서 총 아홉 척의 잠수함을 모듈 및 부품들로 분리해 한국으로 들여온 뒤 국내에서 조립하는 방식을 택한 것도 그 때문이었다.

장보고급 잠수함은 돌고래급보다 크지만 배수량이 1200t으로 가벼워 작전수행 시간에 아무래도 제한이 따르고, 한국의 기술로 설계한 것이 아니라 단순조립생산의 결과물이라 그 성과를 폄하하는 사람들도 있다. 그러나 이는 잘못된 생각이다. 한국 해군 승조원들은 장보고급 잠수함으로 '환태평양 군사훈련Rim of the Pacific Exercise', 일명

K-방산에 투자하라

림팩RIMPAC 훈련 등에서 우수한 성과를 거둔 것은 물론, 잠수함의 인수와 운용 과정을 거치면서 잠수함에 필요한 기능 및 품질관리와 관련된 지식을 얻을 수 있었다. 또 장보고급 잠수함을 조립, 생산한 대우조선해양(현 한화오션)은 잠수함 설계 및 제작 관련 노하우를 얻음은 물론 잠수함 품질관리 능력도 원조국인 독일 이상의 수준으로 쌓을 수 있었다.

장보고급 잠수함 획득 사업(이하 '장보고-1 사업')에 뒤이은 '장보고-2급 잠수함 획득 사업'(이하 '장보고-2 사업') 역시 독일의 U214급 잠수함을 국내에서 건조하는 방식으로 진행되었다. 2006년 6월 진수한 손원일함부터 2017년 건조된 신돌석함까지, 이 사업을 통해 총 아홉 척의 장보고-2급(U214) 잠수함이 만들어졌다. 현재 한국은 국내에 복수의 잠수함 조선소를 가진, 세계에서 몇 없는 나라인데 이는 대우조선해양(현 한화오션)과 현대중공업(현 HD현대중공업)이 장보고-2급 잠수함을 나눠서 건조하기 시작한 덕분이다.

장보고-1 사업이 그랬듯 장보고-2 사업 역시 독일 조선소로부터 들여온 잠수함 설계도를 바탕으로 독일 지멘스Siemens의 모터와 수소연료전지, 독일 아틀라스일렉트로닉Atlas Elektronik의 전투체계인 ISIS-90 등 부품 대부분을 수입해 한국에서 조립하는 방식으로 진행되었다. 그리고 이 과정에서 한국의 잠수함 제작 능력은 또 한 단계 크게 향상했다. 건조 과정에서 독일 조선소와 긴밀히 소통하며 설계 역량을 높였고, 독일 조선소의 설계 오류를 한국 측에서 잡아내기도 했으며, 잠수함용 수소연료전지가 탑재된 잠수함을 세계에서 세 번째로 실전에 투입해 연료전지 운용의 노하우까지 쌓을 수 있었던 것이다.

잠대지미사일 해성3.
출처: 국방부

　수소연료전지가 중요한 이유는 최근 20년간 개발된 잠수함 관련 신기술 중 가장 혁신적인 것이기 때문이다. 원자로를 갖춘 원자력잠수함은 최소 1개월 이상 연속 잠항이 가능한 데 비해, 재래식 잠수함은 디젤발전기와 축전지를 사용하기 때문에 2~3일에 한 번씩 축전지 충전을 위해 수면 가까이 올라와야 한다. 상황에 따라서는 적에게 자신의 위치를 노출시키거나 적의 공격을 받을 수도 있는 치명적 단점인 셈이다. 이런 단점을 보완하기 위한 것이 바로 수중에서 축전지를 충전할 수 있는 추진기관인 공기불요추진air independent propulsion, AIP시스템이다. 그중에서도 장보고-2 사업에 적용된 수소연료전지는 세계 두

　　　　　　　　　　　　K-방산에 투자하라

번째로 실용화된 것이자 세계에서 가장 널리 쓰이는 AIP시스템으로, 지금은 재래식 잠수함의 핵심 기술로 자리 잡았다.

장보고-2 사업의 또 다른 특징은 잠수함이 본격적으로 전략적 임무에 투입되었다는 점이다. 장보고-1 사업으로 한국이 보유하게 된 장보고급 잠수함에는 독일제 SUT 어뢰와 미국제 RGM-84하푼Harpoon 대함미사일이 수입되어 장착되었고, 국산 무장으로는 제한적 성능의 K731백상어 어뢰와 K271잠룡 기뢰만이 전부였다. 이들 무기 모두는 적의 군함을 공격하거나 항구를 봉쇄하는 해상작전시에만 사용 가능한 것들이었다.

그런데 장보고-2 잠수함들은 수중에서 적의 핵심 표적을 타격할 수 있는 대지공격 능력을 처음으로 갖추게 되었다. 이는 장보고-2 사업에서 SLCMsubmarine-launched cruise missile, 즉 잠수함발사 순항미사일인 해성3Haesung3가 최초로 선택된 덕분이다. SLCM은 수중에서 발사되기에 적의 입장에서는 발사 위치와 장소를 전혀 알아차릴 수 없고, 따라서 아군의 기습을 매우 유리하게 해주는 전략적 공격수단이다.

장보고-1 및 장보고-2 사업을 통해 한국 해군은 총 18척의 재래식 잠수함을 보유한 잠수함 강국으로 발돋움했다. 그러나 국산이 아니라 독일에서 설계한 수입산 무기라는 점은 계속해서 우리 군의 발목을 잡았다. 독일 회사들은 한국과 멀리 떨어져 있어 잠수함에 고장 등의 문제가 발생해도 품질보증이나 수리의 측면에서 매우 소극적인 태도를 보였는데, 이것이 한국 해군 잠수함의 가동률에 직접적인 악영향을 끼쳤던 것이다.

수출의 물꼬를 튼 국산 잠수함, 나가파사급

한화오션(구 대우조선해양)이 인도네시아에 수출한 잠수함			
사업명	함번	함명	건조사
DSME1400 (Ocean1400)	403	KRI 나가파사Nagapasa	한화오션
	404	KRI 아르다데달리Ardadedali	한화오션
	405	KRI 알루고로Alugoro	한화오션/PT PAL

그러던 중 한국 방위산업 역사에 길이 남을 성과 하나가 2011년 12월에 달성되었다. DSME1400이라는 국산 잠수함 모델 세 척을 인도네시아에 나가파사라는 이름으로 총 1조 3000억 원을 받고 수출하는 데 성공한 것이다. 이 성공으로 한국은 세계에서 다섯 번째로 잠수함 수출국이 되었다. 또한 과거 한국에 기술을 이전해주었던 독일 TKMS와의 수출경쟁에서 승리해 거둔 결과라는 점에서, 이는 한국 조선 신업의 기술력이 그야말로 청출어람靑出於藍임을 증명해준 상징적 사건이었다. 그런데 사실 이러한 성공은 기술력뿐 아니라 여러 시기와 조건이 한국에게 행운처럼 작용해준 덕분인 면도 있다.

첫째, '타이밍'이 잘 맞았다. 당시 한국 해군이 장보고급 잠수함을 보유 중이었듯, 인도네시아 해군 역시 독일로부터 구매한 U209급 잠수함을 전력으로 보유하고 있었다. 그러나 인도네시아의 구매는 한국보다 이미 앞서 이뤄졌던 터라 잠수함 장비의 노후화가 한국의 경우보다 심각한 상태였다. 이를 위해 한국의 대우조선해양(현 한화오션)은 인도네시아 해군 잠수함을 대상으로 창정비 작업(무기 시스템이나 장비의 유지보수와 관련된 작업)을 진행했고, 그 과정에서 인도네시아

K-방산에 투자하라

인도네시아에 수출된 나가파사급 잠수함.
출처: Taz Imansyah

해군의 잠수함 운용 현황은 물론 그들이 필요로 하는 잠수함 성능을 정확히 파악할 수 있었다. 인도네시아 해군 잠수함의 나사 하나까지도 우리 기술진이 뜯어보고 수리했기 때문이다.

둘째, 당시 한국은 독일이 제기할 수도 있었던 IP, 즉 지적재산권 문제를 해결할 방법이 있었다. DSME1400 잠수함은 U209 잠수함과 대부분의 설계가 매우 비슷했기에, DSME1400의 인도네시아 수출에 대해 독일이 IP 관련 문제를 제기할 가능성도 있었다. 그럼에도 독일이 그렇게 하지 않았던 이유는 U209급 잠수함이 너무 오래된 모델인데다, 당시 진행되고 있던 장보고-2 사업으로 독일에게 한국은 세계 최대 수준의 고객이었기 때문이다. 그 덕분에 한국은 자칫 골치 아플 만한 문제를 겪지 않을 수 있었다.

셋째, 당시 한국 조선업에는 독자적 체계통합 능력이 갖춰져 있었다. 앞서 이야기했듯 DSME1400은 U209급 잠수함과 설계 면에서 매우 비슷했다. 그러나 전투체계는 노르웨이제, 음파탐지기는 프랑스제, 어뢰는 이탈리아제 등 내부 장비들은 비슷하지 않은 수준을 넘어 전혀 달랐다. 이렇듯 내부 장비가 달라지면 잠수함에 탑재되는 수많은 장비를 하나로 연동 및 작동시키는 체계통합system integration 작업이 이뤄져야 한다. 비록 잠수함을 독자적으로 설계해본 경험은 부족했지만 전투함을 대상으로 하는 체계통합 작업만큼은 수없이 해온 덕분에, 한국 조선업체들은 독일 TKMS의 은근한 방해가 있었음에도 이 작업을 성공적으로 해냄으로써 나가파사급 잠수함을 무사히 건조할 수 있었다.

2017년부터 2021년까지 세 척 모두가 인도네시아에 인도된 나가파사급 잠수함은 현재 인도네시아 해군의 주력 잠수함으로 활약 중이다. 한 가지 안타까운 점은, 나가파사급 후속함 세 척의 개발 사업도 한화오션이 1조 2300억 원으로 수주했으나 인도네시아 측이 신용장L/C을 2024년 말 현재까지 제출하지 않는 등의 이유로 사업이 지연되고 있다는 것이다. 한화오션은 현재 인도네시아 잠수함 2차 사업에 사용할 자재 일부를 손실처리하는 방안을 모색해야 하는 등의 곤란한 상황에 놓여 있다.

장보고-3가 특별한 세 가지 이유

사실 한국은 이미 일찍부터, 좀 더 구체적으로 말하자면 1998년부터 독자적 설계를 바탕으로 하는 국산 잠수함 개발에 나서고자 했다. 1998년은 장보고-2 사업을 위해 독일이 아닌 러시아의 킬로Klio급 잠수함을 도입하려 했던 일명 '636 사업'이 시작된 해였다. 그러나 636 사업이 취소되고 지금의 손원일급(U214) 잠수함을 도입하는 것으로 사업 계획이 변경된 뒤, 한국은 러시아와 함께 잠수함 설계를 연구하기 시작했다. 독일이 한국과의 잠수함 기술협력을 완강히 거부했기 때문이었다.

그러나 안타깝게도 러시아와의 협력이 원활히 신행되시 못한 탓에, ADD와 조선소들은 순수 국산 잠수함의 개발에 많은 시간과 노력을 기울여야 했다. 2005년에야 처음으로 국방부가 국내 연구개발을 결정했고 기본설계 시작은 2007년, 착공은 2014년이었으니 설계에만 거의 15년이 걸린 셈이다.

그렇듯 긴긴 연구개발 끝에 최초의 순수 국산 잠수함이자 최초의

장보고-3 잠수함 건조 계획				
사업명		함번	함명	조선사
KSS-IIII	장보고-3 배치1	SS-083	도산안창호	한화오션
		SS-085	안무	한화오션
		SS-086	신채호	HD현대중공업
	장보고-3 배치2	SS-087	-	한화오션
		SS-088	-	한화오션
		SS-089	-	한화오션
	장보고-3 배치3	SS-091	-	-
		SS-092	-	-
		SS-093	-	-

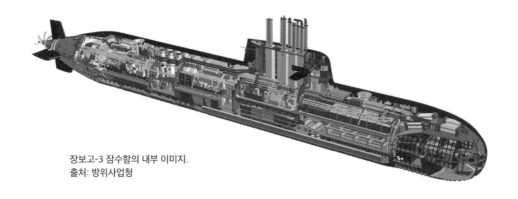

장보고-3 잠수함의 내부 이미지.
출처: 방위사업청

'장보고-3 배치1' 잠수함인 도산안창호함은 2018년 1월의 진수를 거쳐 2021년 8월 13일에 취역했다. 사실 시간뿐 아니라 연구개발 및 건조에 소요된 비용 또한 엄청났다. 장보고-3급 잠수함 세 척이 탄생하기까지 총 3조 500억 원가량이 들었으니, 척당 1조 원 이상이 투자된 셈이었다. 그러나 국내에서 개발한 무기체계 중 부품 국산화율이 그만큼 높아 76퍼센트에 이르렀고, 가격이 비싼 만큼 다른 나라의 재래식 잠수함들보다 성능 면에서도 우수했다. 경쟁제품들에서는 찾아보기 어려운 장보고-3 배치1 잠수함의 특징을 세 가지 정도로 요약하면 다음과 같다.

첫 번째는 고성능 통합탐지체계다. 장보고-3에 탑재된 핵심 장비 중 가장 중요한 것은 바로 잠수함의 눈과 두뇌라 할 수 있는 '통합음파탐지기'와 '잠수함 전투체계'다. 장보고-3에서는 이 두 장비의 국산화에 성공했을 뿐 아니라 세계 최고 수준의 성능을 확보하는 데 성공했다.

두 가지 장비 중 먼저 살펴볼 것은 통합음파탐지기다. 앞서 설명했듯 음파탐지기는 수중에서 적을 탐지해낼 수 있는 유일한 장비다. 그

K-방산에 투자하라

러나 그 특성상 항공기나 함선에 탑재되는 레이더와 달리 멀리 있는 표적을 탐지하기가 매우 어렵고, 표적의 위치나 표적까지의 거리를 추정해내더라도 틀릴 확률이 높다. 이런 이유로 현대의 잠수함들은 하나의 음파탐지기에만 의존하지 않고, 다양한 종류의 음파탐지기를 여럿 설치하여 다양한 파장의 음파를 수신한다.

장보고-3 배치1 잠수함의 통합음파탐지기는 바로 이런 기능을 국내 기술로 구현해낸 장비다. LIG넥스원, 한화시스템, STX엔진이 역할을 분담해 함께 만든 통합음파탐지기에는 무려 8종의 음파탐지기가 갖춰져 있다. 그 덕분에 장보고-3 배치1 잠수함은 저주파부터 고주파까지 광대역에 걸쳐 음파를 탐지하고, 여러 위치에 설치된 음파탐지기가 수신한 음파들을 분석해 표적까지의 거리를 삼각측량으로 분석해낸다. 또한 케이블 형태의 음파탐지기인 선배열 예인 소나를 사용해, 잠수함으로부터의 도달거리가 긴 낮은 주파수의 음파를 탐지함으로써 장거리 표적을 탐지하는 기능도 갖추었다. 장보고-2(U214) 잠수함에 탑재되었던 음파탐지기는 독일로부터 수입한 것이었는데, 장보고-3 배치1의 통합음파탐지기는 그것보다 탐지 능력이 크게 우수해 추적 및 분석이 동시에 가능한 표적의 수가 두 배 이상으로 늘어났다.

ADD와 한화시스템이 담당한 장보고-3 배치1의 '잠수함 전투체계'는 이 잠수함에 장착된 모든 음파탐지기, 레이더, 잠망경 등을 마치 하나의 시스템처럼 통합해내는 장비다. 이 전투체계에는 잠수함이 탐지해낸 모든 정보를 하나로 융합해 표적 정보를 표시하는 '데이터 퓨전data fusion' 기능과 더불어, 적을 탐지 혹은 공격하기 위한 최적의 방법을 지휘관들이 판단하는 데 도움이 되는 각종 보조 기능들이

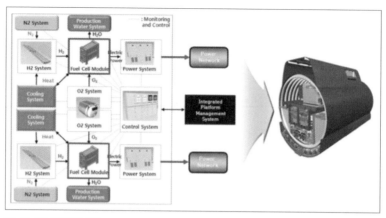

장보고-3의 연료전지 개념.
출처: 방위사업청

갖춰져 있다.

　장보고-3 배치1 잠수함의 두 번째 특징은 '매우 긴 연속 잠항시간'이다. 범한퓨얼셀이 제작한 장보고 3용 수소연료전지는 세계에서 두 번째로 개발된 잠수함용 연료전지다. 이 전지는 수소와 산소를 반응시켜 만든 전기로 잠수함의 축전지를 충전시키는 방식을 통해 재래식 잠수함의 수중 잠항시간을 늘려준다.

　장보고-3에 탑재된 150kW급 국산 수소연료전지 네 개의 출력은 총 600kW에 달한다. 이는 장보고-2(U214)에 장착된 연료전지의 출력보다 2.5배나 큰 것으로, 3000t급 잠수함인 장보고-3의 수중잠항 능력을 최소 3주 이상 보장한다. 수소연료전지가 없는 재래식 잠수함은 잠항 후 사흘만 지나도 축전지 충전을 위해 부상해야 한다는 점을 생각해보면 이는 실로 엄청난 잠항시간임을 알 수 있다. 장보고-

K-방산에 투자하라

3의 수중잠항 능력은 재래식 잠수함 중 최고 사양을 갖췄다고 일컬어지는 일본의 소류Soryu급 잠수함보다 뛰어나다. 이 능력 면에서 장보고-3를 능가하는 것은 2024년 4월 네덜란드가 프랑스로부터 구매해 2034년에 취역할 예정인 오르카Orka급 잠수함뿐이다.

장보고-3 잠수함의 마지막 특징은 전략적 타격이 가능한 SLBM, 즉 잠수함발사 탄도미사일submarine-launched ballistic missile을 탑재했다는 점이다. 장보고-3에는 무장운용을 위한 어뢰발사관 여섯 개가 갖춰져 있는데, 이에 더해 역시 여섯 개의 수직발사체계vertical launch system, VLS와 더불어 '현무4-4'라 불리는 SLBM까지 함께 장착된다.

이 잠수함에 VLS를 추가로 장착한 데는 여러 이유가 있다. 우선 순항미사일과 달리 탄도미사일인 SLBM은 어뢰발사관에서 발사가 불가능하고, SLBM이 충분한 위력을 가지려면 발사관의 크기가 커야 하기 때문이었다. 이렇게 VLS를 장착하자 어뢰발사관과 무기고 외의 다른 무장 공간을 갖춰 잠수함의 무장 탑재능력도 늘어났다.

장보고-3의 VLS는 두산중공업(현 두산에너빌리티)이 해외로부터의 기술이전 없이 순수 국내기술로 개발했다. 이 VLS에 탑재된 여섯 발의 현무4-4 역시 ADD가 순수 국내기술로 개발해 한화에어로가 생산하는 SLBM이고, 이를 통해 한국은 세계에서 일곱 번째로 SLBM을 개발한 국가이자 세계에서 유일한 비핵 SLBM 실전배치 국가가 되었다. 현무4-4 이전에도 이미 한국 해군 잠수함은 함대지 순항미사일인 '해성3'를 탑재, 북한의 핵심 표적에 대한 공격 능력을 갖춘 바 있었다. 그러나 순항미사일은 정밀도가 확보되긴 하지만 발사 후 명중까지 수십 분 이상이 걸리는 탓에 신속한 타격이 어렵고, 탄두의 위력에도 한계가 있다는 단점을 가졌다.

그와 달리 SLBM인 현무4-4는 극초음속의 속도로 표적을 타격할 수 있기에 적의 미사일 발사대나 이동식 지휘소 등 발견 후 몇 분 안에 파괴해야 하는 '시한성 긴급표적time critical target 공격'이 가능하다. 현무4-4의 성능에 대한 상세 내용은 군사 기밀에 부쳐져 있으나, 지금까지 알려진 바에 따르면 한반도 전 지역을 공격할 수 있는 500km급 사거리, 최소 1t 이상의 탄두 중량, 깊은 지하에 설치된 적 지휘소나 중요 표적도 파괴 가능한 관통력을 갖췄다고 한다.

장보고-3 잠수함과 현무4-4의 치명적 위력은 2021년 9월에 실시된 시험발사에서 공개된 바 있다. 당시 장보고-3 잠수함은 대통령이 모처에서 내린 발사 지시를 실시간으로 전달받은 뒤 표적을 향해 즉각 현무4-4를 발사함은 물론 명중까지 시키는 능력을 보여주었다. 북한은 물론 중국 등의 군사강국들도 바닷속에 숨어 있는 장보고-3 잠수함을 미리 탐지해 파괴하는 것이 거의 불가능한 만큼, 어떠한 상황에서도 적에게 보복 공격을 할 수 있음을 증명한 것이다.

물론 장보고-3가 SLBM을 탑재한 유일한 재래식 잠수함은 아니다. 과거 소련의 골프Golf급 잠수함이나 현재 중국의 청Chung급 잠수함, 북한의 8.24영웅함에도 SLBM 탑재가 가능하기 때문이다. 그러나 골프급은 너무 오래되었고, 청급은 전투용이 아닌 단순 시험용이라 수출되지 않고 있으며, 8.24영웅함은 장보고-3에 비해 모든 능력이 한참 떨어진다. 즉, 세 잠수함 모두 장보고-3의 경쟁자가 되기는 어려운 것이다. 더구나 SLBM을 장착한 원자력잠수함은 정치적 이유로 수출이 절대 허용되지 않는 무기이기에, 장보고-3는 한국을 지키는 전략적 타격 능력을 갖춘 잠수함임과 동시에 '국제시장에서 유일하게 구매 가능한 SLBM 탑재 잠수함'이라는 독보적 위치에 있다고 할 수 있다.

치열한 수출시장을 뚫을 장보고-3 배치2

이렇듯 한국은 짧은 기간 내에 잠수함 개발 수준을 급격히 끌어올렸지만, 한국보다 수십 년 먼저 잠수함 사업에 뛰어든 선진국들도 손놓고만 있지는 않았다. 일본은 세계 최초로 리튬이온전지를 탑재한 타이게이Taigei급 잠수함을 해상자위대에 배치하고 수출시장 도전의 기회를 엿보는 중이며, 프랑스의 네이발그룹Naval Group은 원자력 공격원잠을 개조한 재래식 바라쿠다Barracuda 잠수함을 네덜란드에 수출하는 데 성공했다. 독일의 TKMS 또한 자국 해군의 차세대 잠수함으로 212CD를 건조 중이고, 최근의 잠수함 수출시장에서 고전 중인 스웨덴의 사브 역시 차세대 잠수함 A26의 건조를 곧 완료할 예정이다.

이러한 세계 잠수함 시장에서 경쟁력을 갖추고, 한국 해군의 높아진 요구사항을 만족시키기 위해 장보고-3의 성능을 더욱 높인 것이 바로 장보고-3 배치2다. 장보고-3 배치2는 2021년 5월 선도함 제작을 시작으로 2029년까지 개발될 계획이고, 총 세 척의 건조를 위해 3조 4100억 원이 투입될 예정이다.

참고로 '배치Batch'는 해군 무기체계와 관련해 자주 사용되는 용어로, 하나의 무기를 여러 번에 나눠 건조하는 동안 설계를 변경하고

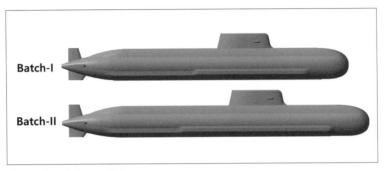

장보고3 배치1과 배치2의 비교.
출처: 방위사업청

성능을 개량한다는 의미를 갖는다. 앞서 개발했던 세 척의 장보고-3(도산안창호급)은 '배치1', 현재 개발 중인 후속 잠수함은 '배치2'라 칭한다. 외형만 보면 배치1과 배치2 사이엔 큰 차이가 없으나, 배치2에는 여러 신기술이 적용될 예정이다.

우선 크기가 커진나. 3000t급 배수량의 장보고-3 배치1도 기존 장보고-1, 장보고-2에 비해 두 배가 커졌지만, 장보고-3 배치2의 배수량은 그보다 600t이 더 늘어나 3600t에 이르고 길이 역시 6m 정도 길어진다. 이렇게 크기와 중량을 키운 가장 큰 목적은 '화력 강화'다. 앞서 말했듯 장보고-3에는 잠수함의 핵심 무장이라 할 수 있는 SLBM이 여섯 발 탑재되었으나, 장보고-3 배치2의 경우 이 수가 열 발로 늘어나고 그에 따라 동시 공격이 가능한 표적의 수 또한 자연히 증가한다.

탐지장비도 개선되는데, 특히 많은 변화를 보이는 것은 잠망경과 음파탐지기다. 잠수함의 최고 핵심 장비라 할 수 있는 함수 음파탐지

K-방산에 투자하라

장보고-3 배치2의 주요 장비.
출처: 한화오션

기가 원통형에서 일명 '말굽형'으로 바뀌었다. 전문용어로 2D 컨포멀
Conformal이라 하는 이 기술을 통해 장보고-3 배치2는 음파를 수신할
수 있는 채널이 늘어났다. 배의 길이가 길어진 만큼 측면에 장착된
음파탐지기의 길이도 같이 늘어나 탐지범위가 증가했다. 여기에 잠수
함이 얕은 수심에 있을 때 사용하는 잠망경 시스템이 새로운 장비로
업그레이드되고, 잠망경과 함께 설치된 전자전 안테나는 적의 레이더
는 물론 무선통신의 위치까지도 추적할 수 있게 되었다.

　하지만 가장 크고 중요한 변화는 수소연료전지와 함께 리튬이온전
지도 탑재되는 것이다. 수소연료전지는 물론 장보고-3의 핵심 장비다.
그러나 이 전지에서 나오는 전력도 결국은 잠수함에 함께 실리는
납축전지lead-acid battery의 충전을 목적으로 하는 것임을 고려하면,
결론적으로 장보고-3의 기동성은 수소연료전지 자체가 아니라 납축전

지의 충전용량 및 출력에 의해 결정된다고 할 수 있다.

장보고-3 배치2에도 기존과 마찬가지로 수소연료전지가 장착되지만, 납축전지 대신 그보다 충전/방전 속도가 빠른 리튬이온전지가 탑재됨에 따라 잠수함의 고속항해 능력과 생존성도 크게 향상된다. 즉, 장시간 저속항해에 유리한 수소연료전지와 고속항해에 유리한 리튬이온전지를 함께 장착함으로써 두 마리 토끼를 모두 잡은 셈이다. 앞서 잠깐 언급했듯 일본의 타이게이급 잠수함은 한국보다 앞서 리튬이온전지를 채택했지만 수소연료전지를 함께 사용하지는 않기에, 종합적으로 보면 장보고-3 배치2의 장점이 더 크다 하겠다.

새로운 수출 아이템, HDS-2300

지금까지 대한민국의 차세대 주력 잠수함이자 킬 체인kill chain(북한의 미사일 위협에 대비, 미사일 발사 전에 이를 탐지해 파괴하기 위한 한국 정부의 북한 대량살상무기 대응계획)의 핵심인 장보고-3 배치1과 배치2에 대해서 알아보았다. 그런데 이 두 잠수함에겐 치명적인 한 가지 문제가 있으니, 바로 '가격이 너무 비싼 명품 무기'라는 점이다.

물론 장보고-3 배치1과 배치2의 가격은 1조 원 내외라, 최소 2조 원 이상을 자랑하는 원자력잠수함에 비하면 저렴하지만, 디젤-전기추진 잠수함 중에서는 세계에서 가장 비싼 잠수함인 것이 사실이다. 원자력잠수함에나 적용되었던 수직발사체계, 즉 VLS 등의 각종 고가-신형 장비가 탑재됨에 따라 크기가 커지고 가격도 그에 따라 오른 것이다. 장보고-3의 핵심 장비인 VLS와 수소연료전지 시스템 등을 없앤

K-방산에 투자하라

2800t급 장보고-3PN 버전도 있으나, 이것조차도 재래식 디젤잠수함 중에서는 대형이고 고가에 속한다. 한국 잠수함에 관심이 많은 수출 대상국들도 항상 가격 면에서의 아쉬움을 표하기에, 한국 조선소들은 국제 시장의 니즈에 맞춘 수출형 잠수함 설계는 물론 공동개발과 산업 협력을 제안 하고 있다.

그러한 제안이 현실화된 가장 최근의 예가 HD현대중공업의 잠수함 HDS-2300이다. 2024년 6월 21일 폴란드 바르샤바에서 개최된 국제 해양안보포럼에서 최초로 공개된 HDS-2300은 장보고-3의 고성능 기술을 적용하면서도 보다 저렴한 제품을 만들기 위해 HD현대중공업이 자체설계한 잠수함이다. 2300t의 수상배수량에 길이 73m, 높이14.4m, 폭8m인 HDS-2300은 장보고-2 손원일급보다는 크지만 장보고-3 도산안창호급보다는 작은 사이즈다. 통합음파탐지기와 전투체계, 리튬이온전지 및 수소연료전지 AIP 등 장보고-3의 각종 신기술은 갖추면서도, 핵심 장비인 VLS는 제거하고 여러 장비들을 경량화한 결과다. 그러나 잠항심도(잠항 후 항해하는 심도)가 250m 이상이기에 20일 이상의 연속 잠항이 가능하고, 어뢰 혹은 미사일이 20발 이상 탑재되며, 잠항타의 모양이 장보고-2 및 장보고-3의 십자형과 달리 X형이라 기동성이 좋다는 것이 HDS-2300의 장점이다.

그러나 HDS-2300이 갖는 가장 큰 특징은 이상의 고성능을 갖추면서도 경제성 확보에 성공했다는 것이다. HD현대중공업의 주장에 따르면 장보고-3 배치2는 한 척당 건조비용이 9억 달러인 데 비해 HDS-2300의 경우에는 두 척의 건조와 더불어 현지 정비시설 건설까지 9억 2000만 달러로 가능하다. 운용유지비 면에서도 장보고-3 배

HDS-2300 잠수함 가상도.
출처:HD현대중공업

치2 한 척보다 HDS-2300 두 척에 드는 금액이 더 적다고 한다.

한화오션 또한 장보고-3와는 다른 수출형 디자인인 Ocean2000을 갖고 있다. Ocean2000은 장보고-2 손원일급을 확대개량한 버전의 잠수함으로, 국산 무장체계와 음파탐지체계를 갖추고 역시 X형 잠항타를 적용해 기동성을 높였다. 더불어 장보고-3 배치2에 탑재된 것과 동등한 리튬이온전지를 장착해 장보고-2보다 수중잠항 능력도 크게 향상되었다.

K-잠수함 수출, 가능할까?

이렇듯 한국은 세계 수준의 잠수함 기술을 확보 및 개발해 잠수함의

K-방산에 투자하라

실전배치까지도 성공시켰으나, 한편으로 보면 2011년과 2019년에 성사된 두 건의 인도네시아 사업 외에는 아직까지 수출에 성공하지 못했다는 아쉬움이 있다. 이는 어느 나라에서든 잠수함 구매 사업은 굉장히 폐쇄적으로 이뤄지고 높은 수준의 보안을 요구할 뿐 아니라, 장보고-3 잠수함은 3000t 급으로 재래식 잠수함 중에서는 매우 크고 비싸기 때문이다.

잠수함 수출시장에서는 원자력잠수함이 거래되는 경우가 거의 없고, 1000~3000t급 재래식 잠수함이 주로 거래된다. 이런 기준에서 봤을 때 장보고-3는 초고급 잠수함에 해당되기에 구매 의향이 있는 국가가 많지 않았던 것이다. 그러나 다행히 최근에는 자국 영해가 넓거나 안보상황이 심각한 국가들을 중심으로 대형 잠수함들의 수요가 증가하는 추세다. 실제로 장보고-3 잠수함은 현재 필리핀과 캐나다, 폴란드 등 3개국을 대상으로 수출에 도전하고 있는데, 그 내용을 조금 살펴보자.

필리핀의 경우 3조 원 규모의 잠수함 두 척을 구매하는 사업을 진행 중이다. 한화오션은 장보고-3PN Jangbogo-III PN 잠수함을 필리핀 측에 제안했다. 장보고-3PN은 장보고-3보다 가격을 낮추기 위해 수소연료전지와 SLBM용 VLS가 생략된 대신, 장보고-3 배치2용으로 개발되는 통합음파탐지체계와 어뢰 무장체계, 그리고 리튬이온전지를 탑재해 성능을 보완한다. 비록 고가의 장비들은 생략되었으나, 2800t급의 이 잠수함은 리튬이온전지 덕분에 잠항시간 면에서 2000t급 고성능 잠수함과 동등한 수준을 갖춰 필리핀 해군의 관심을 받고 있다. 또한 한화오션은 인도네시아에 수출된 나가파사급 잠수함과 비슷한 오션Ocean1400PN 버전도 같이 제안하고 있으며, 경쟁자인 프랑스는 네이발그룹의 스콜펜Scorpene 잠수함을, 스페인은 나반티아 Navantia의 S-80 잠수함을 제안 중이다.

북극해의 넓은 영해와 세계에서 가장 긴 해안선을 가진 캐나다는 현재 북극 지역에서 러시아의 위협에 맞서고 있다. 하지만 캐나다가 보유 중인 잠수함은 과거 영국으로부터 도입한 중고 잠수함 네 척만이 전부인 탓에 노후화가 상당히 진행된 데다, 수중순찰에 나설 전력도 부족한 상황이다. 때문에 캐나다는 이러한 상황을 해결하기 위해 CPSPCanadian Patrol Submarine Project, 즉 '캐나다 순찰 잠수함 프로젝트'를 통해 열두 척의 재래식 잠수함을 확보할 예정이다. 무려 60조 원이 투입되는 이 초대형 사업에서는 현재 한국 한화오션의 장보고-3 배치2, 프랑스 네이발그룹의 재래식 바라쿠다, 일본 미쓰비시-가와사키Mitsubishi-Kawasaki(미쓰비시중공업과 가와사키중공업의 컨소시엄)의 타이게이, 독일 TKMS의 타입218Type 218, 스웨덴 사브의 A26이 경쟁 중이다.

폴란드는 '오르카 프로젝트Orka Project'라는 이름으로 자국 해군의 현대화 사업을 추진하고 있다. 총 세 척의 3000t급 잠수함을 3조 3500억 원의 예산으로 구매하는 이 프로젝트에서 한국 HD현대중공업은 HDS-2300을, 한화오션은 장보고-3 배치2를 제안했다. 한국 외에도 프랑스의 네이발그룹과 독일의 TKMS, 스웨덴의 사브가 이 프로젝트에서 경쟁을 벌이는 중이다. 영해는 매우 좁지만 러시아와 근접해 있다는 특성상, 폴란드는 자국 잠수함에서 러시아의 주요 전략 표적을 겨냥한 기습공격을 가능케 해주는 SLBM 기술에 대한 관심이 높은 것

K-방산에 투자하라

폴란드에서 잠수함 세일즈를 하는 한화오션 담당자.
출처: 한화오션

으로 알려져 있다.

그렇다면 이 세 가지 사업에서 한국이 잠수함 수출에 성공할 가능성은 어느 정도일까? 냉정히 말하면 안타깝게도 쉽게 자신하기 어렵다. 장보고-3는 분명 세계 최고 성능의 잠수함이고 가격경쟁력이 높지만 한국보다 앞서 수십 년간 잠수함을 수출해온 독일과 프랑스, 스웨덴의 영업력이 만만치 않기 때문이다. 비록 최근의 수주실적은 잠시 주춤한 상태지만 과거 독일과 스웨덴은 '모듈식 설계'를 장점으로 내세워 많은 국가가 제각기 원하는 옵션에 맞춰 잠수함을 제작하는 전략으로 성공한 노하우가 있다. 또한 프랑스는 풍부한 수출경험을 바탕으로 현지 지원 및 구매를 위한 수출금융지원 시스템을 발전시켰다는 강점을 갖는다.

일본의 경우는 어떨까? 수출경험이 없어 한국과 달리 해외 기술이

전 경험이나 군수지원 역량이 부족한 데다 현지화에 맞는 튜닝 능력도 없지만 일본의 장점은 '원팀'이라는 것이다. 2024년 여름 현재 한국은 HD현대중공업과 한화오션 두 업체가 각각 잠수함 수출사업에 뛰어들고 있는데, 이는 같은 나라의 두 기업이 잠수함 수출시장에서 서로 경쟁하는 유일한 사례다. 프랑스와 독일, 스웨덴은 이미 잠수함 건조 회사를 하나로 통합했고, 일본은 한국의 경우처럼 미쓰비시중공업과 가와사키중공업의 2개사가 잠수함을 건조하지만 수출사업은 일본 방위장비청 주도하에 '원팀'으로 진행한다. 그렇기에 만약 한국 정부와 방위사업청이 HD현대중공업과 한화오션의 역량을 '원팀'으로 잘 합쳐낼 수 있다면 장보고-3의 수출이 크게 성공할 가능성은 더욱 높아질 것이다.

원자력잠수함, 추진하면 어떻게 될까?

잠수함 이야기를 마무리하기 전에 꼭 하고 넘어가야 할 이야기가 있다. 한국은 과연 원자로를 동력으로 사용하는 잠수함, 즉 원자력잠수함을 보유할 수 있을지, 또 그것으로 초래될 결과에는 어떤 것들이 예상되는지에 관해서다. 결론부터 말하자면 관련 기술 개발에 우리의 국가적 역량을 집중할 경우 원자력잠수함을 만들 수는 있으나, 그에 필요한 자원과 시간이 지나치게 과해 그리 효율적인 결정은 아닐 것으로 예상된다.

사실 한국은 원자력 기술강국이고, 과거에도 몇 차례 원자력 잠수함 건조를 시도했던 적이 있다. 2003년 노무현 정부 당시 비밀리에 승인되었던 일명 '362 사업', 그리고 2017년 문재인 정부 시절에 조직되었던 '수중전력발전 TF'가 그 예다. 그러나 362 사업은 언론에 노출되는 바람에 논란 끝에 무산되어버렸고, 수중전력발전 TF의 경우 조선소에서 원자력잠수함의 개념설계까지는 진행되었으나 구체적 세부설계로 발전하는 데는 실패했다.

한때는 '한국이 개발한 일체형원자로, 일명 스마트원자로가 원자력잠수함에 탑재될 용도로 만들어졌다'는 소문이나 주장이 돌기도 했다. 하지만 스마트원자로는 기본 가격만 1조 원에 달하는 데다 한국이 개발할 4000t급 내외의 원자력잠수함에는 장착이 불가능할 정도로 큰 장비다.

게다가 원자력잠수함은 그저 원자로를 만들어 잠수함에 탑재하는 것으로 건조할 수 있는 것이 아니다. 원자로에서 발생하는 소음을 줄이고 다양한 출력을 내는 터빈 기술과 추진 기술이 함께 개발되어야 하기 때문이다. 원자력잠수함 건조에 이미 성공한 선진국들도 그에 앞서 원자로를 소형화하고 원자로의 소음을 감소시키는 데 수십 년 이상을 투자해야 했다. 중국이 독자적으로 만든 원자력잠수함 상Shang급은 불과 몇 년 전까지만 해도 실전에 투입하는 것이 불가능했는데, 이 또한 수중에서의 위치가 미국 원자력잠수함에 의해 매우쉽게 파악될 수 있기 때문이었다. 그렇기에 한국 또한 방위산업과 관련된 모든 투자를 향후 20년간 원자력잠수함 건조에만 집중시키지 않는 한 원자력잠수함 보유는 거의 어려운 일이라 보는 편이 합리적이다. 만약 관련 예산과 시간을 줄일 경우엔 너무 시끄럽고 비효율적이라 도저히 무기로 쓸 수 없는 한심한 수준의 원자력잠수함만 건조될 테고 말이다.

그럼에도 가장 현실성이 높은 방법을 생각해보자면, 농축도 20퍼센트짜리 핵연료를 사용하는 저농축 원자로를 탑재하는 것이다. 만약 한국이 미국과 영국의 원자력잠수함에 탑재되는 농축도 90퍼센트짜리 핵연료를 사용한다면 원자력잠수함의 연료봉은 향후 30년간 교체할 필요가 없다. 그러나 농축도 20퍼센트짜리 핵연료를 사용한다면 7~10년 정도의 주기마다 연료봉을 교체해야 한다.

문제는 원자력잠수함의 핵연료봉 교체 작업이 결코 간단치 않다는 데 있다. 이 작업을 하려면 잠수함을 완전히 반으로 자른 뒤 원자로를 떼었다가 다시 붙여야 해서 매번 최소 3년가량의 수리 기간이 필요하다. 시간과 비용, 그리고 교체 과정에서 발생할지 모르는 연료누출 사고의 위험성을 생각하면 굉장히 비효율적인 결정이다.

더불어 20퍼센트 저농축 핵연료를 구할 방법이 없다는 것 또한 문제다. 한국은 국내에 농축우라늄 관련 시설이 마련되어 있지 않고, 1991년에 '한반도 비핵화 선언'을 통해 그러한 시설을 갖지 않겠다는 약속도 한 바 있으며, 외국으로부터 구매하려 할 경우에도 한미원자력협정에 따라 미국의 승인을 받아야 한다. 그렇기에 원자력 발전소 운용 목적의 농축우라늄은 미국이나 캐나다, 프랑스 등으로부터 구입할 수 있으나 군사용 목적의 것은 구입이 불가능하다. 한국의 주요 공급원인 미국이 군사용 농축우라늄의 해외 수출을 법으로 엄격히 금지하는 데다, 한국을 포함한 전 세계 190개 이상의 국가들이 핵확산금지조약에 가입되어 있기 때문이다.

즉, 20퍼센트 저농축 핵연료를 사용하는 원자력잠수함을 보유하려면 몇 년마다 잠수함을 반으로 자르는 대공사를 거쳐야 하고, 농축우라늄을 얻기 위해 미국이 아닌 다른 나라로부터 수입할 방법을 찾되 미국의 허가를 받아야 한다. 따라서 미국의 승인을 받아 다른 나라로부터 수입하는 것을 한 가지 방법으로 고려해볼 수는 있으나, 최근 들어 이란 등 몇몇 국가들이 핵무장을 시도함에 따라 국제원자력기구International Atomic Energy Agency, IAEA가 이전까지는 규제 대상이 아니었던 농축도 20퍼센트 이하의 우라늄에 대해서도 민감한 반응을 보이는 점을 고려하면 이 또한 완전한 방법이라 하긴 어렵다.

결국 남은 유일한 방법은 호주가 취한 방법, 즉 원자력잠수함 기술을 가진 국가로부터 원자력잠수함과 핵연료를 받는 것이다. 호주는 자국 해군의 차세대 전력을 위해 SSN-AUKUS 프로젝트를 진행, 현재 미국의 승인하에 영국에서 원자력잠수함을 설계 중이다. 현실이 이러하니 '한국도 외교적 노력을 충분히 기울이면 가능할 것'이라는 주장이 일각에서 제기되기도 하는데, 이는 잘못된 생각이다.

우선 호주로 하여금 원자력잠수함을 보유하게 해준 여러 이유들 중 하나는 호주가 미국에게 특별동맹국으로 대우받는 '파이브 아이즈Five Eyes'에 속한다는 것이다. 파이브 아이즈는 미국, 영국, 캐나다, 호주, 뉴질랜드 5개국으로 구성된 정보공유 및 군사협력 동맹체로, 호주는 제2차 세계대전 당시부터 미국의 동맹국이 되었고 민족 구성이나 문화, 역사 면에서도 미국과 유대감을 갖는 부분이 많아 SSN-AUKUS 프로젝트의 진행이 가능했던 것으로 보인다. 이와 달리 한국은 미국에겐 파이브 아이즈보다 한 단계 낮은 등급의 동맹국으로 여겨지기에 미국 내에서의 위상이나 중요성 또한 호주에 미치지 못한다.

그에 더해 호주와 한국 사이에는 두 가지 결정적 차이점도 있다. 하나는 호주가 원전을 갖지 않은 탈원전국가라는 것이다. 영국에서 건조가 완료될 원자력잠수함의 수령과 관련해 핵무기 확산을 막는 국제기구인 IAEA로부터 승인을 받을 수 있었던 것도, NPT의 규제를 받지 않았던 것도 바로 그 덕분이었다. 원자력잠수함을 보유한 이후에도 핵연료를 만들 수 없고 온전히 미국과 영국의 통제하에서만 원자력잠수함의 운용이 가능하니 핵확산 우려가 없다는 사실은 호주 원자력잠수함 도입의 가장 큰 동력이 되었다. 이와 달리 이미 발전량의 상당부분을 원자력발전소에 의존하고 있는 한국이 호주와 같은 탈원전국가가 되어 NPT의 규제를 피할 수 있는 가능성은 없다.

호주와 한국의 다른 한 가지 차이는, 호주의 경우 정치가들 및 시민사회가 핵무기 보유에 대한 관심이 전혀 없을 뿐 아니라 강력히 반대한다는 것이다. 전 세계의 핵질서를 결정하는 IAEA 및 NPT 체제에서 핵무기를 갖고 싶어 하는 사회 여론은 핵무기 보유의 가장 큰 적이다. 핵무기를 만들려는 의지가 보이지 않는 나라에서는 원자력 기술의 발전이나 재처리가 허용되더라도 핵물질 유출이나 무단 핵개발 같은 사고가 발생하지 않는다. 바꿔 말해, 지배자 한 명의 의지로 핵무기를 만들 수 있는 독재국가나 국민 여론이 핵무기에 긍정적인 공화국은 핵무기 확산의 '잠재적 혐의자usual suspects'로 인지 및 관리된다는 뜻이다. 북한의 핵무기가 갖는 위협 탓에 독자적 핵무장에 대한 여론이 과거 그 어느 때보다 높은 한국은 이미 이런 단계에 들어섰다 할 수 있다.

한번 생각해보자. 만약 한국이 NPT와 IAEA에서 탈퇴해 무단으로 원자력잠수함을 건조하거나, 내친 김에 핵무장 상태로까지 간다면 한국의 방위산업은 어떻게 될까? 우선 핵 관련 무단개발을 시도할 경우에는 핵물질 수출이 원천적으로 금지된다. 동시에 즉시 NPT에 의거해 '강제적 탈원전 상태'에 돌입해 전국의 가정집과 산업들이 단전을 강제로 수행해야 하기에, 많은 전력을 필요로 하는 제조업 및 방위산업의 생산력은 큰 타격을 받을 것이다. 그에 더해 NPT 및 IAEA의 규제 사항을 위반하는 모든 국가들은 방산수출도 전면 금지된다. 이란이나 북한은 그러한 이유로 무기 수출이 불가능해져 밀수출을 진행할 수밖에 없었다. 그러나 밀수출의 경우 정식 수출 계약에 비해 엄청난 손해를 각오해야 하니, 윤리적·정치적 문제는 차치하고라도 한국 방위산업에 괴멸적 타격을 입힐 것은 분명하다. 결론적으로 핵무기와 원자력잠수함은 현 K-방산이 지향해야 할 목표가 아니라, 오히려 세계 곳곳에서 활약하는 K-방산에 장애물이 될 수도 있다는 점을 우리 모두 깊이 인지해야 한다.

무기 7. 다목적 전투함:
완벽한 국산화로 토탈 솔루션을 제공하다

군함을 '떠다니는 영토'라 일컫는 이유

인간이 만드는 무기에는 수천 가지가 있지만, 그중 장기간의 작전 수행이 가능한 것은 오직 해군용 무기뿐이다. 아무리 큰 공군용 항공기라 해도 24시간 이상의 시간 동안 작전을 펼치기는 어렵고, 육군의 그어떤 장갑차도 수백 킬로미터 이상을 계속해서 주행하기란 불가능하다. 그와 달리 해군이 사용하는 수천, 수만 t의 대형 전투함이나 대형 잠수함은 몇 달 동안 전 세계를 돌아다닐 수 있다.

또한 공군이나 육군이 아군 영토와 영역 밖에 있는 먼 곳에서 작전을 펼치려면 기지를 건설해야 하는 데 반해, 해군은 몇 달이 걸리든 해역에서 자리를 지키며 적을 압박하고 임무를 수행할 수 있다. 이렇듯 어디에나 있을 수 있고, 아군의 영해 및 인근 영토를 지키고 수호할 수

K-방산에 투자하라

있다는 점 때문에 해군의 군함은 현대전에서 대체 불가능한 지위를 갖는다.

또한 해군력과 해군의 전투함은 적을 쫓아내거나 아군의 영역을 지키기 위해 굳이 매번 전투를 할 필요가 없고, 상황에 따라서는 적이 제해권을 장악하려는 바다에 군함을 보내 그곳이 안전하게 항해 가능한 상태임을 증명할 수도 있다. 최근 몇 년간 남중국해에서 중국과 갈등을 빚는 미국 및 그 동맹국들이 벌이는 '항행의 자유Freedom of Navigation' 작전이 바로 이런 형태의 군사작전이다. 중국이 남중국해를 봉쇄할 가능성이 감지되자 미국 및 동맹국들은 당장 중국과 전쟁을 벌이지는 않았으나 군사적 충돌을 감수하고 함대를 투입, 강행돌파를 실시해 그러한 가능성을 차단해버린 것이다.

이상의 능력들을 발휘하기 위해 군함은 전차나 전투기가 그렇듯 미사일과 화포, 레이더와 적외선 카메라 등을 통한 무장 능력뿐 아니라 장시간의 작전에 필요한 장비들도 필요로 한다. 쉽게 표현하자면 움직이는 군사기지로서의 역할, 운용자들이 생활하는 공간으로서의 역할, 전투장비로서의 역할 모두를 함께 갖춰야 한다는 뜻이다.

이번 꼭지에서는 이런 군함 중 가장 중요하다 할 수 있는 전투함 전력 건설을 위해 K-방산이 기울인 노력의 역사를 돌아보려 한다. 아울러 현재 한국 해군의 주력 함정인 KDX 시리즈에 대해 알아보고, 현재 건조 중인 차세대 전투함 FFX 및 KDDX의 특징과 수출 가능성까지도 함께 살펴보겠다.

무상원조 군함 대신 국산 전투함으로

1948년 대한민국 정부 수립 이후 한국 해군이 최초로 획득한 전투함은 백두산함이다. 백두산함은 한국 최초의 해군 제독인 손원일 제독이 함정건조 모금운동을 통해 모은 자금으로 미국에서 구매한 구형 경비정이었다. 당시 한국 해군은 포탄 가격이 비싸 함포 사격훈련조차 제대로 하지 못해 나무로 만든 포탄으로 장전훈련만 겨우 할 수 있을 정도였으나, 1950년에 발발한 한국전쟁 시 이 배를 끌고 대한해협으로 나가 북한의 무장수송선을 격침시키는 전과를 올렸다.

한국전쟁이 끝난 뒤 미국은 구형 전투함 여러 척을 한국 측에 무상 군사원조로 지급했고, 그 덕에 한국 해군은 일찍부터 북한 해군보다 화력 면에서 앞설 수 있었다. 다만 문제는 북한의 도발이 점점 기습공격 혹은 은밀침투 방식으로 진화한다는 데 있었다. 북한은 한국전쟁 당시 남측에 대형 수송선을 침투시켰으나, 종전 후에는 남파긴첩 및 무장공비 침투를 위해 위장어선 또는 쾌속선을 사용했다. 그러다 1967년 제3차 중동전쟁에서 이집트 해군의 미사일고속정이 당시로서는 최신 무기였던 대함미사일을 사용, 이스라엘 해군의 에일라트 Eilat급 구축함을 격침시키는 사건이 일어나자 북한 해군도 미사일고속정으로 함대를 개편했다.

그러나 한국은 북한의 미사일고속정에 대응하기가 매우 어려웠다. 미국의 무상원조로 공급받은 구형 전투함들은 제2차 세계대전 중 건조된 것들이라 성능 면에서 뒤처지는 탓이었다. 이를 해결하겠다고 나선 업체가 있었으니, 1972년에 막 조선소를 착공하고 조선업에

K-방산에 투자하라

울산급 호위함.
출처: 김민석

뛰어든 HD현대조선이었다. 군함 건조에 대한 지식과 노하우가 전혀 없었던 HD현대조선과 해군은 JJMA John J. McMullen Associates 이라는 미국의 설계컨설팅회사와 공동으로 설계팀을 조직, 1981년에 최초의 국산 전투함인 울산급 호위함을 처음 건조하는 데 성공했다.

울산급 호위함의 장점은 북한의 대간첩 작전에 대응할 수 있는 강력한 기동성과 함포 화력이었다. 울산급은 비행기용 제트엔진을 개조한 가스터빈엔진을 탑재해 간첩선과 고속정 추격이 가능할 정도로 속도가 빨랐고 76mm, 40mm, 30mm, 20mm 함포 및 기관포를 여러 문 장착해 근접 교전에서 북한 소형 함정을 압도할 만한 화력을 갖추었다. 이에 더해 도입 당시로는 최신예 무기였던 미국제 RGM-84C하푼

대함미사일까지 장착, 130km 이상 떨어져 있는 적 군함도 공격할 수 있었다.

다만 고가의 완전자동함포를 여러 대 갖추고 속도 또한 빠른 전투함이다 보니 가격이 저렴하진 않다는 문제가 있었다. 이를 보완하기 위해 한국 해군은 울산급 호위함을 축소시킨 포항급 초계함을 1984년부터 건조한 것을 시작으로, 1990년대 초까지 소수의 미국 해군 중고 함정과 울산급 호위함, 포항급 초계함, 그리고 소형 고속함으로 구성된 함대를 조직할 수 있게 되었다.

대한민국 해군의 새 역사를 만든 KDX 시리즈

> 대한민국 해군의 전투함은 크기 순서대로 고속함patrol killer, 초계함corvette, 호위함frigate, 구축함destroyer으로 나뉘고, 우리 해군의 실질적인 주력함정은 호위함과 구축함이다. 우리 군의 호위함 건조 사업은 해군 최초 국산 호위함의 이름을 따 '울산-1' 사업으로 부르고, 기능과 크기가 조금씩 달라진 새로운 호위함이 붙을 때마다 '울산-1 배치1', '울산-1 배치2', '울산-1 배치3' 등으로 부른다.
>
> 우리 군의 구축함 건조 사업 역시 우리 해군 최초의 국산 구축함 '광개토대왕함'의 이름을 따서 '광개토-1', '광개토-2', '광개토-3'로 부른다. 또한 광개토-3의 경우, 기본형과 개량형을 배치1, 배치2로 구분한다.

그런데 이렇게 건설된 해군 함대에는 한 가지 결정적 문제점이 있었다. 항공 및 미사일 위협으로부터 함대를 방어할 수 있는 함대방공 능력, 그리고 수중 잠수함의 위협에 대응할 수 있는 대잠수함 능력이

한국형 구축함 광개토(KDX) 프로젝트 주요 특징			
사업명		함급	비고
광개토-1	KDX-1	광개토대왕함급	최초의 국산 구축함
광개토-2	KDX-2	충무공이순신급	최초의 순항미사일 및 장거리 대공미사일 운용
광개토-3	KDX-3 Batch1	세종대왕급	최초의 이지스함
	KDX-3 Batch2	정조대왕급	신형 이지스 및 대함탄도미사일 탑재

크게 부족했던 것이다. 1990년대 군사전문가들은 주변국인 일본 해상자위대의 전력에 비해 한국 해군의 전력이 30퍼센트 수준에 불과하다는 추측을 내놓기도 했는데, 이는 한국이 북한과의 해상 전투에만 집중했을 뿐 최신 해상 무기체계의 발전은 따라가지 못한 탓이었다.

때문에 한국 해군은 1990년대부터 한 가지 계획을 시작했다. 이름하여 KDXKorean Destroyer eXperimental, 혹은 '광개토'라고도 하는 이 한국형 구축함 개발계획은 울산급이나 포항급과는 전혀 다른, 세계 수준의 최신예 전투함을 국내 기술로 개발하는 것을 목표로 했다. 다만 육군의 K2흑표 차세대 전차 개발, 공군의 KF-21 차세대 전투기 개발 등과는 차이점이 있었다. KDX 계획은 하나의 무기를 만들어내는 게 아니라 함대를 구성하는 다양한 전투함들의 크기 및 성능을 고려, 만들기 쉬운 것부터 어려운 것까지 순서를 정한 뒤 30년에 걸쳐 차례대로 하나씩 건조해나가겠다는 초장기 플랜이라는 게 그것이었다.

KDX 계획에 따라 건조된 구축함들은 제각기 고유의 이름을 부여받지만 편의상 'KDX-1', 'KDX-2', 'KDX-3'라 불리기도 한다(일부

광개토대왕급 구축함.
출처: 해군

언론에서는 'KD-1'과 같은 식으로 일컫기도 하나 이 호칭은 실제론 사용되지 않는다). KDX 계획을 '광개토 계획'이라고도 하는 이유는 이 계획에 의해 가장 처음 만들어진 것이 광개토대왕함이고, 이후 후속으로 개발된 배들을 해군이 '광개토-1', '광개토-2', '광개토-3' 등으로 부르기 때문이다.

KDX 계획의 첫 도전작인 KDX-1 광개토대왕급은 현 한화오션의 전신인 대우조선해양이 1993년에 건조를 계약해 1998년부터 총 세 척을 생산한 3900t급 구축함이다. 광개토대왕급 구축함들은 대한민국 군함 최초로 미국 RTX의 함대공미사일 RIM-7시스패로Sea Sparow를 16기 장착함은 물론, 네덜란드의 탈레스Thales가 만든 SGE-30골

K-방산에 투자하라

충무공이순신급 구축함.
출처: 김민석

키퍼Goalkeeper 기관총을 근접방어체계close-in weapon systm, CIWS로
채택해 현대적 대함미사일도 요격할 수 있다. 이전까지 한국 해군이
보유했던 전투함들 중 미사일 방어 능력을 갖춘 것은 없었기에 광개
토대왕급의 탄생은 한국 해군의 역사에서 매우 의미 깊은 일이었다.
더불어 광개토대왕급에는 헬기 운용이 가능한 헬기 갑판과 격납고가
구비되었고, 이탈리아 오토멜라라OTO Melara가 만든 강력한 위력의
127mm 함포가 장착되었으며, 원거리 수중의 잠수함을 탐지해내기
위한 예인소나towed array sonar도 최초로 탑재되었다.

이러한 광개토대왕함의 뒤를 이어 KDX-2 계획으로 탄생한 것이
'충무공이순신급 구축함(충무공이순신함)'이다. 충무공이순신함은

2003년부터 2008년까지 총 여섯 척이 만들어졌는데, 한화오션과 HD현대중공업에서 각각 세 척씩 번갈아 건조했다. 광개토대왕급은 한국이 처음으로 현대적 구축함을 만드는 시도의 결과물이었기에 무게중심 문제 등 일부 설계에서 부족한 부분이 있었고, 때문에 대량으로 건조되기가 어려웠다. 그러한 시행착오를 바탕으로 충무공이순신함은 '광개토대왕급 구축함의 모든 기능을 이어받되 성능 면에서는 보다 우수한 구축함'을 지향했고, 실제로 현재도 한국 해군의 최고 주력 함정으로 활약 중이다.

충무공이순신함은 우선 대공·대잠수함·대지 공격 면에서의 능력이 광개토대왕급보다 훨씬 우수하다. 광개토대왕함의 만재배수량은 3900t이었으나 충무공이순신급의 만재배수량은 5500t으로 크게 늘어나 먼 바다까지 나가는 해외원정작전 능력이 향상되었고, 127mm 함포는 이탈리아제 대신 그보다 가벼운 미국 BAE의 Mk.45로 교체되었다. 근거리 공격을 위해서는 광개토내왕함과 동일하게 골키퍼 기관총을 장착했으나 대공용 미사일의 경우 1종이 아닌 2종을 탑재했다. 이로써 원거리에서는 미국 RTX의 미사일 RIM-66스탠더드Standard SM2로 적 항공기를 공격하는 것이 가능해졌고, 보다 가까운 거리에서는 미국의 RTX와 독일의 딜Diehl이 공동개발한 미사일 RIM-166 RAM으로 2차 대응을 하며, 그보다 더 가까운 근거리에서는 골키퍼가 적을 막는다는 3단계 방어개념이 적용되었다. 광개토대왕함에서는 수입산으로 장착했던 예인소나도 충무공이순신함에서는 LIG넥스원과 ADD가 개발한 SQR-220K로 바뀌었고, 무엇보다 핵심 무장장비인 VLS를 국산 기술로 만들어낸 KVLS-1까지 장착되어 지상 타격이

K-방산에 투자하라

가능해졌다.

충무공이순신급 구축함의 핵심 공격력은 8기의 경사 발사대에서 발사하는 'SSM-700k해성' 대함미사일, 그리고 VLS에서 발사하는 24발의 '해성2' 순항미사일이다. LIG넥스원이 생산하는 이 두 미사일은 터보제트엔진이 장착되어 있어 먼 거리까지도 마치 비행기처럼 저공비행으로 날아가 적을 타격한다. 차이점이 있다면 해성 대함미사일은 적 전투함을 공격하고, 해성2 순항미사일은 북한의 핵심 군사시설을 타격하는 지상공격 임무를 갖는다는 점이다. 해성2는 해성보다 미사일의 크기도 훨씬 크고 500km 이상 떨어진 적 지상시설을 정밀 타격할 수 있어 '한국형 토마호크'로도 불린다. KVLS-1에는 해성2는 물론 원거리의 잠수함을 신속히 공격할 수 있는, LIG넥스원이 만든 대잠미사일 '홍상어Red Shark'도 탑재 가능하다.

이후 이어진 KDX-3 계획으로 세상에 나온 것은 '궁극의 전투함'이라 일컬어지는 이지스 구축함인 '세종대왕급 구축함(세종대왕함)'이다. 2008년부터 2012년까지 총 세 척이 취역한 세종대왕함은 대한민국 역사상 최강의 전투함으로, 1만 t 이상의 큰 크기뿐 아니라 전반적 성능 역시 한국 해군이 보유한 전투함들 중에서 가장 뛰어나다고 할 수 있다. 그 비밀은 '이지스 전투체계Aegis Comat System'에 있다.

현대전으로 올수록 전투함의 성능은 미사일 방어력에 달려 있다 해도 과언이 아니다. 1980년대부터 구소련은 미국의 막강한 항공모함 함대를 상대하기 위해 100여 발의 대함미사일을 동시 발사하는 전략을 만들었다. 그에 따라 전투함에서도 동시 다표적 요격 능력, 즉 한 번에 여러 개의 대함미사일을 요격할 수 있는 능력이 중요해졌다. 이

정조대왕급 구축함.
출처: HD현대중공업

목표를 위해 이지스 시스템은 함정에 탑재된 레이더와 전투 임무 컴퓨터 및 모든 무장을 마치 하나의 무기처럼 통합하고, 그만큼 빠르게 적의 공격에 대응할 수 있다. 한국은 록히드마틴이 개발한 이지스 시스템을 세종대왕함에 장착함으로써 전 세계에서 다섯 번째로 이지스 시스템 운용국이 되었다.

잠시 후 살펴볼 정조대왕함이 나오기 이전까지 세종대왕함은 세계 최대 규모의 이지스 구축함이었다. 당시 일본과 미국의 이지스함은 세종대왕함과 외형은 비슷했으나 배수량 면에서 1만 t급의 세종대왕에 못 미쳤기 때문이다. 충무공이순신함보다 더 커진 세종대왕함에는 역시 충무공이순신함에도 장착되었던 국산 수직발사기 KVLS-1을 무려 48기, 그리고 해성2 순항미사일과 홍상어 미사일 또한 두 배 더 많이 탑재할 수 있었다.

K-방산에 투자하라

마지막으로 살펴볼 한국 해군의 주력함정은 KDX-3 배치2 정조대왕급 구축함이다. 앞에서 잠시 설명했듯, 배치란 기존 디자인을 바탕으로 새로운 전투함을 건조하되 성능을 계속해서 업그레이드한다는 뜻이다. 정조

KVLS 및 KLVS-2 수직발사기.
출처: 김민석

대왕급은 세종대왕급보다 커진 약 1만 1000t 정도의 크기와 함께 보다 업그레이드된 이지스 시스템을 갖췄으며, LIG넥스원이 개발한 통합소나체계를 적용해 수중탐지 능력도 크게 향상되었다. 정조대왕함에는 세종대왕함에 장착되었던 것보다 성능 면에서 훨씬 뛰어난 음파탐지기가 여러 대 장착되는데, 통합소 나체계는 이렇게 형태 및 수신 주파수가 다른 여러 음파탐지기를 하나의 체계처럼 융합해 탐지 능력을 높인다. 또한 정조대왕함은 추진 방식도 뛰어나지만 엔진 방식 역시 효율적이다. 구동 방식이 항공기의 제트엔진과 동일하여 연비가 나쁜 가스터빈엔진을 보완하기 위해 전기 하이브리드 가스터빈엔진을 채택, 소음과 연비 문제 모두를 줄였다.

정조대왕급 구축함의 가장 큰 특징은 미국제 수직발사기보다 훨씬 큰 KLVS-2라는 새로운 수직발사기 24기를 탑재한다는 것이다. 여기에 장착되는 것은 사거리가 500km인 탄도미사일 '현무4-2'다. 현무4-2 미사일은 순항미사일보다 훨씬 빠른 속도로 신속하게 북한의 핵심 표적을 타격할 수 있다. 이렇게 지상공격 능력이 향상된 '궁극의 이지스함'인 정조대왕함은 현재 한국 해군이 보유한 전투함 중 가장

크고 비싼 배로, 총 3조 9000억 원의 예산으로 2027년까지 세 척이 건조될 예정이다.

해역함대의 핵심이자 수출 아이템, FFX

울산-1(FFX) 호위함의 함번, 함명 및 건조사			
프로젝트명	함번	함명	건조사
울산-1 배치1	FFG-811	인천	HD현대중공업
	FFG-812	경기	
	FFG-813	전북	
	FFG-815	강원	SK오션플랜트
	FFG-816	충북	
	FFG-817	광주	
울산-1 배치2	FFG-818	대구	한화오션 (구 대우조선해양)
	FFG-819	경남	
	FFG-821	서울	HD현대중공업
	FFG-822	동해	
	FFG-823	대전	한화오션 (구 대우조선해양)
	FFG-825	포항	
	FFG-826	천안	HD현대중공업
	FFG-827	춘천	
울산-1 배치3	FFG-828	충남	HD현대중공업
	FFG-829	-	SK오션플랜트
	FFG-831	-	
	FFG-832	-	
	FFG-833	-	한화오션
	FFG-835	-	

KDX 구축함 계획은 30년에 걸쳐 이뤄지는 초장기 계획이라 지금도 여전히 진행 중인데, 한 가지 문제가 있었다. KDX 구축함들은 기존 한국 해군이 운용하던 울산급 호위함과 포항급 초계함을 대체하는 전력이 아니라는 게 그것이었다. KDX-1, KDX-2, KDX-3가 건조되는 동안에도 국내 최초의 전투함이었던 울산과 포항은 천천히 노후화하고 있었다. 특히 2010년 3월 26일에 발생한 천안함 피격 사건은 연안전투함정을 더 이상 노후화된 상태로 놔둬선 안 된다는 뼈아픈 메시지를 우리 해군에게 남겼다.

이런 이유로 울산급 호위함을 대체할 또 다른 신형함정을 건조하기 위해 시작된 것이 바로 FFXFuture Frigate eXperimental 계획이다. KDX 계획이 그랬듯 FFX 계획 역시 차세대 함선을 오랜 시간 동안 건조하겠다는 프로젝트였고, KDX 계획으로 만들어진 함선들이 '광개토-1', '광개토-2', '광개토-3'로 불리듯 FFX 계획으로 건조된 함선들은 '울산-1 배치1', '울산-1 배치2', '울산-1 배치3,' 계'울산-1 배치4'로 불린다. 다만 KDX 계획으로 탄생하는 구축함들의 경우 처음 것은 배수량이 3600t급이었으나 나중 것은 1만 2000t까지 이르는 것과 달리, FFX 계획하의 구축함들은 배치1부터 배치4에 이르기까지 모두 3000~4000t 사이의 배수량을 갖는다는 차이가 있다.

가장 먼저 살펴볼 FFX-1, 즉 울산-1 배치1은 인천급 호위함으로, 1998년부터 정식 출범한 울산-1 사업의 첫 성과물이다. 한국 해군의 주력 구축함인 KDX-2 충무공이순신함을 소형화하면서 디자인과 많은 요소들이 그대로 적용된 인천급 호위함은 2013년부터 2016년까지 여섯 척이 건조되어 해군에 인도되었다.

인천급 호위함.
출처: 김민석

인천급 호위함이 충무공이순신함과 유사한 부분은 한둘이 아니다. 우선 가스터빈엔진과 디젤엔진 모두를 사용하는 추진기관이 유사하고, 미국 BAE와 면허생산 계약을 맺어 현대위아가 만든 KMK127 함포가 장착되었다는 점도 동일하다. RAM 대공미사일, 예인소나, 링스Lynx해상작전헬기, LIG넥스원의 해성 대함미사일과 더불어 LIG넥스원이 개발한 전자전 시스템 SLQ-200(V)K소나타Sonata, 어뢰방어 시스템 SLQ-261K TACM, 예인소나 등도 충무공이순신함과 인천급 호위함 모두에 적용된 장비들이다.

물론 몇몇 차이점도 있다. 함정의 최종 방어를 담당하는 근접방어체계, 즉 CIWS가 네덜란드 탈레스의 골키퍼에서 미국 RTX의 팰렁스Phalanx로 바뀌었다. 다른 나라들이 작전환경이 달라져 CIWS의 인기

K-방산에 투자하라

가 예전만 못해지면서 골키퍼 체계를 사용하는 나라가 한국밖에 남지 않자 비용이 비싸졌고, 그 때문에 미 해군이 사용 중인 팰렁스 체계로 바꾼 것이다.

또한 인천급 호위함은 함정을 공격하는 대함미사일도 기존의 해성을 개조한 '해룡Sea Dragon'으로 교체하며 8기를 장착했다. 2010년 11월에 발생한 연평도 포격 사건을 통해 한국은 '독자적으로 북한 해안포를 공격할 만한 마땅한 수단이 우리 해군 함정에는 없다'는 뼈 아픈 교훈을 얻었는데, 이때의 교훈을 반영해 개발된 새로운 무장이 바로 해룡이다. 해성 미사일에서 탐색기를 빼고 탄두를 교체한 형태인 함대지미사일 해룡은 GPS 신호를 받아 지상의 적 표적을 공격하고, 확산 탄두가 장착되어 넓은 지역의 지상 차량이나 병력을 공격할 수 있다. 이러한 해룡 덕에 인천급 호위함은 비싸고 복잡한 해성2 미사일과 VLS 없이도 250km 거리의 지상표적을 공격하는 것이 가능해졌다.

함정의 핵심 전자두뇌라 할 수 있는 전투체계 면에서도 인천급 호위함은 수입에 의존했던 충무공이순신급과 달리 국산을 탑재했다. 한화시스템이 개발한 '네이발실드 베이스라인2Naval Shield Baseline 2' 전투체계는 함정의 각종 탐지자산, 방어장비, 미사일, 함포를 통합 운용할 수 있게 해준다. 여기에 함정용 레이더 역시 국산화했다. 인천급 호위함은 LIG넥스원이 최초로 개발한 함정용 다기능레이더 SPS-550K를 탑재함으로써 가격을 낮췄을 뿐 아니라 충무공이순신함의 구형 네덜란드 탈레스제 MW-08 레이더보다 두 배 이상으로 탐지범위를 넓혔다.

두 척의 대구급 호위함.
출처: 해군

　이러한 인천급 호위함은 빠르게 노후한 울산급 호위함을 대처하는
데 부족함이 없다. 그럼에도 몇 가지 한계가 있었는데, 그 부분을 보완
함으로써 설계가 크게 달라진 신형 호위함이 울산-1 배치2 대구급이
다. 2018년 3월에 취역한 초도함인 대구함을 시작으로 22023년 10월
에 취역한 춘천함에 이르기까지 총 여덟 척이 건조된 울산-1 배치2 대
구급 호위함은 현재 대한민국 해군의 실질적 주력함으로 활약 중이다.
　대구급 호위함은 인천급 호위함을 보완한 모델인 만큼 둘의 차이점
도 뚜렷하다. 우선 VLS가 16기나 장착되었다. VLS를 가진 함선은 같
은 공간에 더 많은 미사일을 적재할 수 있고, 다양한 종류의 미사일을
임무에 따라 달리 구성할 수 있어 화력도 크게 높일 수 있다. 대구급

　　　　　　　　　　　　　　　　K-방산에 투자하라

호위함에 장착된 16셀(1셀은 발사대 1기를 뜻함)의 VLS에는 LIG넥스원이 개발한 함대공미사일 해궁Sea Bow 16기, 해룡 8기, 홍상어 4기가 탑재된다. 특히 국내 최초의 함대공미사일인 해궁은 VLS 1셀에 4기의 미사일을 탑재하는 쿼드팩quadpack 방식으로 작은 공간에 많은 미사일을 넣을 수 있고, 360도 전 방향에서 오는 위협에 신속히 대응할 수 있다. 해궁 미사일은 '능동 레이더 유도active rader guided' 방식을 채용, 자체 레이더가 있어 동시에 많은 수의 대함미사일을 요격하는 능력도 갖추었다.

추진기관에서도 대구급 호위함은 인천급 호위함과 차이를 보인다. 인천급의 경우 저속운항 시에는 느리지만 연비가 좋은 디젤엔진을, 고속운항 시에는 출력이 좋지만 연비가 나쁘고 시끄러운 가스터빈엔진을 사용한다. 그와 달리 대구급은 프로펠러에 영구자석형 전동모터를 장착, 저속운항 시에는 디젤엔진이 발전기를 돌려 전기 모터로 움직이고 고속운항 시에는 가스터빈의 출력을 직접 프로펠러에 공급하여 움직이는 방식을 택함으로써 엔진 소음을 크게 줄였다. 그에 따라 잠수함을 탐지하는 음파탐지기의 성능도 자연히 크게 향상되는 한편 적 잠수함에게 탐지될 수 있는 거리는 줄어들어, 전체적으로 잠수함을 상대하는 전투 능력이 매우 발전했다. 더불어 내부 설계를 대규모로 바꾼 덕에 승무원의 활동 공간 및 전투에 필요한 내부 동선 또한 크게 개선되었다. 이런 변화들에 힘입어 대구급 호휘함은 인천급에 비해 400t만 늘어난 3600t의 크기지만 실제 전투 능력은 50퍼센트 가까이 향상되었다 해도 과언이 아니다.

대구급 다음으로 현재 건조 추진 중인 함정은 울산-1 배치3인 충남

충남급 호위함 초도함 충남함.
출처: HD현대중공업

급 호위함이다. 대구급과 비교했을 때 이 함정이 갖는 가장 큰 차이점
은 한화시스템이 만든 다기능레이더multi-function radar, MFR이다. 네
개의 레이더가 하나로 구성된 MFR은 실시간으로 360도 전 방향을
감지할 수 있는 AESA레이더로, 기존에 장착된 회전식 레이더보다
탐지거리가 늘어남은 물론 적의 위치를 2초당 한 번씩 업데이트할
수 있어 적 미사일을 거의 실시간으로 추적하는 게 가능해, 함정의
대공방어 능력을 크게 향상시켰다. 훨씬 커진 레이더 크기 때문에 무
게도 대구급보다 700t이 늘어난 충남급 호위함은 함정 길이도 길어져
승조원들의 내부 공간을 충분히 확보함과 동시에 작전지속 능력까지
높아졌다. 해외의 동급 전투함과 비교해도 전혀 뒤떨어지는 부분이 없

K-방산에 투자하라

는, 명실상부한 세계 최고 수준의 호위함이 되었다고 자부할 만한 것이다.

충남급 전투체계 및 주요 장비.
출처: 국방과학연구소

그 뒤를 이어서는 울산-1 배치4가 건조되어야 하는데, 현재 건조 사업이 계속 유찰됨에 따라 전체 계획이 지연되고 있어 우리 해군 및 방위산업계의 우려가 크다. 방위산업체들은 '충남급 계획 때부터 호위함 건조에 처음 뛰어들었던 SK오션플랜트가 계속 저가수주를 해온 탓에, 울산-1 배치4 건조에 필요한 총사업비 자체가 지나치게 적게 책정되었다'는 문제를 제기한다. 현재 울산-1 배치4의 1번함과 2번함에 대한 사업 예산은 약 7575억 원인데, 조선소 입장에서는 원자재 가격과 물가 및 인건비 등을 고려하면 적자를 감수해야만 하는 금액이니 입찰에 참여하지 않는 게 문제인 상황인 것이다.

이러한 난관을 넘어 건조에 성공한다면, 울산-1 배치4는 울산-1 배치3 당시엔 수입산을 썼던 CIWS 기관포를 현재 LIG넥스원이 개발 중인 CIWS-2로 교체해 초고속미사일에 대한 대응 능력이 높아질 것이고, 역시 현재 비밀리에 개발되고 있는 초음속대함미사일을 장착해 공격력도 크게 향상될 것이라 기대된다. 지금의 '울산-1 배치4 유찰 사태'에 대한 해결책을 정부와 방위사업청이 하루빨리 제시할 수 있기를 기대해본다.

한국 해군의 미래를 책임질 KDDX

그렇다면 미래에 대한민국의 영해를 수호하고 K-방산 수출의 성공적 베스트셀러가 되고자 노력하는 차세대 전투함으로는 어떤 것들이 있을까? 2000t급 초계함, 100t급 무인전투수상정, 합동화력함, 무인전투모함 등 여러 차세대 함정들의 개념설계가 현재 진행 중이지만, 이런 전투함들이 실제로 개발되어 등장한다 해도 그것은 앞으로 20여 년 후의 일이다. 한때 한국형 항공모함 계획도 산업계 및 군에서 많이 언급된 적 있지만, 항공모함은 배 자체도 비쌀 뿐 아니라 배에 싣는 함재기의 구매 및 유지보수에도 막대한 비용이 들기에 당분간은 현실화되기 어려운 실정이다.

이런 현실에서 지금 우리가 가장 주목해야 할 K-방산의 차세대 전투함이 바로 KDDX이다. 충무공이순신급을 이을 차세대 구축함 KDDX는 21세기 대한민국 영해를 최일선에서 지키는 주력 전투함인 데다 대한민국 방위산업이 수십 년간 기울여온 국산화 노력이 결실을 맺은, 사실상 국산 전투함의 완성형이기 때문이다.

KDDX가 갖는 의미가 이렇듯 남다르기 때문에, 함정 건조 사업은 언제나 긴 시간을 필요로 하지만 그중에서도 KDDX의 건조에는 특히 오랜 시간이 걸렸다. 차세대 구축함을 만들겠다는 장기신규소요가 처음 결정된 것은 2011년 11월, 대우조선해양(현 한화오션)이 대략적인 성능을 결정하는 개념설계를 담당한 것은 그 이듬해인 2012년이었다. 그런데 2013년 12월 합동참모본부가 KDDX 대신 KDX-3 배치2, 정조대왕급 세 척을 먼저 건조하기로 결정하면서 KDDX 관련 일정이 미뤄

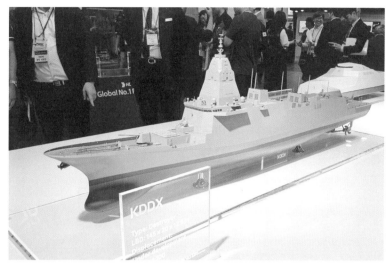

KDDX 구축함의 모형.
출처: 김민석

졌고, 이 과정에서 한때 사업비가 전액 삭감되기도 했다. 그러다 2020년에 이르러서야 HD현대중공업은 함정의 크기나 주요 장비 특징과 내부 배치 등을 결정하는 기본설계를, 한화시스템은 함정의 전투체계와 핵심 센서 레이더의 생산을, LIG넥스원은 통합음파탐지기 생산을 맡게 되면서 다시금 전체 건조 사업에 박차가 가해졌다.

현재 기본설계가 완성된 KDDX는 '이지스함보다 작고 저렴하지만 그보다 뛰어난 성능의 함정'이라고 요약할 수 있다. 이런 표현이 결코 과장이 아닌 것은, 한국의 조선소들은 물론 해상무기체계 방위산업계가 그동안 쌓아온 연구실적 및 제품 관련 노하우 모두를 집약해 최고의 성능으로 담아낸 함정이 KDDX이기 때문이다.

우선 통합음파탐지기를 살펴보자. KDDX에는 이지스 구축함인 KD

X-3 배치2에서의 통합음파탐지기 기술이 그대로 적용되었으나 성능은 오히려 그보다 더 높아졌다. 함선의 모양을 유체공학적으로 더욱 다듬은 덕에 함정 자체의 소음이 KDX-3 배치2보다 작았고, LIG넥스원이 만든 통합음파탐지기는 KDX-3 배치2에 장착된 미국제 이지스 전투체계보다 한화시스템이 만들어 KDDX에 장착한 한국산 전투체계와 더욱 잘 통합된 덕분이었다.

추진기관 또한 대구급 및 충남급 호위함에서 사용된 하이브리드 방식을 적용해 연비를 크게 향상시켰다. 저속에서는 연비가 좋은 디젤엔진이 만든 전력으로 모터를 구동하다가 고속에서는 가스터빈엔진만을 사용하는 방식이라, 가스터빈엔진만 갖춘 세종대왕급 및 정조대왕급 이지스함보다 효율적으로 운항하는 것이다. 더불어 함정의 마지막 방어수단이라 할 수 있는 CIWS로는 LIG넥스원이 개발한 국산 CIWS-2가 2기 장착되었고, 함포 또한 충남급과 동일한 KMK45 127mm 함포가 장착되었다.

KDDX는 약 9000t에 달할 정도로 크기가 거대해진 덕에 장거리 항해 및 전투지속의 능력도 충남급보다 훨씬 향상되었다. KDDX의 레이더는 충남급의 MFR을 개발했던 한화시스템이 맡았는데, KF-21 전투기에 적용한 기술을 넣은 '듀얼밴드 레이더dual band radar'로 만들었다.

레이더는 종류와 용도에 따라 주파수가 제각기 다른데, '밴드band'란 주파수의 파장을 여러 대역으로 나눈 '범위'이며 주파수 대역에 따라 이니셜을 붙여 구분한다. KDDX에 장착된 듀얼밴드 레이더는 장거리 탐지 능력이 우수한 S-밴드 레이더와 정밀추적 능력이 우수한

K-방산에 투자하라

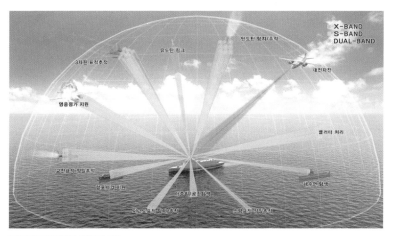

KDDX의 듀얼밴드 레이더 기능.
출처: 한화시스템

X-밴드 레이더를 마치 탑처럼 생긴 통합마스트integrated mast module, IMS에 넣어 하나의 체계처럼 운용한다. 통합마스트에는 이 두 종류의 레이더는 물론 통신장비와 일부 전자전장비까지 함께 결합되어 있다. 이를 통해 KDDX는 여러 곳에 복잡하게 설치해 수리가 불편했던 과거 전투함의 단점을 개선함과 동시에, 적의 레이더에 탐지될 확률을 낮추는 스텔스 기능도 더욱 향상시킬 수 있었다.

레이더 자체의 성능도 크게 높아져, 세종대왕급 이지스함과 정조대왕급 이지스함에 장착된 수동위상배열passive electronically scanned array, PESA 레이더보다 표적에 대한 초고속추적 및 정밀추적 능력이 훨씬 뛰어나다. 북한이 쏘는 탄도미사일은 물론 저공침투하는 드론이나 순항미사일도 이지스함보다 빨리 탐지할 수 있다는 뜻이다.

이에 더해 KDDX에는 LIG넥스원이 개발 중인 신형 전자전장비,

한화시스템이 개발한 적외선 추적장비 등이 탑재된다. 정조대왕급 이지스함에도 적용되었던 대형 VLS인 KVLS-2에 함대지탄도미사일인 현무4-2와 단거리 함대공미사일인 해궁이 장착되나, 미사일 탑재가 가능한 VLS의 수 자체는 정조대왕급보다 다소 적은 64개다.

KDDX은 LIG넥스원이 개발 중인 함대공유도탄-2가 최초로 장착되는 함정이기도 하다. 2023년부터 개발이 시작되어 2036년까지 총 6900억 원이 투입될 함대공유도탄-2는 비싼 가격에 유지보수가 어려웠던 미국 RTX의 미사일인 RIM-66스탠더드SM-2를 대신해 장거리 항공표적 및 순항미사일을 공격할 수 있다. 향후에는 한 발에 수백억 원에 달하는 미국제 탄도탄요격미사일인 RIM-161스탠더드SM-3에 맞먹는 수준의 개량형이 장착될 예정이다.

다만 안타깝게도 KDDX는 2024년 현재 여러 구설에 시달리고 있다. 함정의 설계 과정은 대개 콘셉트를 잡는 개념설계, 기본 구성을 확정하는 기본설계, 실제 건조에 사용할 도면을 만드는 상세설계로 구성되는데 KDDX의 경우 개념설계는 한화오션, 기본설계는 HD현대중공업으로 이미 나뉜 상태에서 두 업체 중 어느 쪽이 상세설계를 맡을 것인가를 두고 논쟁이 계속되고 있기 때문이다. 기본설계 사업에서 HD현대중공업이 승리했을 당시 한화오션은 사업자 선정에 대한 가처분신청을 낸 적이 있으나 받아들여지지 않았고, 2020년 적발된 HD현대중공업의 보안유출 사고에 대해 감점을 부여하는 게 옳은 것인지에 대한 논쟁도 몇 년째 이어지고 있다.

이런 상황 탓에 KDDX의 건조 일시와 조선소의 물량은 아직 구체적으로 확정되지 않았고, KDDX가 세계 함정 수출시장에 등장할 시기도

KDDX에 탑재될 지능형 지휘시스템.
출처: 김민석

여전히 가늠되지 않는 실정이다. 조속히 이 문제가 해결되어, KDDX가 한국 해군 전력에서 중요한 위치를 담당하게 됨은 물론 수출시장에서 세계 최고 수준의 성능으로 해외 전투함과 경쟁할 수 있기를 기대해 본다.

치열한 수출시장에서 경쟁 중인 국산 전투함들

이상과 같이 대한민국 전투함의 기술력과 현황, 현재 배치 및 개발 상황 등을 살펴봤으니 이제는 현재까지의 수출실적을 분석하고 향후 전망을 정리해볼 차례다. 다음 페이지의 표에서 볼 수 있듯, 국산 전투함은 현재까지 3개국에 총 네 척이 판매되었다.

이 외에도 대우조선해양(현 한화오션)이 만든 타이드Tide급 보급함, 모드Maud급 보급함 등이 2017년부터 영국과 노르웨이 해군에 각각 인

국산 전투함의 수출현황			
이름	방가반두함	푸미폰아둔야뎃함	호세리잘급 호위함
국가	방글라데시	태국	필리핀
건조사	한화오션 (구 대우조선해양)	한화오션 (구 대우조선해양)	HD현대중공업
디자인명	DW-2000H	DW-3000F	HDF-2500
중량	2500t	3700t	2600t
무장	76mm 함포, 대함미사일, 대공미사일, 어뢰	76mm 함포, 대함미사일, 대공미사일, 어뢰	76mm 함포, 대함미사일, 대공미사일, 어뢰
특이사항	방글라데시 해군 최초의 한국산 군함	태국 해군의 기함	필리핀 해군 최초의 미사일 탑재 호위함
척 수	1	1	2
인도 시기	2001년	2018년	2020년

도되었고, 2019년 미얀마에 판매된 모아타마Moattama 상륙함이나 소해함 등의 지원함을 합하면 현재까지 해외로 수출된 한국의 전투함과 지원함은 총 23척에 이른다.

함정 수출사업 중 아직 완성되진 않았으나 계약이 확정된 것으로는 2024년 3월에 4억 6290만 달러(약 6250억 원)로 HD현대중공업이 수주한 페루 함정 건조사업이 있다. 이 사업을 통해 HD현대중공업은 HDF-3200호위함을 개량한 3400t 호위함 한 척, 2200t의 HDP-2200 초계함 한 척 및 HDL-1400 디자인을 개조한 1400t급 상륙함 두 척을 페루의 국영 조선소인 SIMAServicios Industriales de la Marina에서 건조할 계획이다.

K-방산에 투자하라

한국이 페루에 수출 예정인 호위함, 초계함, 상륙함의 조감도.
출처: HD현대중공업

그렇다면 지금까지 수출된 한국산 전투함들은 어떤 공통점들을 가질까? 가장 중요한 공통점은 한국 해군이 운용 중인 호위함의 요소를 수요국의 요구에 맞게 변형한 함정이라는 점이다. 가장 처음 수출된 방가반두함DW-2000H은 울산급 호위함과 광개토왕급 구축함의 디자인과 구성을 혼합했고, 이후 태국과 필리핀, 페루에 수출된 호위함들은 사실상 한국 해군의 울산-1 배치2급인 대구급 호위함의 디자인을 변경한 것이었다. 이들 국가는 대공미사일과 대함미사일의 탑재 및 원양항해가 가능한 전투함을 원했으나 예산 문제로 어려움을 겪었다는 공통점이 있다.

또한 지금까지 수출된 전투함들은 비록 한국이 건조하긴 했으나 국산화율은 상당히 낮았다는 점에도 주목해야 한다. 함정의 가격에서 선체 가격만큼이나 상당한 비중을 차지하는 것이 내부 무장과 전투체계, 레이더나 음파탐지기, 해상작전헬기 등의 단가다. 지난 20년간 한국 방위산업은 이러한 장비들의 국산화에 성공해왔으나, 정작 해외 고객들은 한국의 전투함을 구매하면서도 내부 장비들은 제3국의 것을 선호했다. 일례로 최초의 수출 전투함인 방가반두함에는 중국산 대공미사일이, 필리핀이 구매한 호세리잘급HDF-2500 호위함에는 독일의 헨솔트Hen-soldt가 만든 TRS-3D 레이더가, 2024년에 페루가 구매한 호위함에는 튀르키예제 CIWS인 괴크데니즈Gokdeniz가 탑재되었다. 따라서 앞으로 한국산 함정의 수출경쟁력을 확보함은 물론 유지보수에서 많은 수익을 올리려면 함정의 선체뿐 아니라 내부 장비까지 함께 패키지로 수출해야 할 필요가 있다.

다행히 이런 우려는 앞으로 자연스럽게 해결될 가능성이 높아 보인다. 현재 K-방산 무기에 대한 세계 각국의 평가는 과거 대비 개선 및 검증되었다는 것이 주류를 이루고 있기 때문이다. 실제로 지금 K-방산이 수주를 위해 애쓰고 있는 호주 해군용 차세대 호위함 사업에서도 한국산 무기가 상당량 선택받을 것으로 예상된다.

'SEA 3000'이라는 이름의 호주 해군용 차세대 호위함 사업은 총 열한 척의 호위함을 2026년부터 건조하는 대형 무기도입 사업이다. 이 함선들의 빠른 전력화를 위해 호주 해군은 '현재 운용되고 있는 전투함의 설계를 기반으로 큰 개조 사항 없이 건조되는 함정이어야 한다'는 조건을 내걸었다고 알려져 있다. 111억 호주달러(약 10조 원)라는 막대한 예산이 걸린 사업인 터라 세계 유수의 함정건조업체들의 경쟁 또한 매우 치열한데, 한국에서는 HD현대중공업과 한화오션이 이 경쟁에 각각 뛰어들었다. HD현대중공업이 호주 측에 제시한 것은 충남

필리핀에 수출한 호세리잘급 호위함.
출처: 한화오션

급 호위함을 기반으로 하는 호위함이고, 한화오션은 대구급을 확대
개량한 호위함인 오션4300을 내세웠다.

한 가지 안타까운 점은, 잠수함 및 각종 함정의 건조사업에서 한화
오션과 HD현대중공업이 30년 이상 맹렬히 경쟁해왔다는 점이다. 현
재 전 세계의 전투함 및 잠수함 수출경쟁에서 한국은 서로 다른 업체
들을 통해 복수입찰하는 거의 유일한 국가고, 그렇게 분산되는 만큼
자연히 마케팅 측면에서도 큰 시너지를 내지 못하고 있다. 심지어 최
근 한화오션과 HD현대중공업의 갈등은 차세대 구축함 KDDX의
기밀유출 및 입찰유출 사태 탓에 극한으로 치닫고 있는데, 이러한 상
황은 한국 함정의 수출에도 큰 악영향을 주는 요소다.

물론 다른 시각에서 보자면, 전 세계를 대상으로 하는 함정 건조
사업의 입찰에 한국의 두 회사가 뛰어드는 것은 지극히 자연스러운

상황으로 여겨질 수도 있다. 이는 한국 조선 사업의 수준이 지금도 세계 최고란 뜻이고, 대부분의 서방 국가들에서는 조선업이 이미 쇠락해 국영 조선소 혹은 단일한 조선소만 살아남은 상태이기 때문이다.

하지만 프랑스의 네이발그룹이나 독일의 TKMS, 이탈리아의 핀칸티에리Fincantieri, 스페인의 나반티아Navantia 등은 이미 수십 년에 걸쳐 수많은 함정을 수출해온 데다 최근에는 미국의 함정도 건조하고 있어, 국내 조선소들이 힘을 합치지 않고서 제각기 이들과 계속 경쟁해나가기란 결코 쉽지 않아 보인다. 이에 더해 최근에는 튀르키예도 저가경쟁에서 한국을 위협하고 있다. 파키스탄과 우크라이나 등 예산이 부족한 나라와 이슬람 국가들을 중심으로 저가 및 국산화를 앞세워 공략하고 있기 때문이다. 상황이 이런 만큼, KDDX의 경쟁이 조속히 마무리된 후에는 국가 차원에서 한국산 함정의 수출경쟁력 제고를 위한 방안 수립이 K-방산의 숙제가 될 것이다.

K-방산에 투자하라

무기 8. 해상 무인체계:
미래 해전을 책임지는 '유령함대'

바다도 피해 갈 수 없는 '무인전쟁'

2024년 말 현재에도 계속되고 있는 우크라이나 전쟁은 무인전투체계
가 역사상 그 어느 때보다 많이 사용되는 전쟁이기도 하다. 무인무기
들은 육상뿐 아니라 해상에서의 작전 시에도 종횡무진 활약하고 있는
데, 특히 주목해야 할 부분은 사상 처음으로 모습을 드러내 전장을
누비고 있는 해상 무인전투체계다. 일명 '해상 드론'이라고도 일컬어
지는 무인수상정과 무인잠수정은 그 이름에서 알 수 있듯 지상과 공중
이 아닌 바다 위에서 작전을 수행한다.

우크라이나 전쟁에서 해상 드론이 처음 사용된 때는 2023년 7월이
었다. 그보다 1년 앞선 2022년 7월, 우크라이나는 러시아 해군에게 사
실상 전멸당한 자국 해군을 대신해 러시아 해군을 공격할 방법을 찾기

한화시스템의 군집 무인수상정 시범.
출처: 한화시스템

위해 애썼고, 그 과정에서 우크라이나 최초의 무인수상전투정unman-
ned surface vehicle, USV인 '시베이비Sea Baby'를 개발했다. 이 USV를
활용해 우크라이나는 이듬해 7월 러시아의 핵심 방어목표인 크림대교
를 공격해 무너뜨리고 교각 위를 지나던 차량들을 파괴하는 데 성공했
고, 9월에도 이와 같은 공격을 이어갔다. 7월 당시 크림대교를 첫 공격
목표로 삼았던 것은, 급히 개발해낸 USV였던 만큼 움직이지 않는 표
적을 먼저 공격해봄으로써 기능을 시험하려는 목적이었을 것이라 추
정된다.

　USV의 기능을 더욱 개발한 우크라이나군은 이후 움직이는 적 군함
에 대한 공격을 여러 차례 시도했다. 2023년 9월 러시아군의 고속미
사일 초계함인 사문Samum을 공격한 데 이어 초계함 세르게이코토프

Sergey Kotov와 상륙함 세자르쿠니코프Tsezar Kunikov, 그리고 미사일초계함 이바노베츠Ivanovets를 격침시키는 데 성공했다. 흑해에 근거하는 러시아 흑해함대는 배수량을 기준으로 비교했을 때 우크라이나 해군 함대보다 열 배 이상 강한데, 그들을 상대로 우크라이나의 조그맣고 보잘것없는 해상 드론이 엄청난 성과를 올린 것이다.

현재까지도 러시아 흑해함대는 우크라이나 무인수상정의 활약에 밀려 제대로 된 작전을 펼치는 데 어려움을 겪고 있다. 항구에 있든 바다에서 작전을 수행하든 우크라이나 측 무인수상정의 표적이 되기 때문에 훨씬 소극적으로 움직일 수밖에 없는 것이다. 비슷한 예로, 중동의 후티 반군 등도 미국을 위시한 연합국의 해군 함대를 대상으로 무인수상정을 활용한 공격을 빈번히 가하고 있다.

한국 해군 역시 여러 해상 드론과 무인 작전에 큰 관심을 기울이고 있다. 2022년 11월에 처음 그 개념이 처음 발표된 '네이비 시 고스트Navy Sea Ghost' 계획은 한국 해군이 수상·수중·공중 등의 모두에 해상 무인체계를 적용함으로써 새로운 작전개념을 도입하려는 시도다. 이 '네이비 시 고스트' 계획을 위해 현재 어떤 해상 무인체계들이 개발되고 있는지, 그러한 무기체계들은 미래를 어떻게 바꿀지, 또 그것들의 해외 수출가능성은 어떠한지를 이번 꼭지에서 함께 살펴보자.

바다의 최전방을 지키는 수호자, 무인수상정

가장 먼저 살펴볼 해상 무인체계는 '드론 함선'으로도 불리는 USV, 즉 무인수상정이다. 크기와 용도에 따라 나눠보면 함정에 실리는 함 탑재

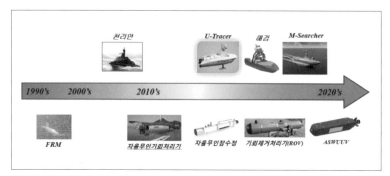

해상 무인체계 개발의 역사.
출처: 국방과학연구소

소형 무인수상정, 단독운항을 하는 소형 무인수상정, 그리고 기존 전투함에 가까운 크기의 대형 무인수상정 등이 있는데, 그중 한국 방위산업체 및 연구기관 들이 집중하는 것은 소형 무인수상정과 함탑재 무인수상정이다.

한국이 소형 무인수상정에 집중하는 데는 여러 이유가 있으나, 가장 중요한 이유는 평시 돌발상황이 발생해 그에 대한 대처 및 초기 작전을 수행할 때 인명피해를 줄이고 작전성공률을 높일 수 있기 때문이다. 가령 세계에서 유일한 영토선 개념의 해상 경계선인 '북방한계선 north-ern limit line, NLL' 수호 임무를 위해 한국 해군은 북방한계선 근처에서 조업 중인 한국 민간 선박은 보호하고, 반대로 북한 군대의 함정 및 선박이나 중국의 불법어로 어선들은 북방한계선 이남으로 내려오지 못하게 막고 있다. 그러나 유인함정은 이러한 임무에 적합하지 않다. 이 임무는 그 특성상 소형 함정이 담당해야 하는데, 북한은 지금까지 여러 차례에 걸쳐 북방한계선 인근의 한국 해군 함정에게 기습

K-방산에 투자하라

비궁을 장착한 해검 무인수상정.
출처: 김민석

공격을 가해 물질적 피해는 물론 인명피해를 입혔기 때문이다. 그렇기에 무인수상정은 북방한계선 수호 임무에 제격이라 할 수 있다.

현재 한국 방위사업체에서 가장 의욕적으로 무인수상정을 개발하는 업체는 LIG넥스원이다. 이 업체가 2019년에 개발을 시작해 2021년에 내놓은 '해검-2Sea Sword II'는 정찰을 주 임무로 하나 교전도 가능한 다목적 무인수상정이다. 길이 12m, 폭 3.5m, 중량 11t의 소형 함정이지만 정찰용 레이더와 수중무인탐사기remotely operated vehicle, 그리고 SNT다이내믹스에서 개발한 20mm RCWS를 갖춰 소형 고속정 혹은 소형 자폭무인보트를 격파할 수 있다. 최고속도는 40노트(약 시속 74km)이며 2기의 워터제트 추진기관이 갖춰져 있어 북방한계선 지역에서 북한 고속정과 전투가 가능하다.

해검-2를 개발한 LIG넥스원은 여러 대의 고속함에 동시 공격이

해령 무인수상정.
출처: 김민석

가능한 유도로켓 '비궁Poniard'을 장착한 '해검-3'를 공개한 바 있는데, 이 기술을 응용하여 LIG넥스원은 미국 텍스트론Textron의 무인수상정 CUSV에 비궁을 탑재하는 수출을 추진 중이다. 무인수상정이라는 새로운 무기에 맞춰서 또 다른 새로운 무기들이 속속 통합되고 있는 것이다.

해검-2의 라이벌은 한화시스템의 자체예산으로 개발되던 도중 해양경찰청의 개발 사업에 채택된 '해령Sea Ghost'이다. 크기는 해검과 거의 비슷해 길이 12m, 폭 3.6m, 중량 14.5t이며 최고속도도 해검과 동일한 40노트다. 해검-2가 그렇듯 해령 또한 공격무장과 대잠수함 수색임무 기능을 갖추고 있다. 다만 무장 능력에서 보자면 20mm 기관포를 갖춘 해검-2에 비해 RCWS의 위력이 약하고 유도무기가 아직 탑재되지 않았다는 것이 단점이다.

K-방산에 투자하라

해검-5 함탑재 무인수상정.
출처: 김민석

그럼에도 해령에는 한화시스템의 특색 있는 시스템을 활용한 몇몇 요소가 있다. 한화시스템이 협력하고 있는 저궤도 위성통신기업 원웹 OneWeb의 서비스를 이용, 해안에서 멀리 떨어진 바다에 있어도 원격 통제 운용이 가능하고, 파랑波浪 계층 레이더를 통해 파도의 거셈 정도를 측정할 뿐 아니라 기뢰탐색용 무인잠수정과의 수중원격통신도 가능해서 무인잠수정이 파악한 기뢰나 잠수함의 위치를 실시간으로 확인할 수 있다.

해검-2와 해령 외에도 현재 한국에선 다양한 목적의 무인수상정들이 개발 중이다. 해검-2에 이어 2023년, LIG넥스원은 함정에 실을 수 있는 무인수상정 '해검-5'를 개발하는 데 성공했다. 해검-5는 해검-2보다 작은 3.2t급 무인수상정이지만 한국형 구축함 등의 전투함 안에 탑재할 수 있기 때문에 항구에서 발진하는 무인수상정보다 빠르게

M-헌터 무인수상정.
출처: 김민석

작전 지역에 투입될 수 있다. 해검-5는 크기가 작을 뿐 아니라 센서를 접고 펼 수 있어 좁은 함선 내부 격납고에 수납하기 편리하며, 물대포가 장착되어 있어 중국 어선들의 불법어로행위 단속 같은 비전투적 임무도 수행 가능하다.

한국의 ADD가 호주와 공동연구개발한 USV인 M-헌터M-Hunter도 역시 주목할 만하다. LIG넥스원이 제작한 M-헌터는 수중자율유도 기뢰탐색장비autonomous underwater vehicle가 여러 대 장착된 덕에 위험한 기뢰 탐색 및 제거 작전을 인명피해 없이 수행할 수 있음은 물론, 금속으로 만들어진 배가 감지되면 폭발하는 자기감응식 기뢰의 공격도 피할 수 있다.

마지막으로 살펴볼 USV는 우크라이나에서도 활약하는 '자폭드론보트'다. USV의 무기 가운데 폭약이 달려 있어 자폭공격만 수행하

K-방산에 투자하라

LIG넥스원의 자폭드론보트 개발개념.
출처: LIG넥스원

는 것은 사실 없다. 그러나 LIG넥스원이 공개한 '해검키트-I'은 일반 보트를 무인수상정으로 손쉽게 바꿔주는 개조부품으로, 고무보트에 이 키트와 폭약을 달면 자폭드론보트로 변신시킬 수 있다. 또한 적외선 카메라와 AI 기반 장애물 회피 기능도 갖기에, 복잡한 연안 지역에서도 스스로 이리저리 움직이며 적을 찾아갈 수 있다.

공격과 방어 모두에 유용한 은밀한 무인잠수정

바다 위에 유인전투함이 있고 바닷속에 유인잠수함이 있듯, 해상 무인전투체계에도 두 축이 있다. 하나는 바다 위의 USV이고 다른 하나는 바닷속의 무인체계, 즉 무인잠수정unmanned underwater vehicle, UUV이다. 수중에서 작전을 수행해야 하는 UUV는 하늘을 나는 드론이나 무인지상로봇unmanned ground vehicle, 그리고 수상을 항해하는 USV와

국내 무인잠수정 개발 사례.
출처: 한화시스템

달리 개발과 운용이 매우 어려운 편에 속한다. 수중에서는 전파가 통하지 않아 작전 기간 내내 인간의 통제를 벗어나 혼자 자율적으로 움직일 수 있어야 하기 때문이다. 이것이 가능하려면 고도의 AI 기능, 또 GPS 사용이 불가능한 상황에서 필요한 초정밀항법 기능이 필요한데, 제아무리 값비싼 무인잠수정이라 해도 이런 기능들을 갖추지 못하면 임무수행은커녕 작전 후 회수도 못할 가능성이 매우 크다.

하지만 UUV는 개발의 어려움만큼이나 효용성 또한 엄청나다. 무엇보다 인간이 만든 무기체계 중 가장 추적이 어려운 스텔스 무기가 바로 UUV이기 때문이다. 잠수함이 스텔스 기능을 갖추면 스텔스전투기 혹은 폭격기보다 탐지해내기가 훨씬 어려울 뿐 아니라, 크기가 작으면 작을수록 추적하기도 어렵다. 다시 말해, 마음만 먹는다면 UUV는 '적에게 영원히 탐지되지 않는' 무기가 될 수 있는 것이다.

이런 특징 덕에 UUV는 방어 임무와 공격 임무 양쪽에서 큰 활약을 할 수 있다. 우선 방어 임무 면을 보면 적이 부설한 기뢰를 제거하는 기뢰제거 임무, 항구 근처에서 계속 움직이면서 적의 잠수함이나 잠수부가 항구로 접근하는지를 탐지하는 수색 임무에 투입될 수 있다. 반대로 공격 임무 면에서는 적의 항구 근처에 기뢰를 몰래 부설하거나, 장기간 매복해 있다가 전쟁이 시작되는 즉시 항구에 있는 적의 전투함에 어뢰를 발사하거나, 위험한 해역을 정찰할 수도 있다. 이렇듯 활용성이 높아 북한과 러시아의 경우에는 아예 UUV에 핵무기를 탑재한 '해일-2'와 '포세이돈Poseidon'을 배치해두었을 정도다.

그렇다면 현재 한국이 연구 중인 UUV로는 어떤 것들이 있을까? 여러 종류가 있지만 주된 것들만 꼽자면 '대잠정찰용 UUVanti-submarine water UUV, ASWUUV', '임무 가변형 초대형급 UUVmission reconfigurable eXtra-lage UUV, MRXUUV'이 개발 중이고, 정찰용 UUV 및 '초대형 전투용eXtra-large UUV, XLUUV'이 설계 중에 있다.

길이 7m, 폭 1.2m인 ASWUUV은 2017년부터 핵심기술 개발이 시작되었고 2023년부터는 본격적인 체계개발에 들어간 상태다. 개발은 ADD가 주도하고 전체 제작은 한화시스템, 추진체계는 국내 중소기업인 범한산업, 음파탐지기는 LIG넥스원이 담당한다. ASWUUV의 핵심 임무는 북한의 수중 핵 위협, 즉 SLBM을 장착한 잠수함을 추적하는 것이다. 이를 위해 ASWUUV에는 2종의 음파탐지기, 즉 스스로 음파를 발신하여 적을 찾아내는 능동음파탐지기와 주변 소음을 듣고 적을 찾는 수동음파탐지기가 장착되어 있는데, 이는 실제 잠수함에 탑재되는 음파탐지기와 크기만 다를 뿐 기능 면에서는 거의 같다. 더불어 손원일급 잠수함과 도산안창호급 잠수함에도 실제로 적용된 수소연료전지를 장착, 액체 산소와 수소를 저장했다가 합성하여 전력을 만들어내는 원리를 이용해 수중에 30일 이상 머물 수 있다.

이러한 ASWUUV는 완전히 자율적으로 작전을 수행하지만, 특수한 수중통신기도 탑재되어 있어 운용자가 작전의 지시나 중단, 귀환을 요청할 수 있다. 이러한 명령들은 유인 전투함에서 직접 내릴 수도 있으나, ASWUUV가 위험한 적진에서 작전을 수행하고 있는 상황이라면 유인전투함이 위성통신을 통해 ASWUUV와 함께 운용되는 소형 USV에게 우선 명령하고, USV가 그 내용을 ASWUUV에게 재전달하는 방식으로 이뤄진다.

ASWUUV보다 크기가 큰 MRXUUV 역시 ADD의 주도하에 한화시스템이 제작하고 있는 잠수정이다. 이 둘은 수중 통신체계와 음파탐지기를 장착하고 있다는 점이 동일하나, 세 가지 면에서 MRXUUV는 ASWUUV와 차이점을 갖는다.

하나는 '에너지원'이다. ASWUUV의 경우 수소연료전지만을 사용하지만 MRXUUV는 리튬이온전지와 수소연료전지를 결합한 새로운 복합에너지원을 사용, 무인잠수정을 대형화함으로써 45일간 단독 임무수행이 가능하게끔 하는 것을 목표로 삼고 있다.

다른 하나는 '접이식 마스트mast'다. 마스트란 잠수 시에는 접어두었다가 필요할 때에만 펼치는 잠망경 같은 장비를 일컫는다. MRXUUV에는 잠망경 기능을 하는 감시정찰용 EO/IR 카메라가 탑재되어 있어 적의 어떤 배가 출항하는지 감시할 수 있음은 물론, GPS수신기와 통신안테나 또한 달려 있어 아주 먼 곳에 있더라도 통신위성을 이용해

K-방산에 투자하라

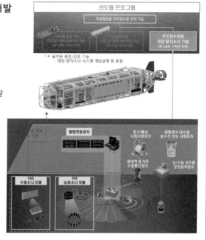

잠수함 탐지를 위한 무인잠수정용 음파탐지 기술.
출처: 국방과학연구소

명령을 수신하고 임무에 돌입할 수 있다.

마지막 하나는 '공격 임무'가 가능하다는 것이다. MRXUUV는 모듈을 교환하면 기뢰 탑재가 가능한 터라 적진에 침투해 몰래 기뢰를 부설, 적의 전투함이 전투에 나서지 못하고 항구에 묶이게끔 만들 수 있다.

앞서 언급했듯 한국에서는 현재 정찰용 무인잠수정과 XLUUV도 설계 중이지만, 아직은 초기 단계라 외부에 알려진 정보가 매우 적다. 그럼에도 수중 무인체계에 열심히 투자 중인 한화시스템과 한화오션은 방산전시회에서 XLUUV의 설계안을 공개한 바 있다. 그에 따르면 XLUUV는 23m의 길이에 폭은 2.5m, 배수량은 60t에 달해 MRXUUV보다 큰 소형 유인잠수정과 비슷한 크기라 한다. 수소연료전지

다목적 모듈형 무인잠수정.
출처: 국방과학연구소

와 리튬이온전지를 결합한 복합에너지원, 음파탐지기, 감시용 마스트가 장착된다는 점에서는 MRXUUV와 같다. 그러나 크기 자체가 더욱 커진 만큼 음파탐지기의 성능과 연속작전 능력이 향상되고, 무엇보다 무장으로 어뢰도 발사할 수 있어 적의 잠수함을 추적하고 스스로 공격하는 능력을 갖출 것으로 예상되고 있다.

국내 시장은 우선 LIG의 판정승, 하지만…

그렇다면 현재 개발 중인 해상 무인전투체계의 사업화 현황은 어떤 상태일까? 가장 치열했던 사업인 '정찰용 무인수상정 체계개발 사업'에서는 LIG넥스원의 '해검-2'가 한화시스템의 '해령'과 치열한 경쟁을 벌인 끝에 우선협상대상자로 선정되었다. 해검-2는 2027년까지 두 척

K-방산에 투자하라

이 해군에 인도될 예정이고, 대당 가격은 약 200억 원 내외일 것으로 추정된다.

앞으로 대량구매가 예상될 USV 납품 및 연구개발 사업에서 이렇게 LIG넥스원이 먼저 승기를 잡았으니, 한화시스템은 이후 있을 기뢰탐지용 무인수상정 사업 등 여타 사업에서 불리한 입지에 놓인 듯 보인다. 그러나 한화시스템 측은 이번 패배에 강력 반발하는 등 해상 무인전투체계 개발 사업에 대한 유지 의사를 강하게 내보이고 있어 귀추가 주목된다.

이에 더해 LIG넥스원과 한화시스템의 또 다른 경쟁자인 HD현대중공업도 테네브리스Tenebris라는 USV의 개발에 박차를 가하고 있다. 테네브리스는 2026년 개발 완료를 목표로 HD현대중공업이 미국 AI방위산업기업인 팔란티어테크놀로지스Palantir Technologies 및 안두릴인더스트리스와의 협업하에 개발 중인데, 한국 내 수요가 아닌 미국 수요를 노리고 업체 자체의 비용으로 제작한다는 점이 특징적이다. 길이 17m, 배수량 14t 규모의 소형 함정인 테네브레스의 개발에서 염두에 둔 것은 남중국해에서 중국 해군의 전투함과 접촉하여 차단 혹은 전투가 벌어지는 상황이다. 때문에 이 USV에는 팔란티어테크놀로지스의 AI 기술, 안두릴인더스트리스의 최신형 공격드론인 알투스Al-tius와 기관포를 탑재해 중국 전투함을 상대로 중거리 공격을 수행한다는 작전 개념이 적용되어 있다.

HD현대중공업의 무기는 '가격'이다. HD현대중공업은 테네브리스의 가격 대비 성능이 매우 뛰어나다는 점을 강조하고 있다. 세계 최고의 AI업체인 팔란티어테크놀로지스가 만든 고도의 AI자율항주 시스

HD현대중공업의 테네브리스 무인수상정 모형.
출처: 김민석

템이 장착될 뿐 아니라 그에 필요한 각종 센서들 또한 다른 경쟁제품들보다 더욱 간략하게 만들어져 탑재되는 덕분이라고 한다.

앞으로도 HD현대중공업은 테네브리스의 기술을 활용해 소형 USV를 계속 개발할 계획이며, 특히 자사가 구축함 및 전투함도 개발하고 있다는 점을 적극 활용하기 위해 단독작전용 USV보다는 함탑재 USV 개발에 먼저 나설 것으로 알려졌다. HD현대중공업의 이러한 시도가 성공한다면, 당분간 한국의 수상 무인무기 시장에서는 LIG넥스원, 한화시스템, HD현대중공업의 삼파전 구도가 계속될 것으로 보인다.

세계 각국이 앞 다투어 경쟁 중인 '새로운 노다지 시장'

사실 해상 무인전투체계가 대한민국 방위산업의 주요 수출상품이라고 이야기하기에는 무리가 있다. 그러나 이는 한국의 문제가 아닌 전

K-방산에 투자하라

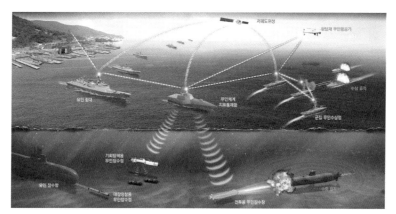

미래 해상 무인체계 개념.
출처: 한화시스템

세계적 상황이라 보는 편이 타당하다. 해상 무인전투체계는 전통적 재래식 무기뿐 아니라 지상 혹은 공중 무인전투체계에 비해 실용화가 다소 늦게 이루어진 제품군이라 세계 각국이 아직까지는 대량도입을 추진하고 있지 않기 때문이다.

하지만 방위산업의 R&D 측면에서 보자면 이 분야는 현재 세계 각국이 제각기 맹렬히 연구 경쟁 중이기에, 머지않아 기존에 없던 새로운 시장이 형성될 가능성이 매우 크다. 특히 무인항공기와 순항미사일, 탄도미사일의 경우 MTCR, 즉 '미사일기술 통제체제'의 규제를 받는 데 비해 USV와 UUV에 대해서는 이런 기술통제가 적기 때문에 해상 작전에서 특히 중요한 수단으로 자리 잡을 확률이 높다.

앞서 잠깐 언급했듯, USV는 이미 ISISThe Islamic State of Iraq and Syria와 후티 반군과 같은 반정부 세력이나 비정규 무장집단은 물론 우크라이나 등지에서 수상함 공격을 위해 광범위하게 사용되기 시작했

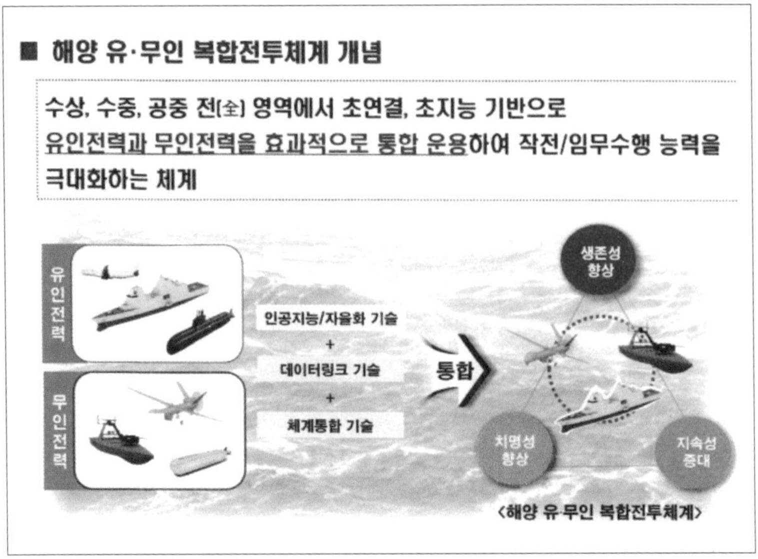

■ 해양 유·무인 복합전투체계 개념
수상, 수중, 공중 전(全) 영역에서 초연결, 초지능 기반으로
유인전력과 무인전력을 효과적으로 통합 운용하여 작전/임무수행 능력을
극대화하는 체계
유인전력
무인전력
인공지능/자율화 기술
+
데이터링크 기술
+
체계통합 기술
통합
생존성 향상
치명성 향상
지속성 증대
<해양 유·무인 복합전투체계>

해상 무인체계의 비전.
출처: 대한민국 해군

다. 이를 막기 위한 가장 좋은 방법 역시 USV에 자폭보트 대응용 유도 무기를 장착해 원거리에서 요격하는 것이므로, 가까운 미래에는 함탑재 USV 및 소형 USV에 대한 수요가 급증할 것으로 보인다.

UUV의 경우를 살펴보면 현재는 기뢰제거 작업을 위한 자율무인잠수정autonomous underwater vehicle으로서 활발히 활용되고 있지만 향후에는 방어 임무를 거쳐 공격 임무로 발전할 가능성이 크다. 우선은 자국의 항만 혹은 함선의 보호를 위해 무인정찰잠수정으로 적의 잠수함을 정찰하는 방어 임무를 띠다가, 거기서 한 단계 더 나아가 적의 무인잠수정을 수색하고 상황에 따라서는 공격도 하는 임무를 가질 확률이 높다는 뜻이다.

특히 러시아와 북한은 무인잠수정을 이용한 핵공격으로 항구를 파괴하려는 방법을 모색하고 있기에, 이를 막기 위해 항구 밖의 바다 영역에서 적의 무인잠수정을 추적하거나 직접 어뢰를 사용해 공격하는 것이 UUV의 중요 임무로 떠오를 것이다. 이런 작전의 수행은 유인 잠수함으로도 가능하지만 비용 및 시간을 고려했을 때 UUV의 임무성공률이 월등히 높기 때문이다. 실제로 과거 냉전시대의 상황을 돌이켜보면 적국의 원자력잠수함을 추적하기 위해 아군 측 원자력잠수함이 바닷속에서 미행을 하는 경우가 많았으나, 막대한 비용이 드는 데다 승무원들이 잠수함 안에서만 숙식을 해결하며 지내다 보니 피로도가 높아져 임무집중력이 떨어진다는 문제가 있었다. 이런 점을 감안해보면, 적의 수중 전력에 대한 감시와 미행을 끊임없이 수행할 수 있는 UUV는 효율성이 매우 높은 무기임을 쉽게 알 수 있다.

다만 K-방산은 해상 무인전투체계의 수출시 '패키지 판매'를 고려해볼 만하다. 기존의 전투함이나 잠수함에 USV와 UUV를 '끼워 팔기' 하려는 움직임이 미국이나 프랑스 등의 방위산업 선진국들 사이에서 일고 있기 때문이다. 따라서 현재 한국이 수출시장에서 열심히 홍보 중인 우수한 한국산 전투함과 잠수함에 USV와 UUV를 묶어 하나의 체계로 판매하는 것은, K-방산에 있어 수출경쟁력 강화는 물론 막 시작된 해상 무인전투체계의 시장경쟁에서 뒤처지지 않을 수 있는 중요 전략이 될 것으로 보인다.

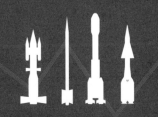

4장

수출의 다크호스, 미사일

무기 9. 지대지미사일:
세계 시장을 석권할 또 다른 다크호스

가장 강력한 창, 지대지미사일

단 20기의 무기로 전쟁의 양상이 바뀐다는 것은 대개 현실이 아닌 로봇 애니메이션에서나 가능한 일이다. 단 열두 척의 배로 왜군을 몰아낸 이순신 장군의 이야기를 제외하고, 몇몇 무기가 국가의 운명을 좌우했거나 전황을 바꾼 사례를 찾는 일이 무척이나 어려운 것은 그 때문이다. 특히 각종 첨단무기들이 서로 유기적으로 협력되어야 하는 현대전에서는 더더군다나 그렇다.

그런데 드론과 전자전, 최신 무기가 다양하게 등장한 우크라이나 전쟁에서 단 16기로 우크라이나 방어에 큰 공을 세운 무기가 있다. 바로 미국의 다연장로켓포multiple rocket launcher인 'M142HIMARSHigh Mobility Artillery Rocket System(이하 하이마스)'다. 2022년 6월 23일 우

우크라이나 전쟁에서 활약 중인 하이마스 다연장로켓포.
출처: Global Images Ukraine

크라이나 전쟁에서 처음 등장한 하이마스는 투입 즉시 러시아의 후방 탄약고 및 주둔지를 집중 공격하는 활약을 했고, 러시아는 기를 쓰고 이 로켓을 부수려 노력했지만 파괴된 로켓 대부분은 하이마스를 모방한 모형이었다. 하이마스에 탑재된 여섯 발의 M30 유도로켓은 70km 밖 표적을 몇 미터 이내의 오차로 맞출 수 있었고, 이를 활용해 하이마스는 러시아의 핵심 표적들을 파괴함으로써 2022년 가을 우크라이나가 대반격 작전에 성공하는 데 일등공신이 되었다.

하이마스의 활약에 감동한 우크라이나 국민들은 이 무기를 기독교 성자에 비유해 '성聖 하이마스'라 부르며 캐릭터를 만들고 찬양하는 노래까지 유행시켰다. 하지만 우크라이나군 사이에서는 불만도 대단

K-방산에 투자하라

했다. 하이마스에 장착 가능한 지대지미사일 ATACMSArmy Tactical Missile System(이하 에이태큼스)를 우크라이나에 제공해달라고 젤렌스키 대통령이 2022년 말부터 요청했으나, 미 정부는 확전을 우려해 1년 이상 그 요청을 거부했기 때문이다. 그러나 2024년 들어 드디어 미국이 우크라이나에 제공한 에이태큼스 미사일은 러시아 영토 깊숙이 있어 M30 유도로켓이 공격하지 못했던 핵심 표적을 파괴하며 향후에 보일 또 다른 활약을 예고했다.

러시아에게 하이마스 또는 에이태큼스와 같은 다연장로켓포나 미사일이 없었던 것은 아니다. 러시아는 9K720이스칸데르Iskander 미사일, BM-30스메르치Smerch 다연장로켓포를 보유하고 있었으나 이것들은 전쟁 초기 이후 재고 부족으로 더 이상 사용되지 못했고, 정밀도와 위력 면에서도 미국이 공급한 하이마스보다 훨씬 떨어졌다. 이를 해결하기 위해 러시아는 북한이 러시아의 무기를 복제한 단거리 지대지탄도미사일 KN-23까지 수입해 전쟁에 쓰고 있는 실정이다.

그런데 하이마스 다연장로켓과 에이태큼스 지대지미사일의 가장 큰 경쟁제품을 만들고 있는 나라가 바로 대한민국이다. 한화에어로가 생산 중인 다연장로켓포 K239천무와 미사일 CTM290(KTSSM)이 그것이다. 2017년 UAE로부터 8억 달러를 받고 수출에 성공한 천무는 2022년 사우디에 대해도 같은 금액의 수출을 기록했다. 뿐만 아니라 2022년 10월에는 폴란드와 WR-300호마르Homar-K라는 이름으로 무려 288대를 계약, 금액으로는 50억 달러의 수출에 성공했다. 이번 꼭지에서는 이렇게 단일 무기체계로 66억 달러의 수출을 달성한 천무, 그리고 천무에 탑재될 로켓과 미사일을 살펴보자.

미사일과 로켓탄, 로켓포는 대체 뭐가 다른 거야?

우선은 독자들 입장에서 항상 궁금했거나 헷갈릴 수 있는 내용을 정리해볼 필요가 있다. '미사일'과 '로켓', 이 둘은 외양이 비슷한데 과연 어떤 점이 다른 것인지에 대한 이야기다.

결론부터 밝히자면, 포탄과 달리 로켓엔진으로 추진하는 무기 중 처음부터 표적을 탐색하거나 정확도를 높이는 '유도장비'가 달려 있는 로켓무기는 미사일, 본래는 유도장비가 없었으나 후에 개조를 통해 붙였거나 유도장비 없는 파생형이 존재하는 로켓 추진무기는 로켓탄이라 부른다. 그래서 눈으로만 보면 로켓인지 미사일인지 구별하기 어려운 것이다.

원래는 화약 혹은 연료를 연소시켜 추진력을 얻는 로켓 중 유도장비를 갖춘 것들을 미사일이라고 불렀다. 그런데 로켓 대신 제트엔진 등 동력원이 다른 추진기관을 장착해 속도는 로켓보다 느리지만 더 먼 거리를 비행할 수 있는 미사일, 즉 순항미사일이 등장했다. 최근에는 로켓보다 빠른 속력을 낼 수 있는 스크램제트scramjet엔진이나 램제트ramjet엔진을 가진 미사일이 개발되었는데, 이런 것들은 극초음속순항미사일hypersonic cruise missile이라 불린다.

한편 로켓엔진의 발전 과정을 간단히 이야기하자면, 우선은 여러 발을 한 번에 쏴서 특정 목표가 아닌 넓은 지역을 제압할 수 있는 로켓탄을 발사하는 다연장로켓포가 여러 국가에서 개발되었다. 그런데 미국의 GPS, 즉 위성항법장치가 1990년대부터 대중화되면서 민간 영역에서 쓰이기 시작하자 기술발전이 가속화되었고, 그 결과 GPS를

K-방산에 투자하라

사용하는 유도장비의 가격과 크기 또한 엄청나게 줄어들었다. 이와 함께 관성항법장비inertial navigation system, INS, 즉 미사일의 위치를 파악하고 어디로 날아가야 할지 결정하는 기준을 마련해주는 미사일 유도장비의 핵심 부품 또한 점점 작아지고 많이 저렴해졌다. 따라서 유도장비를 넣을 공간이 없던 기존 로켓에도 신관信管(기폭장치)을 붙이거나 비행체를 개조하는 등의 방법으로 유도장비 장착이 가능해 졌고, 그 결과로 개발된 것이 유도로켓탄guided rocket이다.

요약하자면, 무기로서의 미사일과 로켓은 본래 유도장비의 유무에 따라 구분되었으나 현재는 유도장비의 소형화 및 저가화로 그러한 구분이 어려워졌다. 이 기준에 따르면 CGR-80천무 로켓은 미사일이 아닌 유도로켓이다. 유도장비를 부착하면 유도 기능을 발휘할 수 있으나, 그러한 장비가 없는 무無유도 버전 로켓탄도 있기 때문이다. 그와 달리 KTSSM는 처음부터 유도장비가 장착되는 무기이기에 미사 일인 것이다.

참고로 한화에어로는 239mm급 천무와 600m급 KTSSM의 중간 크기인 직경 300mm의 다연장로켓 CTM-MR도 업체 내부에서 연구 하는 중이다. 다만 천무-1과 달리 CTM-MR은 처음부터 유도장비를 부착한 버전만 있어 천무-1은 로켓, CTM-MR은 미사일에 해당한다. 또한 다연장 로켓탄을 여러 발 장착하고 발사하는 무기를 '다연장로켓 포'라고 부르는데, 앞서 설명한 미국의 하이마스나 우리 천무 로켓포 의 경우에는 미사일도 장착해서 발사할 수 있다.

장사정포를 번개같이 사냥하는 KTSSM-1

로켓탄과 미사일 중 우선은 미사일, 그중에서도 수출이 불가능한 독특한 미사일에 대해 알아보자. 한국이 폴란드에 수출한 미사일 CTM290의 원본이라 할 수 있는 KTSSM-1이 그것이다.

KTSSM-1은 '한국형 전술 지대지미사일Korean Tactical Surface to Surface Missile'의 약자로, ADD가 2014년부터 2019년까지 988억 원을 들여 개발하고 한화에어로가 양산 중인 사거리 160km의 미사일이다. 세계 각국이 만드는 미사일은 그 어떤 것에든 자국 군대가 요구하는 고유조건required operational capability이 반영되기 마련이나 크기와 사거리, 유도장비가 비슷하면 대개 능력치 또한 엇비슷하다. 효율성을 따지다 보니 하나의 디자인으로 수렴하는 셈인 것이다. KTSSM-1은 미국의 에이태큼스 미사일과 크기 및 모양에서 매우 유사하지만 가장 큰 차이점이 하나 있다. KTSSM-1의 발사 장소가 그것이다.

KTSSM-1은 군함 탑재용과 동일한 4연장 미사일 발사대를 강화 콘크리트로 건설된 발사대 건물에서 발사하는 고정발사식 미사일이다. 현대 무기 중 미국, 러시아 등이 사용하는 대륙간탄도미사일intercontinental ballistic missile, ICBM 등 몇 종류는 고정된 발사대에서 운용되지만 그 외 거의 모든 미사일은 전차나 트럭, 헬기 등 이동 가능한 차량이나 장비에 실려 다닌다. 그래야만 작전수행 시 원하는 곳을 타격하고 적의 공격을 피할 수 있기 때문이다.

그렇다면 KTSSM-1은 왜 고정발사식을 택했을까? 이러한 '이상한 특징'은 전 세계에서 유일하게 한국만이 처해 있는 안보위협 탓에 생

KTSSM-1의 발사 장면.
출처: 국방과학연구소

겨눴다. 수도권을 위협하는 북한의 장사정포에 대응하기 위한 '장사정포 대응 전용 무기'로 개발된 것이 KTSSM-1이기 때문이다.

한국은 수십 년간 분단된 상태에서 북한과 대치하면서 국지전을 겪어왔다. 특히 국가의 핵심 기능이 집중된 수도 서울은 휴전선에서 불과 몇 십 킬로미터밖에 떨어져 있지 않기에, 북한은 대량의 다연장 로켓포와 장사정포를 서울 근처의 휴전선에 집중적으로 배치하고 전쟁이 발발하면 즉각 서울을 향해 대규모 포격을 가할 것으로 예상된다. 전문가들의 전반적인 예상에 따르면 그러할 경우 시간당 최대 1만 5000발의 로켓탄과 포탄이 서울을 타격할 것이라 한다.

이런 상황에 대응하기 위해 한국에서는 2012년부터 대통령 특별지시로 '번개 사업'이라는 이름하에 북한 장사정포와 해안포에 맞설 수 있는 무기개발 사업이 시작되었다. 그러나 번개사업은 개발 도중 사업

KTSSM-1 발사대.
출처: 김민석

관리의 문제로 중단되고, 2014년에 다시 개발을 시작해 완성시킨 것이 바로 KTSSM-1이다. KTSSM-1은 '우레Ure'라는 별명도 갖고 있는데, 번개와 천둥같이 적을 타격한다는 뜻이다.

이러한 KTSSM-1이 이동식이 아닌 고정식을 택한 이유는 장사정포에 대응할 수 있는 '속도'를 당기려는 데 있다. 현대 미사일, 특히 KTSSM-1과 같은 지대지미사일에서 가장 중요한 핵심 부품은 INS와 GPS다. 쉽게 말해 미사일을 발사하려면 우선 발사 장소의 좌표와 더불어 목적지로 삼고 날아가야 할 표적의 좌표가 입력되어야 하고, 발사 직후부터 적을 향해 비행하는 동안에는 미사일이 표적을 잘 향해 갈 수 있도록 유도장치가 미사일의 위치 및 방향을 표적의 위치와 계속 비교하며 조절해야 한다. 이 과정들이 정확히 수행되어야 하기 때문에 INS와 GPS가 미사일에서 매우 핵심적인 부품인 것이다.

K-방산에 투자하라

KTSSM-1의 GPS 수신기.
출처: 김민석

이 과정에서 특히나 가장 중요한 점은, 미사일이 표적을 제대로 찾아가려면 발사 지점의 위치와 적의 위치 모두가 입력되어야 한다는 사실이다. 그런데 트럭이나 장갑차에 미사일을 싣고 다니다가 발사하려면 우선은 차량을 정지한 뒤 차량의 항법장비로 정지 지점의 위치를 파악하고, 미사일을 활성화시켜 현 발사 장소의 위치 정보를 입력하는 시간이 있어야 한다. 그렇기에 제아무리 발달된 미사일이라 해도 발사를 위한 이러한 정렬alignment 작업에는 시간이 걸릴 수밖에 없다.

KTSSM-1이 '붙박이' 발사대, 즉 고정발사를 선택한 것은 바로 이 정렬 시간을 최소화하기 위해서였다. 북한이 장사정포로 수도 서울을 공격하는 순간 최대한 먼저, 최대한 빨리 그것을 타격하기 위해 고정된 위치에서 최대한 많은 미사일을 빠르게 발사하는 기능을 갖추게끔 하기 위해 온갖 노력을 기울인 것이다. 그 덕분에 KTSSM-1은 동급의 지대지미사일 가운데 세계에서 가장 빠른 반응속도를 갖는 데는 성공했으나, 수출에는 부적당한 '북한 장사정포 전용 미사일'로 남게 되었다.

KTSSM-1의 또 다른 특징은 '열압력탄두thermobaric warhead'를 사용한다는 것이다. 일반적인 고폭탄high explosive탄두는 폭발 시 강한 열과 폭풍, 그리고 파편으로 적을 타격한다. 그와 달리 KTSSM-1에 탑재된 열압력탄두는 폭발 압력이 높지는 않지만 사람과 장비는 충분히 파괴될 만한 폭발 압력과 강렬한 열기가 훨씬 더 넓은 지역에 퍼진다. 더불어 강철 외피로 보호된 이 탄두는 지표면이 아닌 북한의 장사정포가 숨겨진 갱도 진지의 지하로 파고들어 그곳의 모든 장비와 사람을 파괴할 수 있다.

이렇듯 수도 서울을 지키고 북한의 장사정포 도발을 억제할 수 있는 KTSSM-1은 '서울의 생명선' 같은 귀중한 무기지만, 남북한의 특수한 대치 상황에 맞춰 개발된 터라 다른 나라에서 사용하기에는 적당하지 않다. 지금부터는 이와 반대로 '수출국가들의 필요성'에 딱 맞춰 개발되어 대박을 터트린 다연장로켓포 천무와 미사일 CTM290에 대해 알아보자.

러시아의 유럽 침략을 막는 가장 날카로운 독침, 천무와 CTM290

2009년부터 2013년까지 1300억의 비용을 들여 개발한 K239천무는 여러 종류의 유도 및 무유도 로켓과 지대지미사일을 탑재하는 다연장로켓포로, 동급의 무기 중 2024년 현 시점에서 세계 최고 수준의 화

K-방산에 투자하라

력을 자랑한다. 향후에는 한국군을 위해 약 3조 3000억 원의 예산을 투입, 200대 이상의 다연장로켓포와 로켓탄이 배치될 예정이다.

다연장로켓포로서 천무가 갖는 몇몇 특징을 살펴보자. 천무는 동급 장비들 대비 화력은 강력하면서도 운용유지비가 낮고, 전투에서 적의 공격을 피할 수 있는 여러 성능도 기존 장비들보다 대폭 향상되었다. 이는 미국이 개발한 궤도형 로켓포인 M270MLRS Multiple Launch Rocket System(이하 MLRS)와 차륜형 로켓포인 하이마스의 특징이 천무에 적절히 섞여 있는 덕분이다. MLRS와 하이마스는 현재 한국 육군에서도 일부 운용 중이고 세계 수출시장에서는 천무와 맞붙는 경쟁자이기도 한데, 이 두 로켓포와 천무를 비교해보면 천무가 갖는 특징을 더욱 확실히 알 수 있다.

일례로 MLRS는 장갑차처럼 무한궤도를 사용하지만, 천무의 경우 트럭처럼 좌우측에 여덟 개의 바퀴를 가진 차륜형이기에 운용유지비가 MLRS보다 저렴하고 시속 80km로 빠르게 움직일 수 있다. 하이마스 역시 차륜형이기는 하나 로켓 적재량을 비교해보면 천무가 하이마스의 두 배 수준이다. 때문에 무게는 하이마스보다 무겁지만 화력은 두 배인 셈이고, 방탄장갑판으로 보호되는 방어력도 비슷하다.

MLRS와 하이마스에만 주로 적용되었던 '자체재장전 기능'이 천무에도 있다는 사실 역시 꼭 기억해야 한다. 일반적으로 다연장로켓포는 한 번에 막대한 양의 로켓을 쏠 수 있기에 자주포보다 화력이 훨씬 강하다. 그러나 포탄보다 로켓의 크기가 훨씬 크다 보니 한 번 쏘고 나면 재장전하는 데 무척 오랜 시간이 걸리고, 재장전용 차량이 올 때까지 기다리다가 적의 반격에 노출될 수 있다는 단점이 있다.

세계 최고 수준의 화력을 자랑하는 천무 다연장로켓포의 행진.
출처: 김민석

　이를 해결하기 위해 MLRS와 하이마스가 가진 독특한 기능이 '발사대 크레인'이다. 로켓탄을 운송하는 차량이 아무 곳에나 로켓탄을 내려놓으면 로켓포 발사대는 혼자 그곳으로 가서 곧바로 탄을 장전할 수 있다. 즉, 한 번 로켓탄을 쏜 뒤에는 다음 로켓탄이 있는 곳으로 빠르게 이동해 곧바로 재장전하고 그다음 공격이나 방어를 준비할 수 있는 것이다. 따라서 이러한 자체재장전 기능이 있다면 보통의 로켓포보다 훨씬 더 강력한 화력을 가지면서도 적의 공격을 피할 수 있다. 천무는 MLRS와 하이마스의 이러한 자체재장전 기능을 거의 동일하게 갖추고 있다.

　그런가 하면 천무는 MLRS와 하이마스보다 더 뛰어난 기능도 갖고 있다. 미사일이 그렇듯 로켓탄 역시 아무 곳이나 조준하면 알아서 표적을 찾아가는 것이 아니기에 적의 위치를 정확히 계산해서 조준해 줘야만 한다. 천무 로켓포는 이러한 조준에 걸리는 시간이 경쟁기종들 대비 수십 초 짧은 16초 정도이고, 앞서 이야기한 자체재장전 기능에 드는 시간 역시 1분 이상 짧아졌다. 종합적으로 보면 천무는 전 세계의 다연장로켓포 중 로켓탄을 쏘고 도망친 뒤 다시 쏘는 슛 앤드 스카우트 전술을 가장 잘 사용하는 기종이라 할 수 있다.

천무 로켓포에 탑재되는 로켓탄도 미국산 다연장로켓포인 MLRS와 하이마스의 경우보다 다채롭다. 천무에는 130mm와 230mm의 무유도로켓탄 2종과 더불어 239mm 유도로켓탄을 탑재할 수 있고, 천무 로켓포의 폴란드 수출 버전인 WR-300호마르-K에는 구소련제 122mm 로켓탄의 장착도 논의되고 있다. 이상의 것들 중 130mm 로켓탄은 한국이 과거에 개발한 다연장로켓포 'K-136구룡'에 사용된 것인데 아직 재고가 많아 사거리가 짧은 적을 공격할 때 쓸 수 있고, 230mm 무유도로켓탄은 넓은 지역을 제압하는 이중목적 고폭탄dual-purpose improved conventional munition 수백 발이 들어 있어 광범위하게 퍼져 있는 적 전차나 장갑차 들을 파괴하는 데 쓸 수 있다. 특히 이들 로켓탄에는 '자탄들이 불발할 경우 민간인들에게 피해를 입힐 수 있다'는 국제 여론을 의식해 불발율을 1퍼센트 내로 줄인 신기술이 적용되었다.

그런데 이러한 로켓탄들의 거의 대부분이 한화에어로에서 생산되는 데 반해, 이 230mm 무유도로켓탄만큼은 코리아디펜스인더스트리Korea Defence Industry, KDI가 만든다. 최근 국제시장에서 ESGenvironmental, social, governance 경영이 중시되자, 비인도적 무기라 비판받는 자탄탑재 로켓 및 지뢰 생산 부문을 한화에어로가 KDI로 분리독립시

천무 로켓포에서 발사할 수 있는 세 종류의 로켓탄.
출처: 김민석

켰기 때문이다. 이는 현재까지 한국 방위산업체들 중 ESG 이슈로 사업 영역과 계열을 분리한 업체의 유일한 사례로 남아 있다.

239mm 유도로켓탄은 천무에서 가장 핵심적인 요소다. GPS/INS 복합유도를 따르는 이 유도로켓탄은 미사일보다 훨씬 저렴하면서도 80km 밖의 표적을 15m 이하의 정확도로 정밀타격할 수 있다. 경쟁 제품인 미국의 M31 유도로켓탄guided multiple launch rocket system, GMLRS 보다 사거리는 더 길고, 가격은 절반 정도로 낮아 경쟁력이 강하다. 다만 GMRLS는 적의 전파방해를 이겨낼 수 있는 능력을 갖춘 미국의 군용 GPS코드인 'M코드' 전파를 수신하여 GPS를 작동하므로,

K-방산에 투자하라

KDI가 생산하는 다연장로켓탄.
출처: 김민석

민간용 GPS코드를 사용하는 천무보다 적의 전파방해를 더 잘 견딘다는 점은 한국이 앞으로 해결해야 할 숙제로 남아 있다.

이렇듯 여러 로켓탄들이 장착됨에도 사실 천무 자체는 지금까지 수출시장에서 두각을 나타내기 어려웠다. 천무와 같은 다연장로켓포는 이스라엘의 엑스트라EXTRA; Extended Range ArtilleryMRL, 체코의 RM-70모듈러Modular, 러시아의 BM-30스멜치Smerch 등 세계 여러 국가에서도 개발 및 생산 중이기 때문이었다. 이것이 바로 수출형 지대지미사일인 CTM290이 천무 수출의 일등공신이 된 이유다.

CTM290은 앞서 설명한 KTSSM-1을 개조한 수출형 미사일이다. 가장 큰 차이점은 고정된 상태에서만 발사가 가능한 KTSSM-1의 유도장비를 고쳐 이동식 발사대인 천무 로켓포에 탑재 가능하게끔 만들고, KTSSM-1의 600kg급 열압력탄두 대신 220kg급 고폭탄두를 장착

CTM290 미사일을 발사하는 폴란드의 호마르-K.
출처: 한화에어로

했다는 것이다. 탄두가 가벼워진 만큼 CTM290의 사거리는 KTSSM-1 사거리의 두 배가량인 290km에 이른다.

CTM290의 이런 성능은 우크라이나 전쟁의 발발 이후 군비 증강에 돌입한 폴란드 육군에게 있어 '러시아의 침략을 막아낼 가장 강력한 방패'와도 같았다. CTM290의 원조인 KTSSM-1이 보여준 정확성과 탄두 위력은 수적으로 열세한 우크라이나군이 CTM290와 동급의 미사일인 에이태큼스로 러시아군의 후방을 타격, 공군의 공습 없이도 적의 진격을 막아내는 것을 증명했기 때문이다. CTM290의 뛰어난 가성비, 하이마스보다 높은 천무의 화력에 주목한 폴란드 육군은 하이마스와 천무를 동시에 도입, 러시아군을 막아낼 가장 확실한 방패로 활용할 예정이다.

진화는 계속된다, 차기 다연장로켓포와 차세대 KTSSM

천무 다연장로켓포와 KTSSM 미사일은 이렇듯 동급 장비들에 비해 장점과 경제성이 뛰어나지만, 지대지미사일 분야는 전 세계에서 연구개발 경쟁이 가장 치열한 무기체계 중 하나다. 기술 수준이 가장 높은 미국은 기존 지대지미사일보다 작으면서도 사거리가 500km에 이르는 신형 지대지미사일 프리즘Precision Strike Missile, PrSM을 개발했고, 사거리 80km의 GMLRS 로켓탄을 사거리 150km 로켓탄으로 개량한 ERExtended Range-GMLRS를 개발 중이다. 그동안 다연장로켓포 개발에 소극적이었던 독일 등 여러 나라들도 최근 들어 신형 모델을 속속 개발하고 있다. 한국의 경우 북한이 천무와 KTSSM를 상대하기 위해 600mm급 신형 초대형 방사포(로켓포) 등의 신무기를 계속해서 내놓기 때문에 ADD와 한화에어로, KDI는 더욱 높은 성능의 다연장로켓탄과 미사일의 개발에 노력하는 중이다.

한국에서 개발된 여러 종류의 신형 지대지로켓탄과 미사일 중 가장 먼저 살펴볼 것은 KTSSM-2 미사일이다. 2023년 9월부터 2027년 12월까지 약 2900억 원의 개발비를 투입하여 완성할 예정인 이 미사일은 기존 미사일인 KTSSM-1과 CTM290의 특징을 합치고 성능을 욱 향상시켜 동급 미사일 중 세계 최고가 되는 것을 목표로 한다.

KTSSM-2가 KTSSM-1과 가장 다른 특징은 고정식 발사대가 아닌 천무 다연장로켓포에서 발사될 수 있게끔 개조된다는 점이다. 이를 위해 유도장비 및 천무 차체의 항법장비 등이 개조되었는데, 개조 내역은 폴란드 및 해외에 수출된 CTM290 미사일과 동일하다. 하지만

KTSSM-3 상상도.
출처: 유튜브 포방부

CTM290 미사일이 사거리 290km를 확보하기 위해 KTSSM-1 대비 탄두 중량을 절반 정도로 줄인 것과 달리, KTSSM-2는 KTSSM-1보다 관통력이 증대된 새로운 고위력탄두를 장착하도록 개발 중이다. 결과적으로 KTSSM-2는 사거리 면에서 CTM290과 동등하면서도 갱도나 터널, 방호진지에 숨어 있는 적 포병 및 미사일 발사차량을 파괴하는 능력을 갖출 것으로 보인다.

KTSSM-2보다 더욱 강력한 KTSSM-3도 현재 개발 단계에 있다. KTSSM-3 미사일의 디자인은 KTSSM-2와 전혀 다르고 크기 또한 커서, 한국군이 기존에 사용하고 있는 미사일 발사차량 대신 전략무기 '현무2C' 탄도미사일을 탑재하는 501계열 10륜 발사차량에 탑재된다.

KTSSM-3의 크기가 커진 이유는 전 세계에서 유례를 찾기 힘든 특수탄두가 적용되기 때문이다. '체공형 장입유도자탄'으로 불리는

K-방산에 투자하라

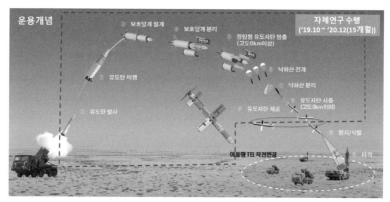

운용개념

체공형 장입유도자탄.
출처: 국방과학연구소

이 특수탄두에는 KTSSM-3에서 인공지능이 적용된 자폭드론이 실릴 계획이다. 체공형 장입유도자탄은 특수캡슐에 수납되어 KTSSM-3에서 발사되는데, 일정 고도에 도달하면 미사일에서 캡슐이 사출되어 유도자탄이 날개를 펴고 비행을 시작한다. 유도자탄은 이스라엘 기업 유비전UVison의 자폭드론과 비슷한 능력과 모습을 갖춰 수십 분 이상 적 상공에서 체공할 수 있다. 일반적인 유도탄은 한 개로 하나의 표적만 타격할 수 있고, 공격을 미리 알아차리고 도망치는 적의 경우에는 추적이 어렵다. 그에 반해 이 유도자탄은 순식간에 적 상공에 자폭드론을 퍼뜨리고 AI기술을 사용해 적을 찾아낼 때까지 공중에서 배회loitering가 가능해, 적이 아무리 잘 숨어 있어도 추적해 공격할 수 있다.

이러한 KTSSM-3의 체공형 장입유도자탄 기술을 테스트하기 위해 ADD는 기존 KTSSM 미사일에 시험용 드론과 캡슐을 장착해 발사하

덕티드로켓탄 천무의 발사 상상도.
출처: 김민석

는 시험을 성공적으로 진행한 바 있다. 이것이 실용화될 경우 KTSSM-3는 세계 최초로 드론과 미사일의 장점을 결합한 '드론 미사일'이 될 것으로 보인다.

일반 로켓탄의 성능에 대해서도 개량 연구가 진행 중이다. 2024년 말 현재 ADD에서는 천무 로켓탄에 대한 개조 연구를 진행 중이다. 고체 연료와 산화제를 사용하던 기존 로켓탄을 공기를 흡입해 연소시키는 덕티드로켓탄ducted rocket으로 바꾸려는 것이다. 산화제가 없으면 연소 시간이 길어지기에, 85km였던 천무 로켓탄의 사거리를 200km

K-방산에 투자하라

이상으로 크게 늘릴 수 있을 것이라 기대된다.

국가 주도하의 연구가 아닌 업체 내부에서의 연구도 진행 중이다. 한화에어로가 자체연구 중인 일명 '천무유도탄-2'는 KTSSM과 천무 유도로켓탄의 장점만 섞은 미사일이다. 천무유도탄-2는 기존 유도로켓탄보다 직경이 더 늘어난 300mm 직경의 새로운 디자인으로, 유도조종장비가 소형화되고 더욱 다양한 각도로 비행이 가능해 200km 사거리를 확보할 수 있을 것으로 보인다. 천무 로켓포 한 대에는 KTSSM-2 미사일 두 발이 장착 가능한데, 천무유도탄-2의 경우 네 발을 장착할 수 있어 천무 발사대 1기로 대응 가능한 표적의 수가 두 배로 늘어난다는 장점도 있다.

현재 천무유도탄-2은 CTM-MR이라는 명칭으로 수출시장에서 판매 중인데, 이 CTM-MR의 또 다른 최신 개량형이 최근 폴란드에서 공개되었다. 2024년 9월 4일 폴란드 최대의 방산전시회인 'MSPO 2024'에서 공개된 'CTM-MR ASBM'이 그것으로, 이는 K-방산이 최초로 개발하는 대함탄도미사일anti-ship ballistic missile, ASBM이다.

한화에어로가 MSPO에서 했던 제안은 천무 다연장로켓포의 폴란드 수출형인 호마르-K에 신형 미사일인 CTM-MR과 CTM-MR ASBM을 통합하는 것이다. CTM-MR은 직경이 약 300mm이고, 사거리는 80km의 CGR-80 유도로켓탄과 290km의 CTM-290 미사일 사이인 160km급의 유도미사일이다. 천무나 호마르-K 차량 한 대에는 CTM-MR 여덟 발을 장착할 수 있다.

또한 CTR-MR에는 적 함선을 탐지하기 위해 적외선 탐색기가 장착된다. 적외선 센서는 함선이 내뿜는 기관부 배기열 및 함선 선체에서

스마트 무인다연장로켓포.
출처:김민석

복사되는 적외선을 탐지하므로 적 함선의 전파방해에 영향을 받지 않으며, CTR-MR이 스스로 전파를 발산하진 않기 때문에 대함탄도탄의 탐색기로 아주 적합하다. 이미 대함탄도탄을 개발한 일부 국가들은 전파를 발산하는 레이더나 적이 발산하는 전파를 좇는 전파원추적anti-radiation 탐색기를 사용하기 때문에 사전에 발각되거나 기만에 속기 쉽다.

한화에어로의 ASBM이 실제로 개발에 들어간다면 이는 러시아, 중국, 이란, 미국에 이어 세계 다섯 번째로 실용화되는 셈이다. 러시아와 중국 등은 '항공모함 킬러'라는 별명이 붙은 R-27K 탄도미사일 또는 DF-21D 미사일을 이미 개발했거나 실전배치 중이다. 특히 중국이 만든 DF-21D는 사거리가 3500km 이상이기에 미국의 항공모함에게 매우 위협적인 존재고, 현재 중국의 군사전략인 '반접근, 접근 거부Anti

K-방산에 투자하라

Access, Area Denial' 전략의 핵심 무기체계로 운용 중이다.

다연장로켓포와 미사일 외에 발사대의 개량과 관련해서도 여러 연구가 진행 중이다. 고성능 다연장로켓포의 경우 31t의 중량을 가진 천무 로켓포보다 훨씬 가벼운 신형 차체를 사용한다. 때문에 KTSSM-2 미사일 한 발 혹은 천무 유도로켓탄 여섯 발만 탑재가 가능하나, 작고 가벼운 다연장로켓포에 대한 해병대의 요구사항을 맞출 수 있을 것이다.

무게를 아예 그보다 더 줄인 버전도 연구 중이다. '스마트 무인다연장로켓포'는 사람이 탑승하지 않고 크기를 크게 줄인 고성능 다연장로켓포를 무인차량으로 개조하는 것이라 중량이 훨씬 더 가벼워진다. 더불어 무인시스템인 만큼 소수의 인원이 여러 대를 동시에 통제할 수 있고, 자율주행 기능까지 더해 이동 및 재장전도 혼자 알아서 해내게끔 하는 것을 개발 목표로 한다.

치열한 경쟁 속 KTSSM과 천무의 수출전망

그렇다면 앞으로 천무 다연장로켓포와 KTSSM 미사일은 수출 대박 행진을 이어갈 수 있을까? 2024년 말 현재 새로운 고객으로 떠오른 국가는 말레이시아다. 한국의 석종건 방위사업청장은 2024년 5월 말레이시아에서 열린 방산전시회 DSA 2024에 한화에어로 측과 함께 방문해 말레이시아 당국자와 천무의 수출과 관련된 이야기를 나눴고, 한화에어로는 현지 파트너인 WBG와 양해각서MOU를 맺어 수출협력에 나설 예정이다.

하지만 한 가지 과제는 있다. 동남아시아 국가들은 대개 국토가 여러 섬들로 이루어져 있어 로켓탄이나 미사일의 경량화는 물론 다목적화를 요구한다. 그러나 천무에 탑재되는 로켓탄에는 최신형 하이마스 로켓포에 탑재되는 프리즘 미사일이 가진 함선공격 능력 같은 것이 없어, 그러한 요구를 충족시키기에는 다소 미흡하기에 이에 대한 보완이 필요하다.

그럼에도 한 번에 발사 가능한 로켓탄의 수가 경쟁기종인 하이마스의 경우 여섯 발인 데 반해 천무는 그 두 배인 열두 발이라 화력 또한 그만큼 강력하다는 점이 앞으로도 주요 세일즈 포인트가 될 전망이다. 특히 천무 로켓포의 특장점인 자체재장전 능력과 짧은 발사준비 시간은 향후 우크라이나 전쟁과 같은 재래식 전쟁 상황에서의 생존성에 큰 도움이 될 것으로 보인다. 다연장로켓포를 생산하는 국가는 많지만 이러한 성능들을 갖춘 시스템은 몇 없기 때문이다.

다만 천무의 성능이 출중하다 보니 경쟁업체들이 연합해 신제품을 내놓는 상황을 경계하며 경쟁을 준비해야 하는 것은 사실이다. KNDS독일과 이스라엘의 엘빗이 공동개발하는 다연장로켓 유로플러스Euro PULS; Euro Precise and Universal Launching System가 천무의 대표적인 미래 라이벌이라 할 수 있다. 과거 엘빗은 엑스트라MRL이라는 300mm급 다연장로켓포를 천무보다 먼저 개발, 몇 개국에 수출을 성공시키기도 했다. 하지만 미국제 MLRS 로켓탄과 호환성을 가질 뿐 아니라 장거리 미사일인 CTM290의 운용 능력을 갖춘 천무가 등장하자 엑스트라MRL의 경쟁력이 떨어진다고 판단한 엘빗은 KNDS독일과 연합해 새로운 다연장로켓포 개발에 나섰는데, 그것이 유로플러스다.

천무의 라이벌인 유로플러스.
출처: KNDS

유로플러스 로켓포의 장점은 천무와 동등한 12발의 227mm 로켓탄을 탑재할 수 있고, 장륜식이라 화력이 강하며, 운용유지비가 저렴하다는 데 있다. 이에 더해 독일MBDA에서 만든 순항미사일 JFS-MJoint Fire Support Missile과 노르웨이의 콩스버그Kongsberg가 제작한 대함미사일 NSMNaval Strike Missile의 장착이 가능해 대지 및 대함 공격 능력을 함께 갖출 것이기에, 2030년대의 천무 수출에 있어 가장 강력한 라이벌이 될 것으로 전망된다.

무기 10. 지대공미사일:
모래바람 속에 숨겨진 수출 효자

사막의 모래바람 대신 중동에 부는 K-미사일 바람

방위산업은 나라를 지키는 수단들을 만들거나 구입하는 중요 산업이다. 하지만 그 수단이라는 것들이 실은 무력, 즉 살상 능력을 갖는 장비로 인명피해를 감수해야 하는 것이기 때문에 방위산업에 대한 언급과 발언을 터부시하는 국가들도 많다. 나라의 안전을 위해 반드시 필요한 산업임에도 이에 대한 공개적 언급을 꺼리는 경향이 가장 강한 나라들은 바로 중동 국가들이다. 때문에 전통적으로 이들 국가는 한국과 방위산업 거래를 할 때 항상 '비공개 원칙'을 내세우곤 한다.

중동 국가들과 대한민국이 맺은 방위산업 상당수에 요구되는 비공개 원칙은 자국의 군사기밀을 위해 구매 무기의 수량과 금액은 물론 한국으로부터 무기를 수입했다는 사실 자체도 공개되어서는 안 된다

K-방산에 투자하라

천궁 미사일.
출처: 방위사업청

는 것을 골자로 한다. 중동 국가들은 이런 내용이 한국 내 언론을 통해 알려지는 것에 대해서까지도 민감하게 반응하기에, 필자 또한 중동의 소식통과 자료를 활용한 관련 소식 보도로 여러 곤란한 경험을 겪은 적이 있다.

이런 '비밀주의' 때문에 잘 알려지지 않았지만 사실 K-방산 돌풍의 핵심에는 중동 국가들이 있고, 그 돌풍 가운데에서 지금껏 제대로 소개되지 못했던 것이 미사일 방어체계와 지대공미사일 시스템이다. 지금까지의 통계상으로 가장 많은 국가에 판매된 것은 한화에어로의 K9 자주포지만, 금액 면에서 봤을 때 K-방산 최고의 베스트셀러 아이템은 지대공미사일인 '천궁2'다. 확정 계약된 금액만 67억 달러(약 9조 2000억 원)에 이르고, 최근 수출논의 중인 물량까지 합하면 93억 달러 (12조 8000억 원) 이상이 기대되기 때문이다.

이번 꼭지에서는 중동에서 돌풍을 일으킨 국산 지대공미사일 천궁
2와 더불어 그보다 훨씬 넓은 지역을 방어하는 차세대 대공미사일
L-SAM, 그리고 이 두 미사일이 처리하지 못하는 대규모 공격을 저고
도에서 방어하는 LAMD를 다뤄보려 한다. 세 종류의 대공미사일 시
스템이 어떤 필요에서 어떤 과정을 거쳐 개발되었으며 각각이 가진
특징은 무엇이고 어떤 점에 힘입어 수출시장에서 성공했는지를 알아
보는 것이다. 그와 함께, 아직 수출되지는 않았지만 향후 전망이 밝은
천궁2, L-SAM, LAMD가 경쟁제품들 대비 어떤 장단점을 갖는지도
함께 살펴보자.

우리의 생존을 지키기 위해 시작된 KAMD

우선 앞서 이야기한 세 종류의 미사일이 왜, 어떤 방식으로 만들어졌
는지에 대해 이야기해볼 필요가 있다. 한국의 독특한 '한국형 공중 및
미사일 방어Korea Air and Missile Defense, KAMD'가 갖는 역사와 기원을
먼저 알아야 왜 이런 무기들이 개발되었는지도 잘 이해할 수 있기
때문이다.

미국의 미사일 방어체계로는 TMD, NMD, MD라는 세 가지 것이
있는데, 이것들의 변천 과정을 살펴보면 KAMD의 개념도 보다 쉽게
이해할 수 있다. 냉전시대 이후 미국과 소련은 수십 년간 상호대치 상
태에 있었는데, 당시 양국에게는 만일 상대국이 핵탄두를 가진 대륙간
탄도미사일, 즉 ICBM 같은 것을 발사할 경우 그것을 요격할 수 있는
방법이 오직 하나밖에 없었다. 바로 요격미사일에 핵탄두를 장착하는

것이었다.

그러나 자칫 핵전쟁이 발발할 수도 있는 위험을 방지하고 상호공격력을 억제하기 위해 1972년, 미국과 소련은 탄도미사일에 대한 상호합의 조약인 'ABM 조약'을 체결했다. ABM 조약은 ABManti-ballistic missile, 즉 요격용 핵탄두미사일의 수량과 배치 및 관련 기술 개발을 일정 수준 이하로 제한하는 규제였다. 하지만 기술의 발전은 핵탄두미사일이 아닌 일반 대공미사일로도 탄도미사일을 요격할 가능성을 조금씩 키웠다. 이것이 바로 1993년부터 시작된 'TMDTheater Missile Defense, 전역 미사일 방어', 즉 전쟁터에 있는 미국 군대를 미사일로 지키겠다는 개념이다. 한국에서 논란이 많았고 여전히 한국에 배치되어 있는 사드THADD, 고고도미사일 방어체계 미사일도 바로 TMD의 개념에서 주한미군의 보호를 위해 만들어진 것이다.

그러다 'NMDNational Missile Defense, 국가미사일 방어'라는 새로운 개념이 생겨났다. TMD와 달리 NMD는 미국 본토를 미사일로 방어하겠다는 개념인데, 미국은 이러한 NMD와 TMD를 2000년부터 'MDMissile Defence, 미사일 방어'라는 명칭하에 합쳐버렸다. MD는 그저 이름만 합친 것이 아니라 두 가지 개념 모두를 포괄하는 것으로, 이에 따르면 미국의 모든 MD 자산은 해외에 있는 것이든 미국 내에 있는 것이든 구분 없이 미국 본토의 미사일 방어에 사용될 수 있다. 가령 한반도에 배치된 사드 미사일 레이더 역시 TBMterminal base mode, 종말단계 모드에서는 한국으로 날아오는 미사일을 탐지하다가 FBMfoward based mode, 즉 전방배치 모드로 바뀌면 미국을 향해 날아가는 미사일을 탐지하는 것으로 용도를 변경할 수 있다.

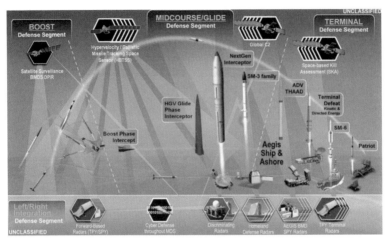

미국의 미사일 방어 개념.
출처: MDA

그러나 미국이 구축하려는 이러한 MD 시스템은 사드의 경우처럼 한국의 전략 목표와 서로 맞지 않는 부분이 있었다. 하여 복잡한 세계 질서 속에서 한국의 정치적 부담을 피하기 위해 만들게 된 것이 바로 KAMD라는 방어체계다. KAMD는 북한이 탄도미사일로 가할 위협을 막기 위해 우리 스스로 우리의 기술을 통해 개발한 미사일 방어 전문 시스템이다. 미국의 MD가 장거리 전략무기 요격에 집중하는 것과 달리 KAMD는 휴전선을 사이에 두고 대치 중인 북한이 한국을 위협하는 것을 막기 위한 시스템이자, 가까이 다가온 적이 발사할 저고도 탄도미사일을 막기 위한 시스템이다.

다시 말해 한국은 정치적·기술적 문제로 한국 특유의 상황에 맞는 솔루션을 갖지 못했기 때문에 자력방어를 위해 KAMD 체계를 만든 것이다. 그런데 한국과 비슷한 고민을 하는 국가가 전 세계에 점점 많

K-방산에 투자하라

아지다 보니 한국의 대공무기들은 수출에서 큰 성과를 거두게 되었다. 이제 KAMD의 결실이자 K-방산의 베스트셀러 수출품인 세 가지 대공미사일 시스템에 대해 알아볼 차례다.

중동 돌풍의 핵심 주역, 천궁2

대공미사일 시스템 3종 중 가장 먼저 살펴볼 것은 천궁2다. 천궁2는 KAMD 체계의 완성을 위해 한국이 처음 개발에 도전한 대공미사일 시스템이자, 앞서 잠시 언급했듯 약 13조 원 이상의 수출규모가 기대되는 소위 '초대박 상품'이기 때문이다.

우선 천궁2가 갖는 다양한 이름을 정리해볼 필요가 있다. 오리지널 버전의 이름은 본래 '철매-2'였으나 개발 완료 후 '천궁SkyBow'이라는 국내용 명칭이 붙여졌다. 다시 말해 '철매-2'는 '천궁-블록1'과 같고 '철매-2 PIPProduct Improvement Program, 성능개량'는 '천궁 블록2'와 같은 것인데, 이렇듯 다소 복잡한 탓에 명칭 사용에서 자주 혼동이 빚어지곤 한다.

오리지널 버전, 즉 '천궁2(블록1 기본형)'의 수출용 명칭은 'M-SAM Medium-range Surface-to-Air Missile'이고 이후에 개발된 업그레이드 버전인 '천궁2 PIP'는 'M-SAM 블록2'라 불리기도 하며, '천궁2'의 사우디 수출형에는 'SA-MSAM'이라는 명칭이 붙었다. 현재 한국에서는 향후 '천궁3' 혹은 'M-SAM 블록3'로 불릴 차세대 천궁이 개발 중이다.

최초 버전의 천궁은 한국 공군이 30년 가까이 운용해 노후화된

천궁 미사일 차량.
출처: 김민석

미국제 구형 중거리 지대공미사일 시스템인 MIM-23호크Hawk를
시급히 대체하기 위해 개발되었다. 1998년부터 시작된 천궁의 개발
과정에서는 개발 완료 후의 빠른 전력화를 위해 두 가지 결정이 내려
졌다.

하나는 '진화적 개발 전략', 즉 개발 목표를 단계적으로 분리해 달성
해나가되 현실적으로 구현 가능한 기능부터 우선적으로 개발하는 전
략을 취하는 것이었다. 당시에도 한국 공군은 LIG넥스원과 한화시스
템, 두산DST(현 한화에어로)가 개발한 국산 중거리 지대공미사일 시스
템 '천마K-SAM Pegasus'를 보유하고 있었으나, 프랑스로부터 기술이전
을 받아 만든 이 미사일은 사거리도 짧고 유도방식도 구식이었다. 때
문에 천궁의 개발은 초반 단계 때부터 '첨단 기술은 적용하되 당장 높
은 성능을 갖게 하기보다는 새로운 기능을 차차 갖춰나가거나 검증하
는' 방식으로 진행되었다.

앞서 제시했듯 천궁 미사일의 영어 명칭은 M-SAM인데, 여기에서
의 'M'은 중거리medium range, 'SAM'은 지대공미사일surface-to-air

K-방산에 투자하라

천궁2 미사일 다기능레이더 차량.
출처: 김민석

missile이라는 뜻이다.

　크기와 성능 면에서 천궁과 비슷한 프랑스의 SAMP/T 시스템을 보면 레이더 탐지거리와 미사일의 최대 사거리 모두가 100km 이상이다. 그러나 한화시스템이 개발한 천궁 시스템의 경우 MFR, 즉 다기능 레이더인 MPQ-540K의 탐지거리는 85km 이상, 미사일의 사거리는 40km 정도다. 동시기의 프랑스 무기보다는 낮지만 대체 대상인 구형 호크 미사일보다는 높은 성능을 갖추는 쪽으로 우선 개발한 것이다.

　천궁의 빠른 전력화를 위해 내려진 또 하나의 결정은 러시아로부터 기초 기술과 개발 노하우를 이전받기로 한 것이었다. 천궁의 개발을 책임진 ADD는 몇몇 핵심 기술을 해외로부터 이전받고자 했으나, 미국을 포함한 그 어떤 나라도 최신 미사일 기술을 쉬이 이전해주려 하지 않았다. 이때 ADD를 도와준 것이 바로 러시아의 지대공미사일기업 알마즈안테이Almaz Antey였다.

1990년대 후반에 이미 장거리 대공미사일 S-300VM을 개발한 알마즈안테이는 그에 이어 최신형 대공미사일로 중형의 S-350과 대형인 S-400을 만들려 했다. 그러나 개발비와 더불어 최신 서방측 전자장비에 대한 노하우가 부족했기에, 이의 해결을 위해 한국으로부터 기술료를 받고 몇 가지 핵심 기술을 이전해주었다. MFR에 적용되는 공간급전식space feeding system 수동위상배열레이더의 기술적 원리, 가스발생기로 미사일을 수직발사하는 콜드론치cold launch 기술, 수직발사된 미사일의 방향을 바꿀 수 있는 측추력기side thruster 기술이 그것이다. 이를 통해 2011년 ADD는 천궁 미사일 시스템의 개발을 무사히 완료할 수 있었다.

특히 당시 확립된 생산자 분담 원칙은 뒤에 설명할 L-SAM과 LAMD의 개발에서도 거의 동일하게 적용되고 있었다. 즉, 모든 시스템 체계의 통합에 대해서는 ADD가 책임을 지고, 핵심 시스템 중 적을 탐지하는 MFR의 제작은 한화시스템이, 적에 대한 요격미사일의 제작은 LIG넥스원이 담당하는 구조가 잡힌 것이다.

천궁 시스템에서 미사일이 발사되는 과정을 조금 자세히 살펴보자. 천궁 시스템의 MFR이 적의 항공기를 탐지하면 교전통제소는 대응 공격을 수행할 발사대를 정한다. 이후 해당 발사대에서 천궁 미사일은 수직으로 발사된 뒤 측추력기를 사용해 적 항공기 방향으로 순식간에 각도를 맞춘 다음 마하 4의 속도로 돌진한다. 발사 직후에는 미리 입력된 위치로 이동하는 관성항법inertial navigation system, INS을 사용해 비행하나, MFR이 적 항공기의 위치를 다시 파악하면 미사일은 그 정

K-방산에 투자하라

보를 수신해 자신의 궤도를 수정하며 비행을 계속하고, 최종적으로는 미사일 자체에 장착된 레이더로 적 항공기를 자동으로 탐지해 격추하는 것이다.

이때 사용되는 유도방식을 능동레이더유도active radar homing방식이라 한다. 미국제 MIM-104패트리어트Patriot 같은 구형 미사일은 발사 후 적을 명중시키기 전까지 미사일 시스템의 수색 및 추적 레이더가 끝까지 추적해야 하는 데 반해, 능동레이더유도방식이 적용된 미사일은 어느 순간부터 스스로 적을 탐색해 추격할 수 있다. 그 덕분에 미사일 포대 하나가 동시에 요격 가능한 표적의 수는 대폭 많아지고, 때문에 적이 많은 수의 항공기나 미사일을 공습에 동원해도 대응 가능하다는 것이 능동레이더유도방식 미사일의 장점이다.

10여 년 만에 세계적 수준의 대공미사일을 갖추게 된 천궁 시스템은 2015년부터 2020년까지 국내에 18개 포대가 배치되었다. 그러나 천궁 시스템의 개발을 책임진 ADD와 생산업체인 LIG넥스원 및 한화시스템은 천궁 시스템의 성능에 만족하지 못했다. 가장 문제시된 부분은 북한의 탄도미사일을 요격할 수 있는 기능이 없어 KAMD 시스템에 편입되지 못한다는 것이었다. 천궁에 관심을 가진 해외 고객들 역시 이미 이 시기부터 탄도미사일 요격 능력의 확보를 요구하기 시작했다. 그에 따라 천궁 시스템의 개발이 완료된 2011년 직후인 2012년부터는 개량 계획이 시작되었고, 2012년부터 2017년까지 진행된 성능개량 연구의 결과물이 바로 천궁2 시스템이다. 천궁 이전에 개발되어 실전배치된 국산 무기체계들의 성능개량은 대개 군이 실제로 운용해본 뒤 개량이 필요한 성능들을 식별해 요구해야만 진행되었기 때문에,

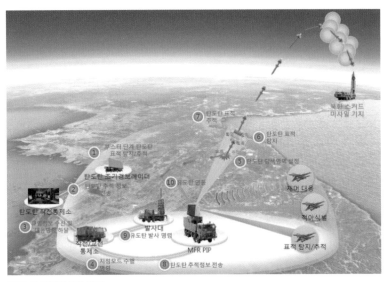

천궁2의 탄도탄 요격 개념.
출처: 국방과학연구소

생산이 한참 끝난 뒤에야 다시금 업그레이드 작업에 돌입해야 한다는
면에서 운용의 연속성과 효율성이 떨어졌다. 그러나 천궁의 경우엔
개발완료 직후부터 곧바로 개량 계획이 시작되었기에 그러한 단점을
피할 수 있었다.

앞서 말했듯 천궁2 시스템이 기존의 천궁과 가장 달라야 할 점은
탄도미사일 요격 능력을 갖추는 것이었고, 이것을 위해 많은 부분에서
성능개량이 이루어졌다. 우선 한화시스템이 개발하는 MFR의 소프트
웨어가 개량되었다. 항공기보다 빠른 탄도미사일을 지속적으로 추적
하기 위해 한화시스템은 새로운 추적 알고리즘과 소프트웨어를 적용
한 '탄도미사일 추적모드'를 소프트웨어에 추가했다. 항공기를 공격

K-방산에 투자하라

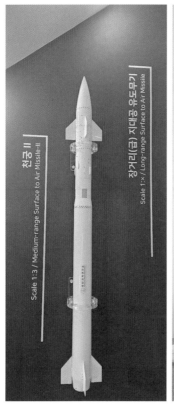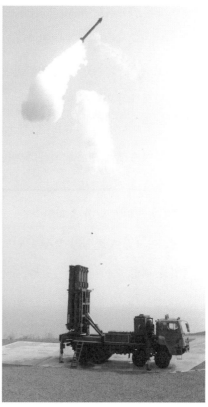

천궁2 PIP 미사일과 미사일 발사 시험.
출처: 국방과학연구소, 김민석

하려 할 때의 MFR은 360도 회전하면서 대상을 찾지만, 탄도미사일을 요격해야 할 경우에는 그것이 날아올 적 방향을 향해 레이더를 고정한다. 항공기 탐지 시에는 1~2초에 한 번 레이더를 쏴도 그 위치를 정확히 파악할 수 있는 데 반해, 항공기보다 훨씬 빠른 속도로 날아오는 탄도미사일의 위치를 알아내려면 레이더 전파를 집중시켜야 할 필요가 있기 때문이다.

성능개량 면에서 가장 많은 변화가 이뤄진 부분은 요격미사일이었다. 탄도미사일 요격을 위해 천궁2 미사일의 날개는 기존의 네 개에서 여덟 개로 두 배 늘어났다. 급격한 방향 전환 및 고기동이 가능하게끔 새로운 날개를 추가한 것이다. 또한 기존 천궁 시스템에는 측추력기가 방향전환용 하나밖에 없었으나, 천궁2 시스템에는 그에 더해 종말유도용 측추력기도 추가로 설치했다. 이는 적이 발사한 단거리 탄도미사일이 방향을 급격히 전환할 경우에도 요격미사일이 그것을 끝까지 추적할 수 있게 하기 위한 장치였다.

천궁2 미사일 시스템의 성공 요인도 바로 이 요격미사일이다. 탄도미사일을 맞출 수 있는 미사일은 엄청난 기동성을 필요로 해 가격이 비싸고 성능 또한 우수해야 하는데, 천궁2의 요격미사일은 경쟁제품인 미국의 미사일 MIM-104F패트리어트PAC-3보다 저렴하면서도 기술과 관련된 신뢰도를 얻는 데 성공했다. 미국의 경우 러시아나 중국이 발사할지 모르는 초고성능의 ICBM을 요격해야 하기 때문에 MIM-104F패트리어트PAC-3에는 직격충돌hit-to kill방식 등 다양한 최신 기술이 집약되었지만, 천궁2의 요격미사일은 북한의 단거리 탄도미사일을 맞출 수 있는 정도의 성능을 검증된 기술과 경제적인 가격으로 달성한 것이다. 이를 통해 천궁2 미사일 시스템은 요격고도 15~20km 이하의 저고도미사일 방어에 안성맞춤인 시스템으로 완성되었다. 실제로 2017년 천궁2는 ADD가 개발한 K-BAT, 즉 '한국형 탄도미사일 방어표적Korean Ballistic Air-defense Target'의 요격시험에서 모든 표적을 맞추는 기염을 토했다. 참고로 K-BAT은 탄도미사일 방어 시스템의 테스트 및 훈련을 위해 개발된 KTSSM-1 미사일을 개조한 초음속 표적으로, 실제 전투 상황에서 탄도미사일 방어시스템이 작동하는 양상을 미리 살펴보고 검증하려는 데 목적을 둔다.

이러한 천궁2는 곧 중동에서 가장 적절한 무기체계로 자리 잡기 시작했다. 중동 지역 국가들은 정치적으로 불안정한 데다 상호비우호적인 미국이나 이스라엘, 러시아에서 만든 요격미사일을 구매하기가 어려웠기 때문이다. 2022년 1월 한국은 UAE로부터 35억 달러(약 4조 1800억)를 받고 10개 포대의 수출에 성공했고, 2023년 11월에는 7개 포대에 대해 사우디와 32억 달러(약 4조 2528억) 규모의 계약을 체결했다. 당시 사우디 측은 이 계약 자체를 비공개로 해달라고 요구했으나 K-방산의 업적과 홍보가 필요하다는 한국 측의 주장을 수용, 2024년 2월 사우디에서 열린 방위산업전시회 'WDS 2024'에서 뒤늦게 공개를 허가했다.

천궁2 시스템의 차기 고객으로 매우 유망한 이라크는 2024년 5월 한국과 8개 포대 계약에 대한 수출상담을 진행했다. 이라크는 특히 3개 포대의 조기납품을 요청했는데, 이렇듯 시급히 천궁2를 구매하려는 것은 옆 나라 이란 때문이다. 이란은 대량의 탄도미사일을 보유 중인데, 2024년 4월에 이라크로부터 멀리 떨어져 있는 이스라엘이 보복을 이유로 이라크 상공을 지나 이란을 공습했을 당시 이라크 방공망이 이를 제대로 탐지하지 못해 영공 방어에 큰 구멍이 났다는 사실이 전 세계에 공개되었다. 이라크와의 수출계약이 성사된다면 그 규모는 25억 6000만 달러(약 3조 5000억 원)가 될 것으로 보인다.

이렇듯 수출계약이 차근차근 대규모로 이뤄지는 상황임에도 현재 한국에서는 천궁2의 추가개량 작업이 진행되고 있다. 우선 중동 수출

천궁2 수출형 다기능레이더 및 기타 레이더의 모형.
출처: 김민석

형 버전의 천궁2에는 한국 공군이 운용하는 버전과 다른 부분이 하나 있으니, 바로 MFR이다.

수출형 MFR은 MFR-E Enhanced라고 불리는데, 가장 큰 차이점은 PESA수동위상배열이 AESA능동위상배열로 바뀌었다는 것이다. 디스플레이의 종류들에 비유하자면, 재래식 레이더는 브라운관이고 PESA레이더는 LCD스크린인데 AESA는 유기발광다이오드AMOLED나 퀀텀닷 디스플레이QLED 수준으로 차이를 갖는다 할 수 있다. AESA방식을 채택하면 하나의 레이더가 여러 종류의 레이더 빔을 동시에 쏠 수 있기 때문에 출력 및 레이더 빔 수를 자유롭게 조절 가능함은 물론 탐지거리 또한 크게 늘어난다. 레이더의 성능에서 가장 중요한 것은 탐지거리, 그리고 동시 추적이 가능한 목표물의 수임을 생각하면 엄청난 장점이 아닐 수 없다.

K-방산에 투자하라

특히 MFR-E는 차세대 전력반도체인 질화갈륨GaN 소자를 사용하기 때문에 레이더 성능과 효율성이 높아졌다는 점도 중동 수출에 있어 긍정적인 부분이다. 전력 효율의 향상에 힘입어 기존 MFR보다 탐지거리, 추적 능력, 동시표적 능력이 더욱 우수해졌을 뿐 아니라 사막지역의 무더운 날씨에서 장시간 운용에 필요한 고성능 냉각시스템까지 갖추게 되었으니, 수출형 천궁2는 24시간 7일 연속 운용이 가능한 세계 최고의 대공방어체계라 할 수 있다. MFR-E를 ADD와 함께 생산·개발하는 한화시스템은 MFR-E로 UAE 및 사우디에 대해 각각 약 1조 3000억 원과 약 6000억 원 이상의 수출실적을 기록했다.

천궁2, MFR-E에 이어 현재 한국에서는 '천궁3' 시스템이 새롭게 개발되고 있다. 이 시스템의 체계개발계획은 2024년 5월 29일에 있었던 제162회 방위사업추진위원회에서 승인되었다. 천궁2에 비해 천궁3는 동시교전 능력이 다섯 배 향상되고 사거리도 두 배 늘어나 총 방어면적이 네 배 넓어진다. 요격고도 역시 30km 이상으로 높아지는데, 2024년부터 2034년까지 총 2조 8015억 원이 투입되어 세계 최고 수준의 저고도미사일 방어체계로 완성될 것이다.

천궁3의 개발계획이 이렇듯 빠른 속도로 승인 및 진행되는 이유는 북한 탄도미사일의 성능이 그간 급격히 발전했다는 데 있다. 북한의 단거리 탄도미사일인 KN-23은 풀업기동pull up maneuver(롤러코스터처럼 미사일의 궤도가 하강하다가 다시 상승하는 변칙 기동방식)으로, '극초음속활공체hypersonic glide vehicle, HGV'(미사일 탄두부에 장착되는 극초음속무기)를 장착한 미사일인 '화성-16나'는 횡기동cross-range maneuver(미사일의 비행경로를 좌우로 변경하는 기동방식)으로 각각 궤도를 변경하기 때문에 요격 난이도가 매우 높아졌다.

이 때문에 천궁3 시스템은 수출형 레이더인 MFR-E를 활용하는 한국 공군용 신형 MFR을 장착함으로써 탐지거리는 300km 이상, 탐지고도는 30km 이상인 세계 최고 수준의 이동식 레이더로 완성될 예정이다. KF-21에 탑재되는 AESA레이더의 송수신 모듈 수가 1000여 개인 데 비해 천궁3 시스템의 레이더는 무려 1만 3000여 개에 이르니 그 출력과 성능이 얼마나 엄청날지는 가히 짐작할 만하다.

향후 천궁3 시스템에서 발사될 요격미사일 역시 천궁2의 경우보다 훨씬 대형화된 추진기관을 갖춘 신형으로 개발된다. 천궁3 신형 요격미사일의 탐색기는 주파수가 기존의 Ku-밴드에서 Ka-밴드로 변경되면서 표적을 더욱 세밀하게 구별할 수 있게 될 전망이다. 천궁2 미사일의 자랑인 측추력기의 성능도 개량되어 더 오래, 더 큰 추력으로 미사일의 방향을 바꾸는 것이 가능해진다. 또한 로켓 추진기관에도 뒤에서 설명할 다단펄스multi-pulse 로켓이 적용되기 때문에 사실상 초기 '철매' 시스템의 것과는 전혀 다른 미사일이 탄생할 것으로 예상된다.

차세대 지대공미사일 시스템이자 차세대 수출일꾼, L-SAM

다음으로 살펴볼 지대공미사일 시스템은 L-SAM이다. 천궁2의 영어 명칭 M-SAM에서의 'M'이 중거리를 뜻하듯 L-SAM에서의 'L'은 장거리long range를 뜻한다. 즉, L-SAM은 장거리 대공미사일 시스템으로, 한국이 개발한 모든 대공미사일 시스템 중 가장 기술적 난이도가 높은 것에 속한다고 할 수 있다. 대공미사일의 사거리가 길수록 레이더의 정밀도가 더욱 높아야 하고, 요격미사일이 담당해야 하는 고도나 거리가 길어질수록 새로운 신기술이 요구되기 때문이다.

이 때문에 L-SAM의 개발에는 적지 않은 비용은 물론 기간 및 시행착오가 있었다. 2014년에 처음 사업추진 기본전략이 정해진 뒤 2015년부터 2018년까지는 탐색개발exploratory development(어떤 무기의 개발에 필요한 핵심 기술이 마련되어 있는지의 여부를 확인하는 시제품 제작 단계), 2019년부터 2024년까지는 체계개발system development(실제로 생산 가능한 제품을 개발하는 단계)이 이뤄졌다. 이러한 단계별 개발계획은 KF-21 전투기나 RQ-105M 중고도무인기 등 대부분의 대형무기도입 사업에서 적용된다.

L-SAM의 특이점은 탐색개발을 통해 완성된 시제품과 실제 양산품이 형상이나 기능 면에서 전혀 달랐다는 것이다. 일례로 L-SAM의 핵심 구성품인 MFR, ABM, 항공기 요격미사일인 AAManti-air missile만 보더라도 크기와 기능, 형태가 모두 다르다. 이는 장거리 지대공미사일의 경우 한국이 처음 도전하는 분야라 개발과정에서의 시행착오와 고난이 그만큼 컸음을 방증해준다. 이를 염두에 두고 L-SAM의 구성품의 수준과 수출경쟁력이 어느 정도인지 판단하면 앞으로의 미래 를 좀 더 객관적·논리적으로 추론할 수 있다.

그렇다면 L-SAM의 핵심 요소와 기능에는 어떤 것들이 있고, 기존 천궁2에 비해 무엇이 얼마나 다른 걸까? 우선 눈에 띄는 것은 목표 성능이다. 천궁2 시스템의 목표는 저고도탄도미사일 및 작전 영역의 항공기 방어인데, L-SAM 시스템은 40~60km 고도로 날아오는 탄도미사일을 방어하고 전구theater, 즉 한반도 영공 상당 부분의 방어를

L-SAM 지대공미사일.
출처: 김민석

가능케 하는 항공기 요격 능력의 보유를 목표로 한다.

그중 보다 중요한 것은 탄도미사일 요격 능력이다. 탄도미사일은 포물선을 그리면서 날아오기 때문에 요격이 무척 어렵고, 그렇기에 요격성공률을 높이려면 요격의 기회를 가능한 한 많이 잡아야 한다. 만약 북한이 한국으로 미사일을 발사하면 현재 한국의 KAMD에 따라 록히드마틴의 사드 미사일이 1차 방어를, 천궁2 미사일 시스템과 미국 RTX의 패트리어트 미사일이 최종 방어를 맡게 되어 있다. 그런데 L-SAM이 등장함에 따라 천궁2와 사드가 담당할 수 없는 빈 고도에서의 요격이 가능해져, 총 요격 기회가 2회에서 3회로 늘어났다. 숫자로만 보면 1회 증가일 뿐이지만 이것만으로도 요격성공률은 크게 높아질 수 있다.

천궁2에서 운용되는 미사일과 달리 L-SAM의 미사일이 갖는 또

K-방산에 투자하라

L-SAM 교전통제도.
출처: 국방과학연구소

다른 차이점은 바로 이러한 목표 때문에 생겨났다. 천궁2의 운용 미사일은 한 종류이고 이것으로 항공기와 탄도미사일 모두를 공격할 수 있다. 그러나 L-SAM 시스템에서는 앞서 말했듯 항공기 요격용인 AAM와 탄도미사일 요격용인 ABM이 별개로 운용된다. 이는 탄도미사일 요격 가능 고도가 천궁2의 경우엔 대류권(고도 0~11km의 대기층) 및 성층권(고도 11~50km의 대기층)이나 L-SAM은 중간권(고도 50~80km의 대기층)이기 때문이다.

 L-SAM의 또 다른 기능들을 설명하기에 앞서, 미사일이 비행방향을 변경하는 방법에 대해 간략히 알아둘 필요가 있다. 비행방향 변경법에는 크게 세 가지가 있는데, 가장 일반적인 방법은 날개를 사용하는 것이다. 다만 이는 날개로 미사일 주위의 공기 흐름을 변화시켜 방향을 바꾸는 방법인 터라, 대기 중에 공기가 존재하는 저고도에서만 사용할 수 있다. 때문에 고도가 높아져 공기가 희박해지면 다른 두 가

지 방법, 즉 미사일의 추진기관이 직접 방향을 꺾는 추력편향노즐(TV Cthrust vector control 혹은 JVCjet vectored control로 불린다)이나 미사일의 운동방향을 상하좌우로 바꾸는 측추력기만이 적용된다.

이 때문에 L-SAM 시스템의 ABM, 즉 탄도탄 요격미사일은 독특한 구조와 기능을 여럿 갖고 있다. 가장 눈에 띄는 것은 다단로켓multi-stage rocket을 사용한다는 점이다. 다단로켓은 설계상 다소 복잡해지는 단점이 있어 탐색개발 단계에서는 채택되지 않았으나, L-SAM에서 발사되는 ABM의 속도를 더욱 높이기 위해 체계개발 단계에서 추가되었다. 이 로켓은 1단 로켓, 2단 로켓, 요격체kill vehicle 등 총 세 단으로 구성되고, 발사 후 시간의 경과에 따라 각 단이 분리된다. 그 과정을 조금 더 자세히 살펴보면 다음과 같다.

1단 로켓은 미사일의 초기 에너지를 더해주는 부스터Booster 역할을 한다. 1단 분리 후 2단 로켓이 점화되면서 L-SAM ABM은 한창 가속 중일 북한 탄도미사일을 쫓아가기에 충분한 정도의 운동에너지를 확보한다. 빈 로켓을 버려 훨씬 가벼워지고, 그 덕에 가속도 또한 더욱 붙기 때문이다. 여기에 다단펄스로켓 기술을 적용하고, 볼-소켓Ball-Soket형 추력편향노즐로 방향을 전환한다. 마지막 3단인 요격체에는 직접적인 추진기관이 없으나 그 대신 동적 자세제어 시스템divert and attitude control system, DACS이라는 특수기술을 적용한 추진기관이 장착되어 있다. 이 기술은 적의 탄도미사일을 쫓아가게끔 요격체의 방향과 위치를 매우 정밀하게 조정해준다.

L-SAM ABM이 적의 탄도미사일을 찾아가게 해주는 중적외선MWIR 탐색기에도 매우 특이한 기술이 적용되어 있다. 중적외선 탐색기는 적

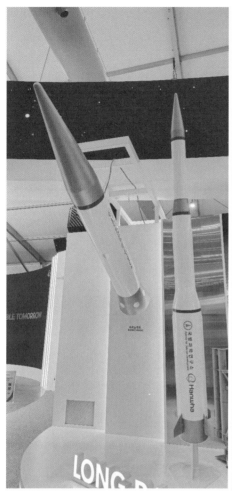

장거리 지대공 유도무기 ABM/AAM.
출처: 김민석

탄도미사일의 열을 탐지하여 찾아내는 장비인데, L-SAM ABM에는 일반적인 중적외선 탐색기를 사용할 수 없다. 미사일의 속도가 너무 빨라 탐색기 창문의 유리가 녹아내리기 때문이다. 그러나 L-SAM

ABM을 위해 개발된 중적외선 탐색기는 특이하게 보호덮개로 가려져 있다가, 열을 비교적 덜 받는 위치에 탐색기를 배치하는 특수기술이 적용되어 탄도미사일을 추적한다.

이상의 내용에서 가장 중요한 기능은 동적 자세제어 시스템과 중적외선 탐색기다. 이 둘은 우리에게 익숙한 미사일인 사드와 스탠더드 SM-3에도 적용되어 있는데, 이 기능들이 적용된 탄도탄 요격미사일 기술을 보유한 나라는 미국과 일본 정도밖에 없다. 한국의 경쟁자인 중국과 러시아, 이스라엘은 보다 단순하지만 정확도가 떨어지는 기능을 사용하거나 아예 기술을 확보하지 못한 상태에 있으니, L-SAM ABM을 개발한 ADD와 한화에어로는 세계에서 몇 안 되는 최고급 탄도탄 요격 기술을 보유하고 있는 셈이다. L-SAM 시스템에서는 이러한 고성능의 ABM 여섯 기를 발사대 하나에 탑재할 수 있다.

L-SAM ABM보다는 덜 주목받지만 항공기 요격미사일인 AAM 또한 L-SAM 시스템의 임무수행에 매우 중요한 미사일이다. LIG넥스원이 생산할 L-SAM AAM은 천궁2에서 운용하는 미사일보다 훨씬 큰 AAM이 가급적 저렴한 가격과 높은 성능을 갖게 하기 위해 현재 개발 중에 있다. L-SAM ABM이 높은 목표를 달성하기 위한 고성능에 집중한다면, AAM은 효율성에 초점을 맞춘 셈이다. 미사일 발사대 1기에 ABM 혹은 AAM을 여섯 기 탑재한다.

이 때문에 L-SAM AAM은 우리 해군의 차기 함대공미사일인 '함대공미사일-2'와 크기는 다르지만 상당히 많은 기술과 설계를 공유한다. 천궁 시스템의 기본형 미사일과 비슷한 형상의 L-SAM AAM은 모습은 단순하나 천궁의 기본형 미사일보다 훨씬 먼 160km 이상

거리에 있는 적 항공기의 격추가 가능하다. 한국의 비무장지대 이남에 L-SAM 미사일 포대를 배치하면 평양 이북에 있는 적 항공기까지 요격할 수 있는 셈이다.

이상의 미사일 두 종류가 각각 고성능과 효율성을 추구했다면, L-SAM 시스템의 핵심 탐지수단인 MFR은 대한민국 군용 레이더 역사상 가장 성능이 뛰어난 레이더를 목표로 삼았다. L-SAM MFR은 임무수행에 필요한 성능의 수준이 워낙 높기 때문에, 탐색개발 기간 중에 많은 예산을 들여 축소형을 미리 만든 바 있다. 실제 레이더보다 크기를 훨씬 줄이고, 원래는 레이더차량 한 대에 들어가야 하는 전원공급장비와 냉각장비도 여러 컨테이너에 나눠 넣고서 개발을 진행한 것이다. 이는 과연 성능구현이 가능할지를 우선 점검해본 다음 소형화에 도전하려 하기 위함이었다.

이런 세심한 개발과정을 통해 완성된 L-SAM MFR은 현존하는 한국군 레이더 중 가장 우수한 AESA레이더로 완성되었다. 이 AESA레이더는 천궁2 시스템에서 사용되는 X-밴드 레이더보다 장거리 탐지에 유리한 레이더, 가로와 세로가 각각 6m에 가까운 대형 안테나, 5000여 개에 달하는 송수신모듈T/R module이 탑재된다.

AESA레이더의 핵심 부품인 질화갈륨 '고전자이동도 트랜지스터 high electron mobility transistor, HEMT'가 국내 중소기업인 웨이비스 WAVICE를 거쳐 국산화되는 등 대부분 국내 기술을 통해 개발되었다는 점도 매우 중요하다. 인터넷에서 L-SAM MFR의 성능을 검색해보면 '항공기 기준 230km 이상, 탄도미사일 기준 300km 이상'이라고 나오는데 이는 실제 제품이 아닌 탐색개발 시제, 즉 시험적 시제품의 성

L-SAM 레이더와 발사대.
출처: 김민석

능이다. 완성형 L-SAM MFR은 시제품에 비해 안테나의 크기와 출력이 1.5배 더 강해졌기 때문에 실제로는 항공기와 탄도미사일을 각각 300km와 450km 밖에서 탐지할 수 있다. 사실상 북한 지역 대부분의 미사일 발사 및 적 항공기 비행을 하나의 L-SAM 포대에서 처리할 수 있는 것이다.

　이상을 종합적으로 생각해보면 AAM과 ABM, MFR 및 교전통제소가 결합된 L-SAM 시스템의 성능은 무시무시하다고 이야기해도 부족함이 없다. 마하 8.8(시속 약 1만 771km)의 탄도미사일이나 마하 2(시속 약 2448km)의 초음속항공기를 격추할 수 있고 항공기와 탄도미사일의 요격고도는 각각 최대 25km와 최대 60km에 달한다. 하나의 L-SAM 포대는 최대 열 개의 적 탄도미사일과 최대 40대의 적 항공기를 추적할 수 있다. 이러한 L-SAM 시스템은 2019년 12월부터 체계개발에 돌

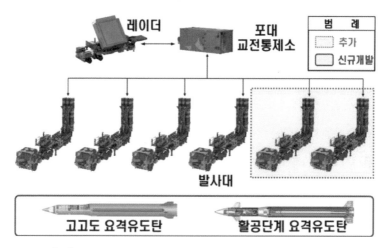

레이더

포대
교전통제소

범례
□ 추가
▢ 신규개발

발사대

고고도 요격유도탄   활공단계 요격유도탄

L-SAM-II 시스템.
출처: 방위산업청

입해 2024년 10월 완료되었으며, 이미 네 차례의 표적요격시험과 최종 요격시험에 성공하여 2024년 5월에 전투적합 판정을 받았다.

이렇게 순조로운 개발과 별개로, 천궁2 시스템이 천궁3로 진화하듯 L-SAM 시스템을 발전시킨 L-SAM2 시스템 또한 현재 개발 중에 있다. 2024년 5월 29일에 열린 162회 방위사업추진위원회에서 방위사업청은 2024년부터 2032년까지 총 1조 664억 원의 예산이 투입될 L-SAM2 고고도요격미사일 개발계획을 승인했다. 곧 양산이 시작될 L-SAM 포대에는 이에 따라 향후 두 대의 새로운 미사일 발사 차량이 추가될 예정인데, 고고도요격유도탄과 활공단계요격유도탄이 그것이다.

고고도요격유도탄은 그야말로 '한국형 사드 미사일'이다. L-SAM의 미사일이 사드의 요격고도 바로 아래인 40~60km 고도를 담당하는 반면, L-SAM2의 고고도요격유도탄은 사드와 동일한 40~100㎞ 이상의 요격고도를 갖춘다. 이를 통해 이 미사일은 한반도에 1개 포대밖에 없는 사드와 함께 한반도 전 지역을 방어하는 것이 가능해진다. 더불어 활공단계요격유도탄은 천궁3 시스템과 동일한 목적의 극초음속활공체를 요격하는 유도탄이기에, L-SAM2가 1차 요격을 시도한 뒤 천궁3가 2차 요격을 실시하는 식으로 요격 성공률을 높이기 위해 채택되었다.

L-SAM의 수출은 비록 현재까지 확정된 바 없으나 향후에는 천궁2처럼 활발하게 이뤄질 것으로 기대된다. 특히 UAE의 왕세자이자 대통령인 모하메드 빈 자이드 알 나흐얀Mohamed bin Zayed Al Nahyan은 2023년 2월 아부다비에서 열린 방위산업전시회 'IDEX 2023'에서 한국 방산업계 관계자들에게 L-SAM이 방어 가능한 미사일 및 범위와 더불어 수출규제에 관계없이 수출이 가능한지를 문의한 것으로 알려져 기대감을 높이고 있다.

아이언돔을 능가하는 한국형 철통방어 시스템, LAMD

마지막으로 살펴볼 한국의 대공미사일 시스템은 한때 '한국형 아이언돔Iron Dome'이라 불렸던 LAMDLow Altitude Missile Defense다. 천궁2와 L-SAM이 담당하지 못하는 마지막 영역, 그러니까 고도 7~10㎞ 이하의 저고도를 방어하는 무기체계인 LAMD는 KAMD의 화룡점정畵龍點睛이라 할 수 있다. 한국이 미국의 MD 시스템과는 다른 독자적 시스템으로 KAMD를 만드는 목적 역시, 미국 MD에는 포함되어 있지 않은 저고도 요격수단이 필요하다는 데 있다.

그런데 LAMD를 설명하기에 앞서 한 가지 짚고 넘어갈 점이 있다. LAMD의 영어 명칭은 '저고도미사일 방어'라는 뜻이지만 정식 한국어 명칭은 '장사정포 요격체계'다. 같은 시스템인데 이렇게 명칭의 뜻이 다른 이유는 무엇일까?

이는 한국형 대공미사일 시스템의 목표 및 방향성이 여러 논의와 고민 끝에 바뀌었기 때문이다. 초기에는 LAMD의 개발을 둘러싸고 '과연 이것을 진행해야 하는가'에 대해 수많은 논의가 있었다. 당시에는 이스라엘 기업인 라파엘과 IAI이 만든 방공시스템 '아이언 돔'을 구매하자는 의견이 상당히 많아 국내 개발이 곤란한 상황이었다.

하지만 여러 선행연구를 통해 아이언돔은 한국의 안보위협 상황과는 맞지 않고, 따라서 새로운 미사일 방어시스템이 구축되어야 한다는 결과가 도출되었다. 아이언돔은 실전에서 검증된 유명 방어시스템이지만, 그것이 요격하는 로켓은 팔레스타인 저항세력이나 시리아 등이 쓰는 이란제 로켓, 혹은 뒷마당에서 만든 조악한 수제 로켓이기 때문이었다. 그와 달리 서울은 북한의 170mm 장사정포, 240mm 방사포, 300mm 방사포 등 훨씬 빠르고 강력하고 위협적인 포병 화력에 노출되어 있는데, 아이언돔뿐 아니라 세계방위산업시장에 나온 제품 중 북의 위협에 대응 가능한 무기는 없었다. 이것이 한국에서 '장사정포 요격체계'라는 명칭의 대공방어 시스템을 개발하기 시작한 이유다.

그런데 탐색개발 단계에서 시제모델로 요격시험을 거친 결과, 이 시스템은 방사포는 물론 저고도탄도미사일까지도 요격할 수 있고 향후에는 적 항공기와 순항미사일 등 다양한 표적에 대한 대응력을 갖

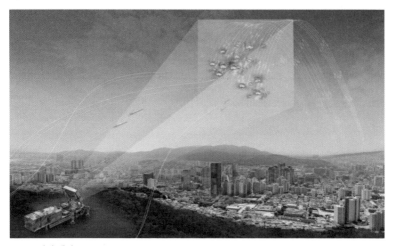

LAMD 방어 개념.
출처: 국방과학연구소

출 거라는 기대가 높아졌다. 그에 따라 '저고도미사일 방어'라는 뜻을 가진 영어 명칭 LAMD가 붙은 것이다.

LAMD는 2022년 7월부터 2024년 6월까지 탐색개발을 진행했고, L-SAM 탐색개발 시 레이더만 개발했던 것과 달리 LAMD 요격탄과 레이더 부품 일부까지도 제작해 실제 테스트가 이뤄졌다. 이런 시도가 가능했던 것은 L-SAM에 비해 LAMD의 경우에선 무엇보다 '규모의 경제'가 중요했기 때문이다.

LAMD의 표적은 저고도로 날아오는 방사포 및 미사일이기에 천궁 2나 L-SAM이 막아야 하는 것보다 훨씬 많은 수의 표적을 막아내야 하고, 그에 따라 요격에 필요한 미사일의 수도 훨씬 많다. 이를 위해 LAMD의 탐색개발에서는 기존 시스템들이 최대한 활용되었다. 미사일 시제 제작업체인 LIG넥스원은 함정의 대공방어를 담당하는 함대

K-방산에 투자하라

LIG넥스원의 LAMD 모형.
출처: 김민석

공미사일 '해궁'과 고속정에 탑재하는 130mm 유도로켓 '비룡Flying Dragon'의 미사일 및 발사대를 개조, 빠르게 요격 테스트를 실시했다.

이러한 탐색개발을 거쳐 실제로 제작될 LAMD 요격미사일은 1개 포대에 엄청난 수가 배치될 예정이다. 트럭 한 대에 장착된 미사일 발사대에는 천궁1/2/3는 8기, L-SAM은 6~8기가 탑재되는 데 반해 트럭 한 대에 장착되는 LAMD 미사일 발사대에는 무려 32기의 LAMD 요격미사일이 탑재된다. 1개 포대에는 여섯 대의 트럭이 있으니 총 192기의 미사일이, 10개 포대면 최소 1920기의 미사일이 배치되는 셈이다.

LAMD 요격미사일의 생산은 역시 LIG넥스원이 맡는다. 이 미사일은 앞서 말했듯 해군의 미사일 '해궁'을 기반으로 만들어진다. 그러나 대량생산이 가능한 경제성을 맞추기 위해 복잡한 다중유도방식 탐색기는 단일 Ka-밴드 탐색기로 교체하고, 구조도 좀 더 단순화하며, 불필요한 추력편향노즐을 제거하는 등의 노력을 기울이는 것으로 알려져 있다.

이에 따라 LAMD 요격미사일은 크기 면에서 직경 165mm, 길이 3m로 아이언돔 시스템의 요격미사일인 '타미르Tamir'와 거의 같지만 사거리, 기동성, 탐색기 성능, 폭발력 등이 훨씬 뛰어날 것으로 예상된다. 그러나 타미르보다 군용규격의 부품을 더 많이 사용하고, 고속다연장로켓 등을 요격해야 하기 때문에 LAMD 요격미사일의 최종 가격은 아무래도 타미르의 가격보다 비쌀 수밖에 없을 것이다.

이렇듯 LAMD 미사일은 처음 목표대로 북한의 240mm 방사포와 300mm 방사포를 거의 완벽하게 방어해낼 것으로 보이나, 한때는 '북한 장사정포 중 하나인 170mm 야포탄의 요격은 불가능할 것'이라는 이야기가 나와 논란이 발생한 적이 있다. 하지만 이는 목표와 수단을 오해한 데서 비롯된 이야기였다. 170mm 야포탄을 북한이 보유하고 있는 것은 맞지만, 이 포탄은 방사포보다 속도가 훨씬 빠르고 크기도 작아 파괴력 또한 방사포에 훨씬 못 미친다. 결국 이 논란은 '방사포가 아닌 포탄에는 비싼 LAMD 요격미사일 대신 차기 대공포 혹은 해군의 CIWS-II 개조형 대공포로 대응'하기로 결정되었던 것이 오해로 이어진 해프닝으로 일단락되었다.

LAMD의 요격미사일과 함께 살펴봐야 할 것 역시 적의 요격미사일을 탐지할 레이더다. LAMD 시스템의 레이더로는 천궁2와 L-SAM이

K-방산에 투자하라

그러했듯 한화시스템이 X-밴드 주파수를 쓰는 AESA방식의 MFR을 생산할 텐데, 이 레이더에는 앞의 두 레이더와 두 가지 다른 점이 있다.

하나는 동시탐지가 가능한 표적의 수다. LAMD 레이더는 100~130개 이상의 적 로켓과 미사일을 동시에 탐지 및 추적할 수 있는데, 이는 천궁2나 L-SAM은 물론 경쟁기종인 아이언돔 대비 두 배 이상의 수에 해당한다. 그야말로 비교 대상이 없는 세계 최고 수준의 능력인 것이다.

다른 하나는 RMAradar modular assembly 기술이 적용된다는 점이다. AESA레이더의 장점은 크기 조절이 가능해 다양한 크기의 레이더를 만들기 쉽다는 것인데, RMA는 안테나는 물론 송수신, 전원, 냉각 등 레이더에 필요한 기능들을 하나의 모듈로 만들어 레이더의 크기 조절을 자유롭게 변화시킬 수 있는 기술이기에 기존 AESA레이더의 확장이나 개량을 훨씬 용이하게 해준다. 한화시스템은 이러한 기술을 활용함으로써 LAMD는 물론 향후의 새로운 레이더 시스템에 대해서도 다양한 모델을 손쉽게 개발할 수 있는 기반을 마련한 셈이다.

개발 및 양산 예산을 위해 총 2조 8900억 원이 책정된 LAMD 시스템은 2024년부터 2029년까지의 개발 단계를 거쳐 2035년까지 양산될 예정이다. 한 가지 아쉬운 점은 2022년 대선 당시 윤석열 대통령 후보의 공약으로 'LAMD의 조기개발 추진 및 2026년 조기개발 완료'가 선언되었으나 기술력 부족 탓에 조기개발 완료 부분이 취소되었다는 것이다. 불행 중 다행으로 이에 대한 큰 논란은 없었으나, 앞으로 K-방산이 성과를 내려면 기술적 리스크에 대한 확인 없이 그저 정치적인 결정에 의해 무기개발 일정을 무리하게 단축하는 일은 두 번 다시 없어야 한다.

LAMD 레이더.
출처: 한화시스템

천궁2나 L-SAM의 경우가 그랬듯 LAMD 역시 아직 완성되지 않았음에도 이미 추가개량 준비에 돌입했다. LAMD-2라는 이름으로 개발될 후속 시스템은 북한의 300mm 방사포를 뛰어넘는 600mm 초대형방사포를 요격하기 위해 천궁2와 LAMD 시스템의 요격미사일들이 갖는 장점만 따서 만들어질 것으로 보인다. 이를 통해 LAMD2의 요격고도 역시 기존의 10km에서 15km로 높아져, 2030년 이후 한국의 KAMD 체계는 LAMD2, 천궁3, L-SAM2 미사일이 사각지대 없이 촘촘히 영공을 방어하는, 이른바 다층multi-layer방어의 완전체를 달성할 것으로 전망된다.

K-방산에 투자하라

2024년 말 현재 LAMD에 대해 수출을 문의해온 것으로 확인되는 국가는 아직 없다. 하지만 북한의 단거리 탄도미사일이 러시아에 수출되고 이란과 북한이 탄도미사일과 방사포 기술을 상호공유하는 상황이 의심되는 만큼, 아이언돔보다 성능이 우수한 LAMD 요격미사일에 대해 관심을 보이는 국가가 중동 지방은 물론 동유럽 쪽에서도 곧 나타날 것이라는 예상이 충분한 설득력을 얻고 있다.

5장

K-방산을 책임지는 핵심 기업들

1
K-방산기업들의
세 가지 생존전략

모든 기업들은 경쟁과 협력을 통해 자신들의 이익을 극대화하려 노력한다. 방위산업 분야의 기업들 역시 이러한 경향에서 벗어나진 않지만, 이 산업의 특수성 때문에 다른 산업계에서 볼 수 없는 독특한 사건들이 많이 일어난다. 그렇기에 산업적 특수성을 이해하지 못한 상태에서 방산업체들의 행동이나 성과, 실적을 살펴보면 큰 오해를 하기 쉽다.

'K-방산'은 결국 'K'스러운 특징, 즉 대한민국에서만 일어나는 독특한 현상이나 구조, 거버넌스에서 나오는 특수성과 더불어 무기를 만들고 정부에 공급하는 영업 및 계약구조의 특징을 모두 가지고 있다. 그렇다면 그러한 특수성과 특징으로는 구체적으로 어떤 것들이 있을까? 세 가지 고사성어로 K-방산에서만 일어나는 특이 현상을 살펴보면 그 비밀을 알 수 있다.

청출어람에서 나오는 경쟁우위

한국 방위산업의 특징을 설명할 수 있는 첫 번째 핵심 키워드는 기술이전transfer of technology이다. 한국을 제외한 방위산업 선진국들, 즉 미국, 러시아, 중국, 일본, 프랑스, 영국, 독일, 이탈리아는 제2차 세계대전 이전부터 기관총은 물론 전차와 장갑차, 전함을 만든 나라들이다. 한국과 비슷한 사정인 튀르키예도 사실 제1차 세계대전부터 항공기를 제작했고. 이스라엘의 경우 독립의 역사는 한국과 비슷하나 국가건립 시 유럽과 미국에서 수많은 학자와 엔지니어들이 모여들어 방산강국의 기반을 마련했다. 이런 점에서 한국은 제2차 세계대전 이후 아무것도 없는 '맨땅'에서 시작한 유일한 방산강국이다.

이런 이유로 현재 한국이 자랑하는 거의 모든 'K 계열 무기'의 역사는 기술이전에서 시작되었다. 가령 국내 최초의 기본훈련기 KT-1의 경우, 기본훈련기 시장을 장악하고 있는 스위스의 필라투스Pilatus와 기술지원 협약을 맺고 한국의 설계자들이 스위스로 파견되어 지도를 받았다. 스위스가 이러한 기술이전을 해준 것은 그 대가로 돈을 받았을 뿐 아니라, 향후 필라투스의 비행기를 한국에 판매할 수 있을 거라는 기대 때문이었다.

1980년대만 해도 한국의 방위산업이 기술이전을 받은 뒤엔 실제로 체계개발을 지나 완성에까지 이를 수 있다고 믿는 이들은 그리 많지 않았다. 심지어는 한국군도 한국산 무기를 사용하길 꺼렸다. KT-1에 대해 의구심을 품었던 공군은 미국의 전문가를 통해 KT-1의 안정성이 낮다는 보고서까지 만들며 스위스산 훈련기를 도입하려 애썼다. 그러

시험평가 장비가 없어 사람으로 구조강도실험을 한 KT-1 훈련기.
출처: 국방과학연구소

나 KT-1은 날개를 자르고 다시 꺾는 등의 피나는 노력 끝에 결국 문제를 해결하고 완성품에 이르렀으며, 이에 한국 공군은 100여 대를 운용하게 되었다. 그에 더해 KT-1은 80여 대를 수출까지 하는 데 성공했다. 4개국에서 스위스 필라투스가 만든 훈련기와의 경쟁에서 이긴 덕분이었다.

앞서 '10개 국가에 팔린 베스트셀러' 중 하나로 다루었던 K-9 자주포의 운명 또한 처음에는 기구했다. 1980년대 후반 K-9을 개발하기 시작한 ADD는 영국의 AS90 자주포를 롤모델로 삼았다. 당시만 해도 AS90는 실용화된 자주포 중 서방 측에서 가장 발달한 수준의 것으로, 미국의 자주포 M109보다 사거리와 발사속도, 기동성 모두가 우수했다. 한국 기술진들은 영국으로 넘어가 자주포의 필수 부품인 유기압현

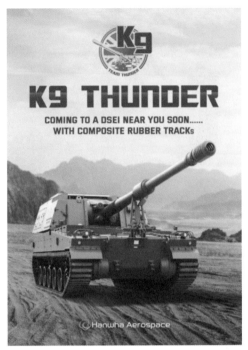
한국이 기술을 수입했던 영국에게 수출할 뻔한 K9.
출처: 한화에어로

수장치를 구매해 K9에 장착했다. 유기압현수장치는 자동차로 치면 서스펜션에 해당하는 부품으로, 자주포의 무한궤도와 차체를 연결하고 자주포의 발사 시 충격을 즉각 흡수할 수 있어 발사의 준비 및 철수에 드는 시간을 줄여주는 핵심 부품이지만 당시의 우리 기술로는 개발하기가 어려웠기 때문이다. K-9의 자동장전장비 또한 상당 부분 AS90을 참고한 것이었다.

그런데 현재 AS90은 사실상 단종된 상태다. 영국에서 사용되는 모든 AS90 자주포는 우크라이나군으로 이전되었다. 또한 폴란드에

K-방산에 투자하라

AHS크라프Krab라는 이름으로 포탑만 수출된 적이 있을 뿐, 전체 장비가 외국에 판매된 적은 없다. AS90은 처음에 우리 K9 자주포가 극복하고 이겨내야 할 대상이었지만, 이제 K9은 수출시장에서 AS90과 비교할 수 없을 정도로 앞서나가 있는 상태다.

최근 한화는 영국이 AS90을 대체하기 위해 진행 중인 '기동화력 플랫폼Mobile Fires Platform, MFP' 사업에서 K9A2 자주포를 제안 했다. 신형 자동장전 포탑과 검증된 차체를 도입해 AS90보다 사거리와 발사속도 모두 30퍼센트 이상 향상된 K9A2가 AS90의 대체 아이템으로서 영국에 수출될 뻔했지만, 아쉽게도 탈락했다. 하지만 이것은 우리 방위산업의 청출어람을 상징하는 하나의 큰 사건으로 회자되었다.

필사즉생의 치열한 입찰전쟁

K-방산의 또 다른 특징은 '입찰에서 떨어지면 죽는다'는 필사즉생必死則生의 혈투가 흔히 일어난다는 점이다. K-방산의 수출 대박 행진으로 이 분야에 처음 관심을 가지게 된 사람이라면 다소 당황스럽겠지만, 한국 방위산업은 다른 나라와 마찬가지로 정부가 기업의 생사여탈권을 쥐고 있는 정부 주도형 산업이다. '내수가 안 되면 수출로 승부를 보자'는 것은 K-방산에서 사실 일어날 수 없는 일인 것이다.

사례를 보자. 현재 엄청난 수출실적을 기록했다고 일컬어지는 10억 달러 이상의 무기도입 사업 중 한국 육군에 도입되지 않은 것은 호주에 수출된 한화의 장갑차 AS21레드백이 유일하다. 그러나 한화가 K21 보병전투차를 한국 육군에 400대 이상 공급하지 못했다면 레드백

사실상 유일하게 성공한 수출전용 무기 AS21레드백.
출처: 김민석

장갑차를 업체 주도로 개발할 기술력과 생산역량 또한 마련하지
못했을 것이다. 실제로 한화의 맞수라 할 수 있는 현대로템은 바퀴가
달린 차륜형 장갑차 N-WAV 등을 업체 주도로 만들긴 했으나, 무한궤
도가 달린 중장갑 궤도식 장갑차 모델은 만들어내지 못했다. 반대로
한화 또한 바퀴가 달린 장륜 장갑차 '블랙폭스'를 만들었으나, 국내
장륜장갑차 사업에서 실패한 뒤에는 수출이 제대로 이뤄지지 못했다.

즉, 한국 방위산업에서는 결국 국내의 군 수요를 뚫고 군에 납품하
지 못하면 수출도 불가능하다. 이는 두 가지 문제 때문이다. 하나는 한
국산 무기 대부분의 체계개발은 기업이 아닌 ADD가 주도하기 때문이
다. 즉, ADD가 개발을 하면 업체는 ADD로부터 기술을 제공받아 생
산하는 구조인 것이다. 그런데 ADD는 오로지 한국군의 수요를 만족
시킬 수 있는 무기를 개발하는 기관이고, 따라서 K-방산은 자연히 정

K-방산에 투자하라

부주도의 산업이 된다.

다른 한 가지 문제는, 한국의 수출대상국들이 한국군에서 실제로 운용하는 무기만 구매하고 싶어 한다는 것이다. 한국군은 세계적 규모의 재래식 전력을 보유하고 있기 때문에, '한국군에서 운용되는 무기'라는 사실은 성능에 대한 일종의 보증수표가 된다. 뿐만 아니라 한국군이 구매한 무기의 수량이 많을수록 전체적인 규모의 경제를 달성할 수 있어, 그러한 무기를 구매하는 해외 고객 입장에서는 낮은 부품비용 및 유지비용이라는 이익도 누릴 수 있다. 이러한 이유로 K-방산업체들은 한국군의 수요를 확보하기 위해 필사적으로 노력한다.

그런데 이러한 경쟁들 때문에 간혹 외부인의 시각으로 보면 황당하기까지 한 사건들이 종종 발생한다. 2020년 11월에 일어난 '0원짜리 무기 가위바위보 사건'이 대표적인 예다. 짧게 요약하자면, 경쟁입찰에서 맞붙은 한화디펜스와 현대로템 모두가 입찰액으로 0원을 제안해 무승부가 되었는데, 승패를 가릴 방법이 없어 결국은 담당자들이 가위바위보로 승자를 결정한 사건이었다.

왜 이런 일이 발생했을까? 첫 번째 이유는 K-방산업체들은 미래를 위한 투자로 현재의 손해를 감수하는 경우가 많다는 것이다. 문제가 된 '가위바위보'의 사업은 '군용 다목적 무인차량 신속시범 획득 사업'으로, 방위사업청이 38억 원 정도의 무인지상로봇을 구매해 테스트 용도로 활용하고자 하는 사업이었다. 규모만 보면 작지만, 기업 입장에서 보자면 입찰에 성공할 경우 향후 수백 혹은 수천 대의 판매가 가능한 육군용 로봇 사업에서 주도권을 쥘 수 있는 사업이었다. 때문에 수십억 원의 손해를 보더라도 뛰어들 가치가 있다고 판단되어 '0원

가위바위보 끝에 현대로템으로 입찰 승자가 결정된 무인지상차량 쉐르파 UGV.
출처: 김민석

입찰'에 나섰던 것이다.

두 번째 이유는 업체 간 기술격차가 거의 없다는 것이다. 유사한 업종에 속한 기업들 대부분은 방위사업청이 요구하는 무기를 공급할 수 있으나, 앞서 말했듯 한국 무기는 정부 주도의 연구개발로 만들어지기 때문에 '특정 회사만 선보일 수 있는' 차별화된 무기의 종류가 그리 많지 않다. 이러니 기업들은 입찰을 위해 목숨이라도 걸 듯 경쟁하고, 방위사업청 입장에서도 특정 업체에 유리한 조건을 설정해 입찰을 진행하기가 어려운 것이다.

오월동주의 특수한 기업 관계

K-방산의 특징을 설명할 수 있는 마지막 키워드는 오월동주吳越同舟다.

한국 방위산업체들은 서로 치열하고 피 터지게 경쟁하지만, 한편으로는 상호의존적이며 협력 없이는 살아남기가 어렵다. 국가 주도, 특히 ADD 주도로 개발되는 무기일수록 대형 방위산업체 여러 곳이 협력하고 경쟁하는데, 이는 현대전에 사용되는 무기체계들이 수많은 부품과 기술을 필요로 하기 때문이다.

일례를 들어보자. LIG넥스원과 한화는 유도무기 및 대공방어무기에서 항상 치열한 경쟁을 펼친다. 전차를 잡는 한국산 대전차미사일 중에는 사람이 직접 손에 들거나 소형전술차량 K-151에 달아서 쏘는 AT-1K현궁이 있는데, 이의 생산은 LIG넥스원이 경쟁에서 이겨서 맡았다. 또한 대형 전술차량 혹은 소형 무장헬기 LAH에 장착하는 대형 대전차미사일 천검은 한화가 생산한다. 그런데 사우디에 4조 원 규모의 수출실적을 기록한 지대공미사일 시스템 M-SAM천궁 블록 2의 경우 미사일은 LIG넥스원이, 레이더는 한화시스템이 생산한다. 이지스함이나 잠수함 등의 해상 무기체계 분야에서는 이런 예가 보다 흔해서, 동일 설계의 전투함이나 잠수함을 HD현대와 한화오션이 서로 나눠 생산하는 경우가 많다.

이 때문에 한국 방위산업에서는 무기체계를 만드는 책임이 있는 대기업들이라 해도 다른 대기업들이 넘보지 못하는 독자적 능력을 갖춘 경우가 거의 없다. 사람이 타는 고정익항공기인 FA-50 및 KF-21과 사람이 타는 기동헬기인 KUH-1수리온 같은 무기체계를 만드는 KAI를 제외하면, 어지간한 경우 경쟁자가 있어 자사에서 개발하고자 하는 무기체계를 선택할 수 있다. 가령 현재 한화는 현대로템이 만드는 K2 같은 전차를 생산하지 않고 있으나 40t 내외의 중형 전차를 개발할 능

업체 주도로 개발된 T-50 훈련기.
출처: Wang Hsiang

력이 있고, 현대로템 또한 지원과 자원만 있다면 한화에어로가 생산하는 K9과 경쟁 가능한 자주포를 개발할 수 있다.

'정부 주도 개발'과 '업체 주도 개발'의 미묘한 관계도 협력과 경쟁이 뒤섞인 독특한 산업환경을 만든다. 앞서 설명했듯 한국에서는 수십년간 정부 주도의 개발방식, 즉 ADD가 설계와 개발을 모두 마친 뒤 대형 방산업체들이 생산만을 맡는 방식이 이어져왔으나 T-50, KF-21, AS-21 등 몇몇 소수 무기들은 업체 스스로 연구를 수행하는 업체 주도개발을 통해 탄생했다. 즉, K-방산에서 주역을 담당하는 무기들의 IP는 대부분 정부 소유인 것이다. 종합하자면, K-방산이 갖는 역동적

K-방산에 투자하라

흐름의 실체는 결국 정부가 의도적으로 설정한 특수 조건 및 규칙하에서 방위산업체들이 협력과 경쟁을 반복하고 있는 것이라 할 수 있다.

2
항공 분야:
유인기의 KAI와 무인기의 대한항공

리스크도 성과도 큰 항공 방위산업

현대전은 항공기 없이 치르기가 불가능하다. 또한 항공기는 그 특성상 가격과 유지비용이 엄청나게 비싸다. 실제로 매년 계속되는 방위력 개선 사업 가운데 금액이 가장 큰 것은 대개 공군의 전투기나 조기경보통제기를 구매하는 사업이고, 해군과 육군도 막대한 예산을 들여 해상초계기나 기동헬기 같은 항공 무기체계를 구매한다. 그만큼 항공 방위산업은 전체 방위산업 가운데서도 수주 규모가 가장 큰, 즉 가장 비싸고 돈이 많이 드는 분야다.

그런데 왜 항공 무기체계는 비싸고 수주 규모도 큰 것일까? 이는 항공기의 특징이 군사용 항공기에도 그대로 적용되기 때문이다. 우선 항공기는 안정성과 관련되는 감항인증airworthiness certification 면에서

K-방산에 투자하라

그 어떤 탈것보다 복잡하다. 물론 수상이나 지상의 기동장비도 나름의 인증절차를 거쳐야 하지만, 항공기는 하늘을 날아다니는 것인 만큼 조그마한 사고도 곧장 승무원들의 사망으로 이어질 가능성이 훨씬 높다. 그래서 민수용 항공기는 매우 엄격한 감항인증 절차를 밟아야 하는 것이다.

그런데 이러한 감항인증은 항공 방위산업 분야에도 그대로 적용된다. 조기경보기인 E-7피스아이PeaceEye나 해상초계기 P-8포세이돈Poseidon과 같은 군용 항공기는 대개 민수용의 여객기 혹은 항공기 용도를 군용으로 변경한 것인데, 그러한 변경을 위한 개조 과정에서 항공기 외부에 안테나나 레이더 등을 장착하면 감항인증을 다시금 거쳐야 할 정도로 엄격한 안전검증 절차를 밟는다.

그런가 하면 이와 다른 예도 있다. 한국 육군의 주력 기동헬기인 KUH-1수리온의 경우 초기 개발 단계 때부터 오직 군용 용도로만 감항인증을 거쳤을 뿐, 민수용 헬기 감항인증은 여러 어려움 탓에 받지 못했다. 이 때문에 수리온은 민군겸용으로는 수출이 어렵고, 한국 내부에서만 자체인증을 거쳐 소방용이나 경찰용 등의 관급품으로 사용되고 있다. 이렇듯 판매처가 자연스럽게 한정되다 보니 규모의 경제를 형성할 기회가 생기지 못하는 아쉬운 점도 있어, 수리온 다음의 헬기 개발 사업인 소형무장헬기 LAH는 민수용 감항인증을 받은 헬기 LCHlight civil helicopter와 처음부터 플랫폼을 공유하고 있다.

FA-50 경전투기나 KF-21과 같은 전투기, 즉 민수용으로는 전혀 사용되지 않는 비행기라 해도 만들기가 어려운 것은 매한가지다. 수백명이 탑승하는 전투함에 장착되는 것과 같은 복잡한 레이더와 사격통제장치를 조종사 한 명이 조작 가능하게끔 하면서도 초음속비행이나 급기동 등 어떤 상황에 놓여도 무기가 장비가 제대로 작동하게끔 만들어야 하기 때문이다. 이렇듯 기술적 난이도가 높을 수밖에 없기 때문에 가격 또한 자연스럽게 상승한다.

반면, 항공 무기체계 및 항공분야 방위산업 세일즈를 담당하는 기업은 업무에 드는 R&D 예산이 막대하고 수주금액도 타 분야보다 항상 높다. SIPRI, 즉 스톡홀름국제평화연구소가 조사하는 세계 100대 매출 방산기업을 보면 1위와 3위, 4위인 록히드마틴, 보잉, 노스롭그루먼 모두 군용 항공기를 중심으로 사업을 전개하는 항공 방위산업체이고, 1~13위에 오른 방위산업체들 전부가 군용 항공기와 더불어 레이더, 미사일 등 관련 장비를 생산하는 기업이다. 매출 순위 14위인 중국의 CSSCChina State Shipbuilding Corporation는 그에 해당하지 않지만 그럼에도 군용기 운용이 가능한 상륙함과 항공모함을 10여 척 이상 생산한다. 그렇기에 항공 방위산업은 사실상 모든 방위산업 분야 중 최고 '노른자'에 해당하는 사업이라 해도 손색이 없는 것이다.

그렇다면 K-방산의 항공 분야는 어떤 수준에 올라 있고 그 안에서는 어떤 기업들이 경쟁 중일까? 군용 항공기의 설계 및 완성이 온전히 스스로 가능한 기업은 KAI와 대한항공밖에 없고, 대부분의 체계개발 사업은 사실상 KAI의 주도로 이루어지고 있다.

하지만 항공 방위산업의 규모는 나날이 커지는 중이다. 항공기 자체를 제작하는 부문뿐 아니라 다양한 내부 장비 및 무장의 생산 부문 또한 규모가 무척 크고 복잡하다. 이에 더해 날로 발전하는 도심항공교통urban air mobility, UAM 및 드론 산업의 발전도 항공 방위산업에 미치

K-방산에 투자하라

는 영향이 크다. 이번 꼭지에서는 이러한 K-방산의 핵심, 항공 방위산업 분야 핵심 플레이어들의 오늘과 미래를 진단해본다.

유인군용기의 절대강자, KAI

앞서 이야기했듯 한국 항공 방위산업 분야의 절대강자는 KAI다. KAI는 한국에서 유일하게 군용 유인항공기를 생산하는 업체일 뿐 아니라 군용 무인기와 인공위성까지 제작한다. 더불어 국내 유일의 유인항공기 체계개발full scale development 가능 기업이기도 하다.

여기서 잠시 체계개발과 국내 무기들의 상황에 대해 짚고 넘어가자. K-방산으로 유명한 한국 명품 무기들의 대부분은 국가연구기관인 ADD가 체계개발을 주도해 만들어진다. 다시 말해 설계에 대한 모든 책임은 ADD가 진다는 뜻인데, 이를 바꿔 말하면 방산기업들은 개발과 관련된 책임을 지지 않는 협력업체라는 의미이기도 하다. 모든 무기들에 대한 IP 역시 ADD가 갖고 있기에, ADD의 체계개발을 거친 무기가 수출될 때에는 그것을 수출하는 방산업체가 ADD에 기술료를 지불해야 한다.

이와 달리 KAI가 생산하는 제품은 대개 ADD가 아닌 KAI의 주도하에서 체계개발이 진행되어왔다. KAI가 생산한 제품 중 기본훈련기인 KT-1과 무인기인 RQ-101송골매, 차기 군단급 무인기인 군단급무인기 CUAV 블록1을 제외한 고등훈련기 T-50, 전투기 KF-21, 기동헬기 KUH-1수리온 등은 모두 KAI의 주도로 체계개발을 하는 제품이다. 이런 점만 보더라도 KAI의 연구개발 역량은 한국의 방위산업체들 중에서

FA-50 경전투기를 생산하는 KAI 공장 전경.
출처: KAI

도 독보적임을 알 수 있다.

그러나 자사가 체계개발한 모든 무기의 IP를 KAI가 갖는 것은 아니다. 특히 KF-21의 핵심 부품이라 할 수 있는 AESA레이더의 경우 전투기와 별개로 ADD의 체계개발을 거쳤고, 생산은 한화시스템에서 맡는다는 점은 주목할 만하다. 그렇기에 한국의 방위산업을 들여다볼 때는 어떠한 무기를 국가연구기관의 도움 없이 특정 기업 혼자서 온전히 완성하긴 어렵다는 점을 반드시 기억하고 있어야 한다.

R&D 비용만큼이나 수출성과도 큰 고정익

지금부터는 기업으로서의 KAI에 대해 알아보자. 2024년 1분기 기준

K-방산에 투자하라

으로 KAI의 매출액은 7399억 원, 순이익은 352억 원이었고 매출원의 부분별 비중은 고정익 사업 부분이 45퍼센트, 회전익 사업 부분이 27퍼센트, 기체 부분이 27퍼센트, 기타 부분이 10퍼센트였다. 이 중 기체 부문의 매출은 대부분 군수 사업이 아닌 민수 사업, 즉 거대 글로벌 항공우주기업인 보잉과 에어버스Airbus의 협력업체로서 KAI가 생산하는 민수용 여객기의 부품에서 비롯된 것이다. 그렇기에 KAI의 매출 중 약 75퍼센트 내외를 군수 분야의 매출로 간주해도 큰 오차는 없을 것이다.

고정익 부분의 핵심 매출원은 기본훈련기인 KT-1, 고등훈련기인 T-50, 경전투기인 FA-50, 전투기인 KF-21이다. 이 가운데 KT-1은 현재 생산과 수출이 중단되어 국내 및 수출국들에 대한 후속 군수지원 integrated logistics support, ILS 매출만 존재한다. 또한 KF-21은 현재 블록1의 개발 마무리 단계에 있어 향후 정부와의 협상을 통해 개발비 일부와 초도양산비용을 지급받을 예정이다.

따라서 현재 KAI의 가장 큰 매출원은 여전히 T-50과 FA-50이라 할 수 있다. 이 둘은 그간 국내에는 140대 이상, 해외에는 70대 이상 등 총 200대 이상이 판매된 KAI의 효자상품이자, 단일 무기체계 중 가장 매출액이 높은 K-방산 아이템이라 할 수 있다.

다만 고정익 부분은 기업의 상품으로서 갖는 한 가지 약점이 있다. 제품의 매출이 높긴 하나 그만큼 개발비용도 매우 커, 판매를 통해 개발비용을 건지기까지 걸리는 시간이 길다는 점이다. 8조 원 이상이 투입된 KF-21의 개발비용을 수출과 국내 수요로 충당하는 데 장시간이 걸린다는 점은 기업으로서의 KAI가 갖는 아쉬운 부분이라 할 수

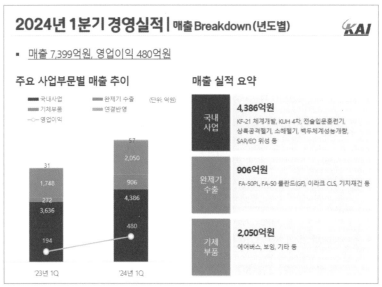

KAI의 2024년 1분기 경영실적.
출처: 한국항공우주산업

있다.

그럼에도 아직은 낙관적인 면이 더 크다. 2024년 3월 말 기준 KAI의 수주 잔고가 21조 원 이상이기 때문이다. 재무제표에서 부채의 비율이 340퍼센트 이상이긴 하나, 이것도 실은 막대한 개발비용이 드는 고정익의 R&D 비용에서 비롯된 것이기에 그리 심각한 문제는 아니다.

수십 년간의 노력 끝에 성과가 보이는 회전익

앞서 '고정익'과 '회전익'이란 표현이 나왔는데, 그 뜻을 여기서 잠시 살펴보자. '고정익固定翼'은 일반적인 비행기에서 그렇듯 몸체에 고정

             K-방산에 투자하라

되어 있는 날개를, '회전익回轉翼'은 헬리콥터에서처럼 중심축을 중심으로 회전하며 양력揚力을 얻는 날개를 이른다. 회전익은 대개 매출 비중이 고정익의 경우보다 작지만, KAI와 K-방산에서 갖는 의미는 결코 작지 않다. 왜, 또 어떤 점에서 그러한 것일까?

첫 번째로 IP의 특징이 다르기 때문이다. KAI가 생산하는 두 가지 회전익기인 KUH-1수리온과 LAH는 모두 유럽의 헬기 제작업체인 에어버스헬리콥터스Airbus Helicopters로부터 기술이전을 받아 제작된다. KUH-1수리온은 이 회사가 만든 다목적기동헬리콥터인 H215M (SA330)의 설계를 대폭 수정, 엔진을 바꾸고 길이도 조절하여 크기 및 성능을 원본과 전혀 다르게 만든 제품이다. 이와 달리 LAH 헬기의 경우엔 역시 에어버스헬리콥터스가 만든 중형 다목적헬리콥터인 H155와 크기, 엔진, 구조가 거의 완전히 동일하게 제작되었다.

이렇게 기술이전을 받은 것은 KAI의 이 두 가지 회전익 제품 모두가 빠른 개발을 거쳐야 했기 때문이다. 5년 내외의 개발기간 동안 기동헬기와 소형무장헬기를 만들려다 보니 불필요한 설계 변경은 최소화함과 동시에 기존 헬기에서 굳이 변경할 필요가 없는 부분은 그대로 유지해야 했는데, 이는 헬기에서 특히나 중요한 진동 문제 때문에 더더욱 그러했다. 헬기는 비행 중에 거대한 메인 로터main rotor가 회전하며 양력을 얻기 때문에 고정익보다 진동에 매우 민감하다. 그런데 에어버스헬리콥터스의 기존 헬기들 모두는 이러한 진동 문제를 해결한 제품들이었기에, KAI 역시 기체의 단면이나 모양을 기존 제품과 동일하게 유지할 수밖에 없었던 것이다.

KAI와 K-방산에서 회전익이 갖는 의미가 큰 두 번째 이유는 모든

KUH-1수리온 소방헬기.
출처: 한국항공우주산업

회전익 제품이 민군겸용dual use 제품이라는 데 있다. 소형무장헬기의 경우를 예로 들자면 민수용 헬기인 LCH와 군용인 LAH가 처음부터 함께 개발되었고, 향후 동시에 생산될 예정이며, 군용 기동헬기인 KUH-1 역시 국내에서는 관용 헬기로 해양경찰이나 소방청에서 사용되고 있다. 관용이든 군용이든 회전익기에는 대개 여러 장비와 인원이 실린다는 공통점이 있기 때문이다. 그렇기에 회전익은 고정익보다 민수 분야로 진출하는 것이 훨씬 더 쉽다.

다만 민수용 헬기로 운용하기 위해서는 미국 혹은 유럽의 당국으로부터 감항인증을 받아야 한다. 우리 수리온 헬기의 경우 현재 민수용으로는 수출되지 않지만 경찰이나 소방, VIP용과 같은 관용 헬기 사업으로 해외시장에 진출하고 있고, 이라크와 타지키스탄 등에서 수

K-방산에 투자하라

입을 긍정적으로 검토 중이다.

세 번째 이유는 회전익에 대해선 고정익의 경우보다 훨씬 더 다양한 파생형과 성능개량을 시도할 수 있는 것이다. 현재 한국 육군의 기동헬기로 운용되며 200여 대가 생산된 기본형 KUH-1수리온은 해병대 상륙기동헬리콥터인 'MUH-1마린온Marine Utility Helicopter-1 Marine On'의 모태이기도 하다. KUH-1수리온을 바탕으로 하되 바닷바람과 소금기가 많은 환경에서도 작전수행이 가능하고 비상시에는 바다에 착륙할 수 있는 장비를 부착한 버전으로 개발한 것이 MUH-1마린온이기 때문이다. 뿐만 아니라 MUH-1마린온에 대전차미사일과 더불어 기관포를 장착한 해군용 공격헬기 MAH-1과 기뢰제거용 헬기 MCH마린온도 현재 개발 중에 있다.

LAH의 경우 아직까지는 공격헬기 버전밖에 없으나, 양산이 시작되면 여러 버전이 생산될 것으로 보인다. 우선 수출용 무장을 장착한 수출형 버전이 논의 중이고, LAH에 장착된 20mm 기관포를 없애고 특수부대원들을 태우거나 호위임무에 투입 가능한 버전인 LUH의 개발도 고려되고 있다. 앞서 말했듯 고정익 전투기나 경공격기는 이렇게 다양한 기능의 버전으로 분화되기가 쉽지 않다.

다만 고정익기인 T-50이 수출 호조를 보이고, 아직 개발이 채 완료되지 않은 KF-21이 이미 첫 주문고객을 확보한 것과 달리 회전익기의 수출은 다소 어려웠던 것이 사실이다. 다행히 2024년 중반 현재 이라크 및 UAE와 긍정적 방향의 수출상담이 진행되고 있지만 그전까지는 폴란드, 인도네시아, 필리핀 등에서 수출의 고배를 마시는 등 인고의 시간이 있었다.

향후의 추가수주 가능성도 기대해볼 만하다. 한국군의 기동헬기인 KUH-1수리온이 양산 뒤 안정적으로 운용 중인 점, 다양한 파생형을 개발한 점에서 그러하다. 이에 더해 KUH-1수리온의 국산화 및 성능개량을 위한 일명 'KUH-2' 개량 프로젝트도 현재 진행 중이다. 국내 기술로 자동비행조종장비, 비행 컴퓨터 및 조종석 등의 성능을 개량하려는 것이다. 이러한 개량이 완료된 버전의 헬기는 특히 동력전달장치의 성능도 향상되어, 로터를 돌리는 엔진의 힘이 더욱 강해지고, 그에 따라 헬기의 최대 이륙중량이 높아져 기존 KUH-1수리온보다 적재량이 더욱 늘어날 전망이다.

야심의 규모만큼 노력이 필요한 KAI의 미래사업

이렇듯 탄탄한 포트폴리오를 가진 KAI는 현재에 안주하지 않고 새로운 미래 먹거리 사업에 도전 중이지만, 정상궤도에 오르기까지는 다소 시간이 필요해 보인다. 먼저 민수 분야에서는 유지보수, 즉 MRO 사업을 전담하는 한국항공서비스KAEMS의 실적 강화가 필요하다. 비행기의 생산을 넘어 유지정비에도 도전하기 위해 KAI가 설립한 자회사 KAEMS는 세부퍼시픽과 피치항공 항공기 MRO, 한국 공군용 조기경보기의 성능개량 등 여러 사업을 수주하고 있기는 하나, KAI의 미래사업 확장 및 도전적 R&D를 수행하기 위해서는 현재보다 수주잔고가 더욱 높아질 필요가 있다.

또한 새로운 민수항공산업의 기회라 불리는 UAM 사업에 도전하기 위한 AAV, 즉 미래비행체advanced air vehicle 사업이 잘 진행될지에 대

K-방산에 투자하라

KAI의 미래비행체 예상도.
출처: 한국항공우주산업

해서도 주목해야 한다. KAI가 현재 AAV와 관련해 집중하는 분야는 도심지에서의 새로운 교통수단이 될 것이라 여겨지는 전력구동수직이착륙electric vertical take-off and landing, eVTOL비행기로, 군용 무인 버전과 민수용 유·무인 복합버전이 동시에 개발 중이다. 다만 비행기 개발 자체와는 별개로 UAM의 시장성에 대한 의문과 경제성 확보에 대한 불확실성이 존재하는 상황이다. KAI의 UAM 전략은 민수 버전과 군용 버전을 동시에 개발해 리스크를 줄인다는 것인데, 군용 AAV가 실제 전장에서 헬리콥터를 보조하고 기존 항공작전의 판도를 바꿀 수 있다면 성공 가능성이 높아질 것이다.

군수 부문의 신사업에서는 중형 수송기인 MC-X와 차세대 고기동 헬기인 XUH를 주목할 만하다. 우선 MC-X에 대해 간략히 살펴보자.

MC-X는 30t 이하의 화물을 싣고 비행이 가능한 군용 전술수송기로, 현재 시장의 베스트셀러인 C-130J허큘러스Hercules가 첫 비행 후 67년이 지난 모델일 정도로 세대교체가 지지부진한 군용기 시장을 공략하기 위한 아이템이다. 이 시장에서의 경쟁자는 일본 가와사키의 C-2Cargo-2와 브라질 엠브라에르Embraer의 C-390밀레니엄Millennium이다. KAI의 MC-X는 비록 후발주자이긴 하지만 KAI의 입장에서는 그간 축적해온 군용기 개발 노하우를 활용해 도전해볼 만한 시장이라 할 수 있다.

특히 과거의 전술수송기가 단순히 화물이나 군인을 실어 날랐던 데 비해 현대의 전술수송기는 발전된 드론 및 미사일 기술을 사용해 공격드론이나 장거리 미사일을 수송기 내부에 탑재하는 수송-타격 복합체carry-strike complex로 발전하는 중이다. 또한 향후 전술수송기는 조기경보기, 대잠초계기, 전자전기 등 다양한 파생형을 개발할 수 있는 기반이 될 것으로 기대된다.

XUH는 KUH-1수리온과 LAH에 이어 KAI가 도전할 세 번째 회전익기 개발 프로젝트로, 기존 헬리콥터보다 50퍼센트 이상 더 빠르고 50퍼센트 이상 더 멀리 이동할 수 있는 혁신적 성능의 수직이착륙vertical take-off and landing, VTOL기체의 제작을 목표로 한다. 이러한 목표를 위해서는 헬기의 추진기관과 이착륙방법이 기존 헬기와 완전히 달라져야 하기에 향후 KAI는 세 가지 옵션 중 하나를 선택해 개발할 예정에 있다. 하나는 한 쌍의 메인 로터와 보조 추진프로펠러가 달린 동축반전/푸셔coaxial/pusher 버전이고, 다른 하나는 한 개의 메인 로터에 한 쌍의 보조 추진프로펠러가 달린 복합형complex 버전, 그리고 나머

K-방산에 투자하라

헬기 성능개량 사업을 위해 공동개발 계약을 하는 KAI 강구영 사장.
출처: 한국항공우주산업

지 하나는 한 쌍의 메인 로터가 수평상태와 수직상태로 방향을 바꾸어 비행과 이착륙을 하는 틸트로터tiltrotor 버전이다.

XUH는 차세대 기종인 만큼 세계에서 미국 및 일부 유럽 국가들만 가진 기술에 도전하는 매우 야심찬 프로젝트다. 그만큼 개발기간도 상당히 필요하고, 개발비용 또한 KF-21에 버금갈 정도로 엄청난 대형 사업이라 사업승인을 받는 것에는 다소 어려움이 있을 것으로 예상된다. 그러나 일단 개발을 시작한다면 한국과 KAI는 아시아 최초로 독자적인 차세대 VTOL항공기 모델을 만들 것이고, 이는 2030년대 이후 KAI의 차세대 핵심 상품이 되는 데 부족함이 없을 것으로 기대된다.

군용 무인기의 절대강자, 대한항공

KAI와 함께 항공 분야를 전문으로 하는 또 하나의 방위산업체는 대한항공이다(정확히는 대한항공의 항공우주사업부가 이 업무를 담당한다). 대한항공 항공우주사업부는 2024년 1분기 매출액이 1296억 원으로 항공운수사업부 대비 매출 비중이 작다. 그럼에도 대한한공은 K-방산의 항공 분야를 이야기할 때 결코 빠뜨려선 안 되는 기업이다.

우선 대한항공은 K-방산의 여명기 당시 매우 큰 역할을 차지했다. 1982년 9월 1호기가 출하된 전투기 KF-5F제공호는 국내 최초의 전투기 면허생산 사업의 결과물이었다. 비록 독자적으로 도면을 설계하거나 제품을 제작한 것은 아니었지만, 이 과정에서 대한항공은 전투기 생산과정에 대한 기본 지식을 쌓고 군용기 생산의 절차와 규정에 대한 지식을 축적할 수 있었다.

또한 1990년부터 1999년까지 9년간 대한항공이 기동헬기 UH-60P블랙호크BlackHawk의 면허생산을 맡았던 것도 K-방산에서 기념비적인 사건이었다. 이때 생산된 130여 대의 블랙호크는 현재도 한국의 육군·공군·해군에서 운용 중인 주력 기동헬기 중 하나로 남아 있기 때문이다.

다만 블랙호크의 면허생산 이후 대한항공은 유인기 생산업체에서 무인기 전문생산업체로 변신했다. 이미 100여 대의 사단급 무인기 K US-FT가 한국 육군에 인도된 바 있고, RQ-105M 중고도무인기는 양산에 돌입했으며, 연구개발 사업으로 공격무인기, 스텔스 무인정찰/타격기, 무인편대기 같은 다양한 무인기의 시제기 생산을 ADD 주

K-방산에 투자하라

창정비와 무인기 생산 모두를 수행하는 대한항공 테크센터.
출처: 대한항공

도하에 진행 중이다.

그렇기에 대한항공은 비록 매출액 규모 면에서 KAI보다 크게 뒤지지만 KAI에겐 굉장히 까다로운 라이벌이라 할 수 있다. 미래의 새로운 작전환경에서는 무인기 무기체계, 무인항공기가 미칠 영향과 기대가 높아지고, 이와 관련된 신사업들에서 대한항공이 강력한 경쟁력으로 위협하기 때문이다.

또한 대한항공 역시 KAI와 동일하게 UAM 시장에 대한 도전을 준비 중이라는 점, 그리고 대한항공이라는 모기업의 구매력을 활용해 민수용 항공기 부품생산이 가능하다는 점도 대한항공 항공우주사업

대한항공이 생산한 사단급 무인기의 모형.
출처: 김민석

부의 성장에 큰 모멘텀이 될 수 있다. 특히 UAM 사업의 경우 한국의 여타 방위산업체나 일반기업들이 UAM 비행기 자체에만 주목하는 데 반해 대한항공은 도심에서의 운용을 위한 UAM 운항통제 및 교통관리 기술개발에 매진하고 있다는 점 또한 향후 전망에 있어 긍정적인 부분이다.

다만 한 가지 아쉬운 점은 대한항공 항공우주사업부는 아직까지 완제품 수출에 성공한 적이 없고, 대부분의 해외사업이 주한미군 및 주일미군의 군용기 MRO 사업에 집중되어 있어 기존에 생산한 무인항공기의 해외수출에 좀 더 역량을 집중할 필요가 있다는 것이다. 현재 대한항공이 개발 및 생산 중인 중고도무인기 RQ-105M이나 스텔스 무인정찰/타격기 KUS-FC의 경우 전략자산이라 수출이 제한될 것이

K-방산에 투자하라

KAI와 경쟁하기 위해 LIG넥스원과 MOU를 맺은 대한항공.
출처: 대한항공

기에, 대한항공이 방산 수출에도 도전할 수 있는 새로운 제품을 개발할 것이라 기대해본다.

3.
기동 무기체계:
한화에어로와 현대로템의 주도권 싸움

한국의 국방과학기술력을 이야기할 때 항상 최상위권에 있다고 일컬어지는 분야는 바로 기동 무기체계다. 기동 무기체계의 경우와 달리 KF-21 전투기는 엔진과 무장 등 핵심 무장이 수입에 의존한 터라 국산화율이 65퍼센트이고, 함정 무기체계 또한 정조대왕급 이지스 구축함이 그렇듯 핵심 부품인 전투체계와 레이더, 추진기관까지 국외에서 도입해 탑재하는 실정이다.

그와 달리 기동 무기체계는 거의 모든 부분에서 국산화가 완료되었고, 국산화율이 90퍼센트 이상이며, 기술 수준도 세계 선진국들과 큰 차이가 없다. 그래서 지금까지 K-방산에서 기록된 대규모 수출계약의 대부분은 기동 무기체계, 지상화력 무기체계에 집중되어 있다.

이 때문에 기동 무기체계를 담당하는 양대산맥인 현대로템과 한화에어로 LSLand System사업부(이하 한화LS사업부)는 현재 '진격의 K-방산' 흐름에 있어 최대 수혜기업이자 주도기업이라고 할 수 있다. 이 두 기업은 뿌리 깊은 경쟁의 역사를 수십 년간 이어오고 있음은 물론, M&A와 제도변화 등으로 기업의 운명이 수차례 급변하는 역동의 시대를 견딘 업체들이기도 하다. 이번 꼭지에서는 이러한 현대로템과 한화에어로의 역사, 이 두 기업의 운명을 크게 바꾼 '방위산업 계열화-전문화 폐지'라는 중요한 사건, 그리고 현재 두 회사의 경쟁제품들에 대해 살펴보기로 한다.

'탑다운 방산'의 상징, 방위산업 전문화-계열화

현대로템과 한화LS사업부의 현재와 미래에 대해 이야기하기 전에 반드시 알아두어야 할 과거 한국 방위산업의 제도가 하나 있다. '방위산업 전문화-계열화 제도(이하 전문화-계열화 제도)'가 그것이다. 이 제도는 정확히 말해 '방위산업에 관한 특별법(방산특조법)'에 있던 제도 중하나로 1983년에 제정되었다가 2009년에 폐지되었는데, 이에 앞서 1973년 시행된 '방산물자 및 방산업체 지정제도(이하 방산물자 지정제도)'와 하나로 묶여 한국 방위산업의 구조적 근간이 된 정책이자 규정이다.

전문화-계열화 제도와 방산물자 지정제도는 한마디로 특정 무기를 생산하고 군에 그것을 공급할 권리를 하나의 회사에만 부여하고, 특별한 이유 없이는 그 상태를 영구적으로 유지시키는 제도다. 어떤 기업이 방위산업에 진출하고 싶다 해도, 그 기업이 방산기업으로 지정되지 않았고 국방부 조달본부(방사청)가 그 기업에서 생산한 장비를 방산물자로 지정하지 않으면 군에 납품하는 것은 물론 수출도 성사되지 않았다는 뜻이다. 지금 와서 보자면 자본주의 국가의 제도라기보다는 공산주의 국가의 그것에 가까운 제도다. 심지어 구소련 같은 공산국가들도 항공기나 전차, 소총 등과 관련해서는 복수의 업체가 연구개발 및 생산을 하고 경쟁할 수 있게끔 장려했으나, 한국에서는 함정을 건조하는 조선소를 제외하면 그러한 사례가 거의 없었다.

지금으로선 상상하기 어렵지만, 이런 제도들이 생겨난 것은 당시 방위산업에 새로이 뛰어드는 기업이 없었을 뿐 아니라 그런 기업들에게 국가가 줄 수 있는 혜택 또한 많지 않았기 때문이다. 물론 과거에도 방위산업과 관련한 진흥책들은 여럿 있었고, 그중에는 국산화정책처럼 현재까지 이어져오는 것도 있다. 하지만 북한과 대치 상태에 있다는 특수한 국가적 이유 때문에, 당시 방위산업체들은 다른 나라에서라면 요구받지 않았을 전시戰時 생산능력이나 원자재 사전확보 등의 조치를 취해야 했다. 이에 더해 국산 무기의 대량발주는 잘 이루어지지 않아 공장가동률이 50퍼센트를 밑도는 방산업체들도 많았다. 이런 상황에서 사실상 정부가 독점을 허락해주는 지원 제도는 기업의 방위산업 진출을 유도할 몇 안 되는 수단이었다.

그렇다 해서 방위산업체들이 전문화-계열화 제도를 무작정 좋아했던 것은 아니다. 방산물자 지정은 업체 역량 이외의 외부 요소에 의해 결정되었기 때문이다. 일단 이 제도 자체가 독재정권 시절 무기생산을 위해 재벌들에게 강제로 업체를 할당한 것에서 시작되었고, 채산성이 높은 민간사업 대신 억지로 국방사업을 떠안아야 하는 경우도 있었으며, 방산물자로 지정된다 해도 매출과 이윤이 보장되는 것도 아니었

K-방산에 투자하라

다. 즉, 방산물자로 지정된 장비를 보유하고 있는 업체 입장에서는, 기존 제품 외에 새로운 파생형이나 개량형 무기를 만들려 해도 혹 그것이 방산물자로 지정받지 못할 가능성이 있음을 염두에 두어야 했다. 그에 따라 신무기 개발을 위한 신규 투자나 연구에 소홀해질 수밖에 없었던 것이다.

이러한 환경에서 현대로템의 전신이었던 현대정공은 전차를, 한화 LS사업부의 전신 중 하나였던 삼성테크윈은 자주포를, 두산DST는 궤도형 장갑차를 방산물자로 지정받아 각각의 영역을 확고히 구축하기에 이르렀다. 현재 K-방산의 '킬러 아이템'이라 할 수 있는 K2흑표 전차와 K9 자주포는 모두 이 시기에 개발된 제품들이다.

'경쟁의 시대'의 시작을 알린 차륜형 장갑차

이렇듯 독특한 독점구조는 기동 무기체계인 육군 전투차량들에서 무너지기 시작했다. 차륜형 장갑차는 무한궤도를 사용하는 궤도형 장갑차보다 작고 가벼워 험지에서의 주행 능력이 떨어지지만, 도심지 및 후방지역에서의 작전에서는 효과적이고 획득비용과 운용비용 또한 매우 저렴해 육군에게 꼭 필요한 차량이다.

그런데 앞서 말했듯 현대정공, 삼성테크윈, 두산DST는 모두 각 회사에서 담당하는 무기체계가 정해져 있었던 것과 달리 차륜형 장갑차 사업은 이내 그것의 생산을 담당하는 회사가 없는, 쉽게 말해 '주인 잃은 보물'이 되어버렸다. 바퀴가 달린다는 사실 때문에 원래 국방부는 차륜형 장갑차의 방산물자를 자동차 생산업체인 아시아자동차로

현대로템과의 경쟁에서 탈락한 두산DST의 블랙폭스 장갑차.
출처:김민석

지정해준 뒤 이탈리아에서 설계를 들여온 차륜형 장갑차 KM900를 생산하게 한 바 있다. 그러나 IMF를 거치면서 아시아자동차가 역사 속으로 사라져, 그 어떤 회사들도 차륜형 장갑차의 생산에 대한 독점적 권리를 갖지 못하는 상황이 되어버린 것이다.

이 때문에 두산DST는 블랙폭스Black Fox, 삼성테크윈은 MPVMulti-Purpose Vehicle, 현대로템은 KW1스콜피온Scorpion이라는 세 가지 차륜형 장갑차 시제품을 각각 독자적으로 개발해 선보이는 초유의 사태가 일어났다. ADD 주도가 아닌 업체 주도의 개발과 경쟁이 세 회사의 삼파전으로 나타난, 한국 방위산업 역사상 대단히 드문 이변이었다.

차륜형 장갑차 사업을 둘러싼 세 회사의 각축전에서 승리한 것은 궤도형 장갑차인 K200과 K21을 생산하고 있던 두산DST가 아닌 현

K-방산에 투자하라

대로템이었고, 현대로템은 K806과 K808이라는 이름으로 차륜형 장갑차를 생산하게 되었다. 3사의 시제품들은 성능 면에서 큰 차이가 없었으나, 새로운 시장으로의 진출을 위해 현대로템이 꾸준히 투자하고 가격경쟁력 강화를 위해 노력했던 것이 승리의 비결이라고 알려져 있다.

600여 대 규모의 차륜형 장갑차 사업이 현대로템의 품으로 들어감에 따라 2010년대 초반 한국의 기동장비 방산업체의 판도도 급변했다. 이 시기에 현대로템은 '한국의 제너럴다이내믹스General Dynamics(미국의 다국적 방위 및 항공우주 기업)가 되겠다'는, 다시 말해 지상장비 독점생산기업이 되겠다는 목표하에 두산DST와의 합병을 방위사업청에 제안하기도 했다. 당시에는 특정 기업의 독점과 여러 규정상 한계때문에 본격 추진되지 못했지만, 이 사건을 계기로 두산DST의 모기업인 두산과 삼성테크윈의 모기업인 삼성그룹은 둘 다 사실상 방위산업에서 철수하기로 결정했다. 이어 기나긴 M&A 과정 끝에 두산DST는 2008년에 한화디펜스로, 삼성테크윈은 2015년에 한화테크윈으로 한화그룹에 편입되었고, 이 두 회사는 2018년에 한화에어로의 LS사업부로 통합되었다.

K21 장갑차와 K2 전차의 실패 및 부활

그런데 한화디펜스와 한화로템으로 지상장비 방산기업이 정리된 이후에도 한국 지상방산 분야의 성과는 상당 기간 동안 부진했다. 야심차게 시도했던 두 가지 국산 무기체계의 개발과정에서 적지 않은 고난이 있었기 때문이다.

우선 한화디펜스가 생산했던 보병전투장갑차 K21의 경우를 보자. 앞서 언급했듯 K21은 호주 수출에 성공했던 레드백 이전에 개발된 장갑차다. 보병을 태울 수 있음은 물론 화력지원도 겸하는 이 장갑차는 25t의 중량제한 및 에어백과 파도막이의 설치로 도하 기능까지 갖추고 있었다.

그러나 국내 최초로 적용되는 기술이었기에 장갑차의 내부 장비나 인원 변화에 의해 균형이 깨질 수 있다는 점을 미처 몰랐던 상태에서 생산이 시작된 것이 문제였다. 야전배치 후인 2009년과 2010년에는 K21이 강에서 두 차례 침수되는 사고가 일어나 순직자까지 발생해 2011년 4월 교범 및 장비개선을 통해 성능을 재검증해야만 했다. 이 사건은 당시 본격적으로 시작된 순수 국산기술 무기개발에 경종을 울려, 개발 후 야전에서 시험평가를 하는 제도까지 이 경험을 교훈으로 삼아 보완하고 강화시켰다.

K2의 경우 이와 달리 성능 자체에는 문제가 없었지만, 국산화 전략의 실수로 무려 15년 동안 전력화가 지연 혹은 축소되는 엄청난 난관을 거쳐야 했다. 앞서 잠시 언급했듯 일명 '국산 파워팩' 장착 논란 때문이었다.

파워팩은 전차의 엔진과 변속기를 하나로 합친 것으로, 전차에 들어가는 개별 부품 중 단가가 가장 높고 고도의 엔진 기술이 필요한 부품이다. 2003년부터 개발에 돌입한 K2는 원래 독일 MTU의 엔진과 독일 RENK AG의 변속기를 결합한 수입산 파워팩을 사용하게끔 되어 있었다. 이에 따라 시제 전차에도 독일산 파워팩이 장착되었고, 모

K-방산에 투자하라

든 설계 또한 독일산 파워팩을 기준으로 규격화를 마쳤다.

그런데 K2를 개발하던 도중인 2005년부터 한국은 964억 원의 예산을 들여 국산 파워팩의 개발을 병행하여 추진했는데, 이것이 계속 시험평가에 실패하는 상황이 벌어졌다. 독일산 파워팩을 사용하기로 결정했음에도 국산 제품의 개발을 함께 진행한 이유는, 독일산 파워팩을 장착한 K2의 중동 수출을 독일 정부가 금지할 것이기 때문이었다. 즉, 국산 파워팩 개발의 목적은 중동으로의 K2 수출 문제를 해결하고 국내 산업을 진흥시키겠다는 것이었다.

사실 목표가 이러했다면 K2 전차에는 처음부터 독일산 파워팩을 넣지 않았어야 했다. 당시까지만 해도 국내의 엔진 기술로 독자설계한 전차용 파워팩은 1500마력짜리는커녕 1000마력짜리도 없었다. 그럼에도 처음부터 전 세계 지상장비용 엔진 중 가장 난이도가 높은 1500마력 엔진의 개발을 결정했는데, 그 와중에 규격은 기존 독일제 전차와 완벽하게 호환되어야 한다는 과한 조건까지 있었던 것이다. 다시 말해, 처음으로 국산 파워팩 자체를 개발하는 것만도 어려운 상황에서 '독일산 파워팩과 규격은 완전히 동일하되, 독일산과 엔진내부 구조는 달라야 하고 출력과 성능은 같아야 한다'는 제한사항까지 따르다 보니 개발에 속도가 붙지 않는 것은 당연했다. 결국 2005년부터 개발에 돌입했던 국산 파워팩은 2014년에서야 완성되었다. 그러나 완성 후 거친 야전 테스트에서 수많은 문제점이 드러났고, 특히 변속기는 군이 요구했던 국방규격을 충족시키지 못했다는 점도 밝혀졌다.

그에 따라 1차 양산된 K2에는 독일산 파워팩이, 2차와 3차로 양산된 K2에는 한국산 엔진과 독일산 변속기가 달린 혼합 파워팩이 장착되었다. 그러나 사실 이러한 결정조차도 그냥 내려진 것이 아니라, 각 양산 시마다 야전 테스트의 진행과 실패가 계속해서 이어진 끝에야 이뤄진 것이었다. 그만큼 논란도 많아 사업이 몇 년씩 지연되는 바람에 K2 전차의 생산라인은 문자 그대로 폐쇄될 위기에 몇 번이나 처하기도 했다.

이에 더해 K2 관련 기술을 수출할 때의 문제도 있었다. 튀르키예는 2004년부터 2015년까지 K2의 기술을 도입해 자국의 전차 '알타이'를 생산하겠다는 계약을 현대로템과 맺은 바 있었다. 현대로템 측에서 보자면 비록 전차 자체를 수출하는 것은 아니었지만 K2에 들어간 많은 부품의 수출, 기술이전 비용 등 상당 수준의 이익을 얻을 수 있는 기회였다.

그런데 현대로템은 튀르키예 기술수출 사업에서 오히려 도산위기를 맞을 뻔했다. K2의 체계종합은 현대로템이 아닌 국가기관 ADD의 담당이었기에 K2의 IP는 ADD 소유였다. 따라서 현대로템 측은 튀르키예에 K2를 수출하는 과정에서 일정 수준의 기술료를 ADD에게 지급해야 했는데 그 금액이 무려 1417억 원에 달했다. 이렇듯 현대로템과 한화LS사업부에게 있어 2010~2020년의 10년은 미래의 K-방산을 향한 '고난의 행군'과도 같았다. 다행히 국회 국방위원회 등에서 K2 기술료 문제를 제기해 이 사태는 해결되었지만, 이는 국가 주도 연구개발을 한 무기를 생산하는 방산기업의 리스크를 보여준 사례라 할 수 있다.

K-방산에 투자하라

자주포로 부활하고 장갑차로 정점을 찍은 한화

그러나 이 와중에도 선전하며 막대한 성과를 이룩한 아이템이 있다. 구 삼성테크윈, 현 한화LS사업부가 담당했던 K9 자주포가 그것이다. 2023년 기준으로 대한민국 육군은 1999~2019년의 10년간 1178문의 K9 자주포를 인도받았는데, 이는 2000년대에 생산된 전차와 장갑차 및 고중량 기동 무기체계 가운데 유일하게 1000대 주문을 넘긴 것이었다. 물론 앞으로도 한국 육군은 차세대 전차, 장갑차 등 중장갑 무기체계들을 생산하겠지만, 점점 육군 규모가 줄어들고 고중량 기동 무기체계의 가격이 상승하는 만큼 K9의 이 많은 생산량 기록은 향후 깨지지 않을 가능성이 크다.

또한 한화에어로의 자주포 수출은 여타 지상장비보다 한 발 먼저, 보다 본격적으로 이루어졌다는 점에서 한화에어로가 지상방산 분야에서 갖는 입지를 넓히는 데 기여했다. 일명 '진격의 K-방산'이 이뤄지기 시작한 우크라이나 전쟁 이전부터 K9 자주포는 튀르키예로의 기술수출, 핀란드·에스토니아·인도로의 수출, 폴란드로의 차체수출 등이 성사되면서 한국 방위산업의 핵심 수출 아이템으로 일찌감치 자리잡았다.

이렇듯 한화에어로가 매출 기준으로 지상방산시장을 주도함과 동시에 수출성과에서도 선두에 서는 상황은 죽 지속되었다. 호주 육군에 24억 원 규모의 수출이 확정된 레드백 장갑차는 한화에어로가 국내 최초로 한국군의 수요 없이 순수 수출용을 위해 자체투자로 개발한 기동 무기체계였다. 이것이 가능했던 것도 결국은 안정적 물량확보에

폴란드 수출형 K9 1호기.
출처: 한화에어로

성공한 유일한 기동무기 방산업체가 한화에어로뿐이었기 때문이다.

'역대 최고 계약'으로 기사회생한 현대로템

이러한 양상 덕분에 한때 '한화에어로는 이제 현대로템의 방위사업까지 인수합병해 국내 유일의 초대형 기동 무기체계 방산기업으로 성장할 것'이라는 예측까지 나오기도 했다. 특히 현대로템은 핵심 매출원인 철도사업조차 한동안 부진에 빠져, 일명 '현대로템 위기론'이 업계 관계자들의 입에 오르내렸던 것이다.

그런데 이런 상황을 일거에 해결한 것이 바로 폴란드로의 수출이었다. 물론 수출사업은 현대로템의 전차 K2 이외에 한화에어로의 자주

K-방산에 투자하라

포 K9과 다연장로켓 K239천무, KAI의 경전투기 FA-50 등 여러 회사가 같이 올린 성과였다. 그러나 그중에서도 K2는 180대 직도입 및 820대 현지생산으로 124억 달러(약 17조 1000억 원)에 이르는 수출물량을 확보, 현대로템이 그간 보였던 부진을 만회하는 데 성공한 것이다.

실제로 매출 및 영업이익의 규모와 변동을 보면 현재 두 회사의 모습과 라이벌 구도가 명확히 드러난다. 한화LS사업부는 2024년 1분기 매출액이 현대로템의 방산 부문보다 2.5배 높아 여전히 규모 면에서 훨씬 우위에 있다. 그러나 동기의 영업이익은 현대로템이 오히려 두 배 이상 추월한 상태다. 특히 한화에어로가 2023년 동기 대비 매출액과 영업이익이 크게 감소한 반면 현대로템은 세 자릿수의 엄청난 성장세를 보이고 있다.

다만 이는 분기별 매출이자 전년도 동분기 매출 비교이기에 좀 더 들여다봐야 할 내용이 많다. 무엇보다 핵심적인 폴란드향 수출사업에서 한화에어로와 현대로템의 상황이 다른 점을 염두에 두어야 한다.

현재 한화에어로가 담당하는 다연장로켓 천무와 자주포 K9의 폴란드 수출계약은 이미 이루어진 반면, K2를 공급하는 현대로템은 폴란

한화LS사업부와 현대로템 방산 부문의 매출 및 이익 비교		
항목	한화LS사업부	현대로템 방산 부문
2024년 1분기 매출액	6566억 원	2600억 원
2024년 1분기 영업이익	142억 원	319억 원
2023년 동기 대비 매출액 증감률	-22%	178%
2023년 동기 대비 영업이익 증감률	-92%	221%

폴란드에 배달된 K2 전차.
출처: 현대로템

드에 K2GF 180대를 직수출하는 1차 사업의 계약을 완료했으나 820대
의 K2PL 버전을 폴란드 현지에서 생산하는 2차 계약이 계속 지연되고
있다. 규모가 무려 20조 5000억 원에 달하는 이 2차 계약의 주인공
K2PL 버전은 원래 55t의 한국 육군형 전차인 K2와 달리 폴란드군을
위한 65t형 독자모델로 계획되었으나 가격 문제, 그리고 무거운 중량
에 따른 야지 기동성 문제 탓에 61t 정도의 버전으로 설계가 수정되면
서 시간이 소요되었다.

또한 생산물량이 워낙 많은 만큼 폴란드 현지의 생산공장 건설, 폴
란드용 K2PL 전차 생산기술, K2PL 이후 개발될 차세대 전차 설계기술
까지 포함되어 있어 협의할 내용이 많고, 무엇보다 폴란드가 생산설비
를 제작하고 전차기술을 이전받을 준비를 마쳐야만 2차 계약이 성사
될 것으로 보인다. 하지만 이 계약이 성사되면 현대로템은 그야말로

K-방산에 투자하라

절벽에서 기사회생해 한화에어로와 선두를 다투는 라이벌이라 하기에 부족함이 없을 것이다.

최종 승자를 결정할 세 가지 요소

그렇다면 앞으로 두 회사 중 어느 곳이 한국 지상방위산업의 왕좌를 차지하게 될까? 미래에 어떤 일이 일어날지 현재로선 당연히 알 수 없지만, 적어도 한화에어로와 현대로템이라는 두 라이벌의 대결에서 어떤 요소들이 승부에 큰 영향을 미칠지 점쳐볼 수는 있다. 그 요소들로는 다음과 같이 크게 세 가지가 있다.

첫 번째는 수출시장 동향이다. 특히 중동과 동유럽에서 어느 회사가 더 좋은 성과를 얻는가에 따라 향후의 수출성장세가 결정될 것이다. K2 전차의 경우 체코와 루마니아 등에서의 수주가 기대되는데, 특히 루마니아군이 K2의 구매를 긍정적으로 고려 중이라 귀추가 주목된다.

한화에어로의 경우 호주 수출에 성공한 레드백 장갑차의 후속 양산 및 제3국으로의 수출이 향후 최대 도전과제가 될 것으로 보인다. 라트비아 등이 레드백보다 작고 저렴한 K21 장갑차 구매를 고려 중이지만 물량과 수주금액이 크지 않은 데 반해, 레드백은 대당 가격이 1000만 달러 내외의 고가 무기체계라 호주군의 추가도입 및 유럽 국가들로의 수출이 성사되면 수주잔고가 크게 늘어날 것으로 예상된다. 특히 호주 이외의 제3국으로 수출하는 데 성공한다면 한국뿐 아니라 방위산업과 제조업 역량을 키워 자원수출국가에서 산업국가로 변신하고 싶어 하는 호주의 입장에서도 큰 경제적 이익은 물론 자국 방위산업에 있어 중요한 이정표가 될 것이다. 따라서 한국과 호주가 한 팀을 이뤄 유럽 등지에서 레드백을 세일즈하는 '원팀 전략'을 시도할 가능성도 크다.

두 번째 요소는 해외 경쟁기업들의 전략적 결정이다. 지상기동무기 방위산업 분야에서 한화에어로와 현대로템을 가장 크게 위협하는 기업은 독일의 라인메탈과 독일-프랑스 합작기업인 KNDS다. 이 두 업체는 유럽 최대의 지상방산업체이자 전차와 장갑차, 자주포 모두를 생산하는 몇 안 되는 기업이기도 하다(미국 최대의 지상방산업체인 GDLS와 영국의 BAE의 경우엔 한국의 K2와 같은 주력전차의 생산라인이 없다).

독일 기반의 이 두 업체들은 예전부터 한화에어로와 현대로템을 위협하는 가장 큰 경쟁자였지만, 최근 들어 그 공격이 더욱 거세졌다. 한화에어로의 주력상품인 K9 자주포는 몇 차례 KNDS독일에게 자주포 사업을 빼앗겼는데 특히 2024년 4월 영국의 자주포 사업에서도 KNDS독일의 RCH155에게 패했다. 헝가리나 이탈리아, 노르웨이에서도 독일의 전차 레오파르트2가 현대로템의 K2를 따돌리고 승기를 잡았다. 이에 더해 최근 들어 이 두 기업은 한화에어로의 다연장로켓 K239천무에 맞설 만한 새로운 다연장로켓, K2 전차보다 선진적인기술을 적용한 신형 전차의 시제품을 선보이는 등 이전까진 없었던 새로운 무기 포트폴리오를 만들어가고 있다.

그나마 다행인 것은 라인메탈과 KNDS는 한국 방산기업들의 가장 큰 숙적이지만, 그들끼리도 심하게 대립하고 경쟁한다는 점이다. 일례로 1980년대 당시 두 회사는 레오파르트2 전차를 함께 제작했으나, 현재는 IP 문제로 결별하고 각사가 별개로 레오파르트2에 기반한 신

K-방산에 투자하라

K2흑표 전차를 위협하는 라인메탈의 KF51 전차.
출처: 라인메탈

형 전차 개발 및 기존 전차 업그레이드 작업을 진행 중이다. 이러한 상황에서 발생할 수 있는 여러 문제들은 향후 한화에어로와 현대로템에 어부지리漁父之利의 이득을 가져다줄 가능성이 있다.

가령 다연장로켓의 경우 한화에어로의 K239천무에 대응하는 경쟁 제품들 중 KNDS독일의 유로플러스는 이스라엘의 엘빗과 공동개발한 것이고, 라인메탈의 GMARSGlobal Mobile Artillery Rocket System 역시 미국 록히드마틴과의 공동개발을 거쳐 나온 것이다. 이 두 제품은 모두 독일 회사의 것인 셈인데, 서로 호환되는 부분이 거의 없다는 점이 한국에겐 유리한 면으로 작용할 수 있다. KNDS독일과 라인메탈, 그리고 한화에어로의 3파전이라는 구도에서 보면 이미 대량으로 배치되어 있는 K239천무가 가격경쟁력 면에서 크게 앞서기 때문이다.

전차의 경우도 비슷하다. 라인메탈과 KNDS독일은 앞서 말했듯 원래 하나의 회사처럼 레오파르트2 전차를 생산했으나 이후 생산공장이 서로 분리되어버린 탓에 현재는 공급이 쉽지 않다. 예를 들면 KNDS독일이 수주한 헝가리 육군용 전차 레오파르트2A7HU는 2018년부터

천무의 라이벌, 라인메탈의 GMARS.
출처: 라인메탈

2024년까지 불과 15만 대만 납품되었을 뿐이고, 라인메탈이 생산하는 전차 KF51판터의 경우 전차 차체는 과거 소량 생산만 진행했던 구난전차 생산공장을 활용해 제작되기 때문에 현재 라인메탈은 동유럽 국가에 생산공장을 서둘러 짓고 있는 상황이다. 한화에어로와 현대로템이 이러한 해외 경쟁자들의 약점을 공략하는 전략을 수립해 전개한다면 세계 최강의 독일 지상방산을 이기는 날도 올 것이다.

　세 번째 요소는 한국 육군의 미래 전력이 건설될 방향성이다. 수출은 기업의 매출과 이익 면에서 당연히 중요하다. 그러나 그 수출을 하기 위해서는 첫 번째 수요자인 한국 육군이 무기체계의 성능목표를 적절히 설정해야 할 필요가 있다. 가령 앞서 예로 들었던 K21 장갑차의 경우, 개발 초창기에는 군이 수상도하 능력을 강력히 요구했기에 체계기업과 ADD가 많은 시간 및 비용을 들여 해당 기능을 완성해냈

　　　　　　　　　　　　　　K-방산에 투자하라

다. 그러나 K21과 비슷한 해외 제품들은 일찌감치 수상도하 기능을 포기했기 때문에 결과적으로 K21의 수출경쟁력은 매우 떨어졌다. 그런가 하면 전차 대신 공격헬기의 구매를 우선한 탓에 K2 전차의 양산이 지연되어 현대로템의 생산라인이 멈춰선 적도 있다.

따라서 한국 육군이 미래에 획득할 차기 자주포, 차기 전차, 차기 장갑차는 어떤 성능과 기능을 갖춰야 하는지에 관한 목표설정이 반드시 제대로 이뤄져야 한다. 한국의 지상기동 무기체계가 세계 최고 수준으로 올라설 것인지, 아니면 잘못된 목표설정으로 수출경쟁력을 잃고 채산성 악화의 늪에 빠질 것인지는 그에 따라 결정될 것이기 때문이다.

4.
센서와 미사일:
경쟁자이자 협력사, 한화시스템과 LIG넥스원

C4ISR & PGM, 대체 무슨 약어일까

이번 꼭지에서 살펴볼 방위산업 분야는 C4ISR & PGM인데, 너무 긴 내용을 약자로 만든 것이라 이 개념의 기초부터 천천히 설명한 다음 이 분야의 산업에 대해 이야기해보려 한다. 풀어서 이해하면 복잡한 개념이 아님을 알 수 있을 것이고, 특히 이 두 산업을 이렇게 하나로 묶는 이유를 알고 나면 이와 관련된 기업 및 분야를 이해하는 데도 매우 큰 도움이 될 것이다.

C4ISR & PGM은 '지휘·통제·통신·컴퓨터command·control·communications·computers'를 뜻하는 C4와 '정보·감시·정찰intelligence·surveillance·reconnaissance'를 뜻하는 ISR, 그리고 '정밀유도무기precision-guided munition'를 뜻하는 PGM이 결합된 것이다. 하나의 표현 안에 여덟 가

K-방산에 투자하라

지 개념이 들어 있으니 무척이나 복잡하게 느껴질 수 있지만, 크게 세 부분으로 묶어서 살펴보면 그리 어렵지 않다.

먼저 살펴볼 것은 C4다. 지휘와 통제는 언제나 전쟁의 승패를 결정하는 핵심 요인이고, 이 지휘와 통제를 위한 수단이 바로 통신과 컴퓨터다. 즉, C4는 지휘통제에 필요한 수단을 정리한 약자다. 그런데 현대전에서는 C4에서 한 발 더 나아가 '정보'가 덧붙은 개념인 C4I로 발전한다. 지휘관이 결정과 명령을 내리기 전에 필요한 것은 판단이다. 이러한 판단을 올바로 내리기 위해 적과 아군에 대한 정보를 수집하는 것이 현대전에서는 더욱 중요해졌다. 때문에 현대전의 지휘통제 시스템을 일반적으로 C4I라 정의한다.

ISR은 앞서 말했듯 정보와 감시, 정찰을 의미한다. 이 세 단어를 하나의 약자로 묶어 칭하는 것은 감시와 정찰이 곧 정보획득의 수단이기 때문이다. 감시와 정찰은 적의 정보를 얻기 위해 카메라나 레이더로 적진이나 장비를 살펴보는 것이니 언뜻 같은 것으로 여겨질 수 있으나 목적과 시간 면에서 서로 다르다.

감시는 오랜 기간에 걸쳐 같은 방법으로 적의 정보를 수집하며 무엇이 변했는지를 살펴본다. 항상 같은 자리에 있던 적의 무기나 장비가 이동하거나, 적의 병력이나 전투력이 어떻게 바뀌었는지를 살펴보는 것이다. 이와 달리 정찰은 새롭고 중요한 사실을 알아내기 위해 대상과 목표를 지정해 정보를 얻는 행위를 지칭한다. 북한이 우주로켓을 발사하거나 핵실험에 갑자기 나설 때 이를 관찰하는 것, 혹은 적의 이동식 미사일 발사대를 폭격하기 위해 그것의 위치를 찾는 것이 정찰의 예다. 본래 의미의 ISR은 사람의 눈이나 직접 보는 것까지도 포함하나,

방위산업에서 보통 이야기하는 ISR에는 적을 탐지하기 위한 정찰용 및 감시용 무기와 더불어 그러한 무기에 탑재된 각종 센서들까지 포함된다.

PGM은 역시 앞서 이야기했듯 '정밀유도무기'라는 뜻인데, 이를 달리 말하면 세상에는 비非정밀무기와 무無유도무기가 있다는 뜻도 된다. 정밀유도무기는 일반적으로 탐색기와 유도조종guidance/control장비를 갖춘 무기를 의미하는데, 예전에는 오직 미사일만 이 분류에 포함되었으나 이제는 유도폭탄guided bomb, 유도로켓, 어뢰, 공격드론attack drone 등도 모두 PGM에 속한다. 정확도 면에서 뒤처지는 구형 미사일보다는 최근 개발되어 정확도가 수십 미터 이하로 매우 정밀하거나 적을 스스로 추적하는 기능을 갖춘 것들을 PGM으로 부른다고 이해하면 되겠다.

종합하자면 C4ISR & PGM은 현대전에서의 승리에 필요한 핵심 개념을 구현하는 무기체계를 일컫는 표현이다. C4I를 통한 지휘통제는 군의 모든 전력에 영향을 미치고, 그러한 지휘통제를 위해서는 ISR을 통해 적의 정보를 알아내야 한다. 더불어 지휘통제 과정에서 PGM을 사용하면 적의 핵심 시설과 전력을 조기에 타격할 수 있어 최소의 피해로 적과의 전쟁을 조기종결할 수 있다. 이 때문에 C4ISR & PGM은 하나의 무기군으로 분류되는 것이다.

이러한 C4ISR & PGM 분야에서 대한민국 최고의 방산업체는 한화시스템과 LIG넥스원이다. 지금부터는 이 두 업체가 그간 어떤 능력으로 어떤 성과를 올렸는지, 또 기업으로서는 어떤 특징을 갖는지 하나씩 살펴보자.

K-방산에 투자하라

중동향 수출 대박의 실속을 챙긴 LIG넥스원

먼저 살펴볼 기업은 LIG넥스원이다. LIG넥스원은 정밀유도무기 및 레이더를 담당하는 국내 최초의 회사인데, 그 기원은 1975년 1월에 설립된 금성사金星社의 '개발4부'였다. 당시 한국에는 막 미국으로부터 공급받았던 지대공미사일 MIM-23호크와 MIM-14나이키허큘리스 Nike-Hercules의 창정비를 할 업체가 없었고, 이 때문에 정부가 금성사 측에 요청하여 만들어진 부서가 개발4부였다. 이어 1976년에 개발4부는 '금성정밀주식회사'로 독립한 뒤 LG이노텍, 넥스원퓨처NexOne Furture라는 이름을 거쳐 2007년부터 지금까지 LIG넥스원이라는 이름을 유지하고 있다.

그렇기에 LIG넥스원의 역사는 곧 유도무기의 역사이기도 했다. 특히 적 항공기를 격추해야 하는 지대공미사일의 창정비 업무부터 시작한 업체라 과거부터 지금까지 LIG넥스원은 대공미사일은 물론 대공미사일에게 정보를 주는 레이더, 레이더와 미사일을 연결해주는 지휘통제시설에 대한 노하우를 차곡차곡 계승 및 축적해오고 있다. 설립 초기부터 LIG넥스원은 자연스럽게 C4ISR & PGM 전문기업으로서의 DNA를 갖고 있었던 셈이다.

이 때문에 LIG넥스원은 한때, 보다 구체적으로 말하자면 1970년대와 1980년대에는 국내 유일의 유도무기업체이기도 했다. 국내 최초의 지대지탄도미사일인 현무가 이 지대공미사일 MIM-14나이키허큘리스를 개조한 것이었기에, 당시(과거 금성정밀)에는 지대공미사일과 지대지미사일 모두를 망라할 수 있었던 것이다. 하지만 뒤에 설명할

사우디와 맺은 천궁 수출계약.
출처: LIG넥스원

한화시스템(과거 삼성탈레스)이 등장하고, 무유도의 재래식 무기만 제작했던 한화에어로가 유도무기업체로 탈바꿈하면서 레이더, 지휘통제시스템C4I뿐 아니라 유도무기 분야에서도 이 두 업체와 치열하게 경쟁 및 성장을 반복해온 것이 지금의 LIG넥스원을 만든 핵심 포인트라 할 수 있다.

'궁' 시리즈가 핵심인 LIG넥스원의 PGM

LIG넥스원의 현재를 알아보려면 사업분야, 그중에서도 정밀유도무기 제품군에 대해 살펴봐야 한다. 앞서 여러 번 언급했던 부분들을 제외한 나머지 부분을 중심으로 LIG넥스원의 포트폴리오를 보면 다음과

K-방산에 투자하라

같다.

우선 LIG넥스원이 만든 지대공무기로는 앞서 다룬 천궁, 천궁2, L-SAM이 있고, 현재는 LAMD와 LAMD-2, L-SAM2, 천궁3가 개발 중이다. 이 외에도 이들 미사일보다 사거리가 훨씬 짧은 야전방공 무기인 지대공미사일 시스템 천마의 미사일, 두 명이서 운반 및 발사가 가능한 지대공미사일 신궁Chiron 역시 LIG넥스원이 생산한 것들이다. 결론적으로 LIG넥스원은 사거리 2~200km 이상의 다양한 대공무기를 모두 생산한 역사가 있으나 장사정포를 방어하는 LAMD를 제외한 단거리 대공미사일들은 이미 양산이 종료되었고, 현재는 장거리 대공무기들에 집중하고 있다는 점이 중요한 특징이다.

지상에서 발사해 지상 혹은 해수면상의 표적을 공격하는 지대지무기 부문에서도 LIG넥스원의 포트폴리오는 매우 다양하다. 그중 사거리가 가장 짧은 것으로는 1인으로 운용이 가능한 휴대용 대전차미사일 현궁이다. 현궁은 적외선 탐색기로 2.5km 떨어져 있는 적 전차를 공격할 수 있고, 개조형 현궁은 사우디에 대량으로 수출되어 실전도 치른 바 있다.

현궁보다 좀 더 큰 비궁은 5t 트럭에 탑재하는 지대함미사일로, 현궁보다 얇지만 더 긴 모양이며 8km 밖에 있는 적 소형함선을 공격할 수 있다. 또한 현궁처럼 비궁도 적외선 탐색기를 장착하고 있으나 가격은 오히려 현궁보다 저렴하고 적의 대규모 소형 함정을 상대할 수 있어 UAE 등 중동 국가들에 수출되었다. 한국에서는 트럭에 비궁을 탑재하지만 외국에서는 소형 보트, 헬기, 무인수상정 등 다양한 플랫폼에 탑재되기도 한다. 특히 비궁은 미국에서 진행되는 해외 무기 테스트인 FCTForeign Comparative Testing에 초대된 적도 있다. FCT에 진출한 무기를 미국이 반드시 구입하는 것은 아니지만, 초대받았다는 것 자체가 국제 방위산업 시장에서 경쟁력 있는 제품으로 인정받은 증거라 할 수 있다.

비궁보다 훨씬 큰 미사일로는 해성, 해룡, 현무3(해성2)가 있다. 이 세 미사일의 공통점은 제트엔진을 장착한 크루즈미사일이라는 것이다. 속도는 여객기 수준으로 느리지만 정밀도가 높은 것이 특징으로 해성은 함선을 공격하는 대함미사일, 해룡은 해성을 개조한 함대지 미사일, 현무3는 지상차량과 함정 및 잠수함에서 발사하는 장거리 크루즈미사일이다.

그중 일명 '비닉秘匿무기'라 불리는 현무3에 대해서는 상세사항이 잘 알려지지 않았다. 하지만 이미 수많은 수량이 생산되어 미사일전략사령부와 잠수함사령부 및 해군 7기동전단에 배치되었고, 전시에 적의 핵심 표적을 타격하는 역할을 맡고 있다. 이런 점에서 현무3는 LIG넥스원의 핵심 매출원이지만 대한민국 국가방위에서 가장 중요한 미사일이라 해도 과언이 아니다. 다만 비밀무기로 취급되기 때문에 정확히 몇 발이 얼마나 한국군에 배치되는지는 알기 어렵고, 해외 수출도 이루어지지 않고 있다.

현재 LIG넥스원이 개발 중인 대형 미사일로는 공대지미사일 천룡(장거리공대지유도탄-2)을 비롯해 공대함유도탄-2, 초음속 대함미사일, 중거리 공대지미사일이 있다. 천룡은 KF-21의 핵심 공격 무장으로 500km 밖의 적 핵심 지하표적을 공격할 수 있는 첨단 무기이고, 공대함유도탄-2와 초음속 대함미사일은 지상차량 및 항공기에서 발사하

K-방산에 투자하라

중동 수출형 비궁 지상차량.
출처: LIG넥스원

는 초음속미사일로 속도가 크루즈미사일보다 두 배 이상 빠른 마하 2 이상이라 적이 요격하기 어렵다는 장점을 갖는다. 천룡보다 크기는 작지만 임무가 유사한 중거리 공대지미사일은 탄두 중량과 사거리는 약간 짧으나 핵심 기능 면에서는 천룡과 유사하다.

이 외에 함선 방어용으로 해궁과 함대공유도탄-2도 있다. 해궁은 함선 자신을 방어하는 함대공미사일이고 함대공유도탄-2는 함대 전체를 방어하는 미사일인데, 해궁의 경우 말레이시아 등으로의 수출을 위한 상담이 진행 중이다. 함대공유도탄-2는 향후 천궁2처럼 적의 탄도미사일도 요격할 수 있게끔 개량될 예정이다.

또한 LIG넥스원이 ADD와 함께 개발 중인 KGGBKorean Guided Glide Bomb, 즉 한국형 GPS유도폭탄도 비록 할당된 예산은 적으나 중요한 의미를 갖는다. KGGB는 평범하고 저렴한 500파운드(약 227kg) 중량의 일반 무유도폭탄에 GPS수신기와 활공날개를 장착해 100km 밖의 지상표적을 공격하는 유도폭탄키트다. 미사일보다 훨씬 저렴하여 한국 공군의 선택을 받음은 물론 사우디로의 수출도 성사되었다. KGGB는 단순한 폭탄을 정밀유도무기로 바꾸는 무기로, 전쟁이 났을 때 대량으로 구매해 사용할 경우 전쟁을 치르는 국가들이 항상 겪는 정밀유도무기의 부족 문제를 해결할 수 있다. 또한 성능이 낮은 구형 비행기도 KGGB가 있다면 적 대공 미사일 시스템 밖에서 지상 공격을 할 수 있기 때문에 공군의 대지 공격 능력도 크게 올릴 수 있다.

LIG넥스원의 포트폴리오가 갖는 특징

이렇듯 워낙 많은 종류의 미사일을 생산하다 보니 LIG넥스원을 미사일 전문기업으로 오해하기 쉽다. 그러나 다른 분야에서의 역량도 결코 가볍게 봐선 안 되는 것이, LIG넥스원은 해군 무기체계 및 핵심 부분의 상당 비중을 담당하기 때문이다. 경어뢰인 '청상어Blue shark'와 '청상어2' 및 '백상어White Shark', 중어뢰인 '범상어Tiger Shark', 대잠수함미사일인 '홍상어', 기뢰인 '흑룡Black Dragon'과 더불어 자력으로 움직이는 자항식 기뢰 등 잠수함용이나 수상전투함용 대잠수함무기anti-sbumarine weapon 등의 생산을 전담하는 업체가 LIG넥스원이다. 이러한 무기들은 미사일보다 덜 유명하나 수주 금액상으로는 상당한 규모이기에 LIG넥스원의 기업역량을 분석할 경우엔 반드시 고려해야 한다.

음파탐지기 또한 LIG넥스원의 또 다른 해상 제품군을 형성한다.

LIG넥스원은 도산안창호급 잠수함, 정조대왕급 구축함, 차세대 구축함인 KDDX 등의 음파탐지기뿐 아니라 함정에 탑재되어 적의 항공기나 유도탄에 방해전파를 쏘는 전자전장비 '소나타'와 '소나타-2'를 맡았고, 이 경험을 살려 한국 공군의 전투기 KF-21의 통합전자전장비 electronic warfare suite도 제작한다.

LIG넥스원의 제품군 중 가장 특이한 것은 '포'다. 함정탑재용 근접 방어무기인 CIWS-II Close-In Weapon System II는 1분에 수천 발을 발사하는 30mm 기관포로 고속비행하는 유도탄이나 고속정을 공격할 수 있고, 향후 국내에서 건조되는 거의 모든 군함에 1기 이상 탑재될 가능성이 크다.

LIG넥스원이 생산하는 레이더 중에는 육군에서 운용되는 것들이 많다. 대포병레이더인 '천경'과 사단급 차기 대포병레이더는 K9 자주포와 함께 활동하면서 적의 방사포나 포탄이 어디에서 날아오는지 역추적할 수 있다. 또한 LIG넥스원은 공군이 운용하는 장거리 레이더도 제작한다. '전투체계'라는 제품은 눈에 딱 보이지는 않으나 함정의 신경 및 두뇌라 할 수 있는 지휘통제시스템으로, LIG넥스원은 현재 장보고급 잠수함 성능개량 전투체계 개발을 맡고 있다.

'빅딜'로 '빅 기업'이 된 한화시스템

이제 한화시스템의 역사와 포트폴리오를 살펴볼 차례다. 한화시스템의 시작은 1977년의 삼성정밀공업이라 할 수 있다. 삼성정밀공업은 1970년대부터 울산급 호위함에 탑재된 사격통제장비 WSA-423 등을 제작하다 1991년 삼성전자의 특수사업부로 편입되었다. 1999년 삼성전자의 특수사업부는 프랑스의 방산업체인 톰슨CSF Thomson Compagnie des Signaux et des Feeries와의 합자회사로 변모해 '삼성톰슨CSF'가 되었다. 그리고 후에 톰슨CSF가 인수합병 끝에 대형 방산회사인 탈레스로 변모하자 2001년 이름을 삼성탈레스로 바꾸었다.

이후 탈레스제 전투체계와 지대공미사일 등을 생산하던 삼성탈레스는 2014년 '두 번째 빅딜'로 큰 변혁을 맞이했다. 삼성그룹이 방위산업을 완전히 정리함에 따라 방산 부문 계열사들이었던 삼성탈레스와 삼성테크윈 모두가 2015년에 한화그룹으로 인수된 것이다. 이로써 사명社名이 한화탈레스로 변경되었으나, 최종적으로 프랑스의 탈레스그룹이 한화탈레스의 대한 자사 지분을 정리함에 따라 2016년부터 현재까지 한화시스템이라는 이름으로 사업을 이어나가고 있다.

이렇듯 현 한화시스템의 배경에는 두 번의 빅딜이 큰 영향을 끼쳤다고 볼 수 있다. 첫 번째 빅딜은 부족한 국내 방위산업의 기술력 제고를 위해 기술협력 생산 및 국산화 개발을 추진하다가 외국과 합자회사까지 만든 것이다. 두 번째 빅딜은 한화그룹의 방산 부문 인수로, 그전까지 한화라는 방산기업이 로켓과 탄약, 미사일추진체 등 무유도 무기체계를 제작하며 쌓아나갔던 포트폴리오의 영역을 정밀유도무기로 확장하려는 행보에서 비롯된 것이었다.

이 덕분에 한화시스템과 한화에어로는 많은 부분에서 시너지를 내며 LIG넥스원과는 다른 'PGM 완결 기업'이라는 강점을 갖기에 이르렀다. 가령 소형무장헬기에 장착하기 위한 공대지미사일 천검은 탐색기와 로켓모터, 탄두까지 모두 한화에어로와 한화시스템에서 제작하는 반면, LIG넥스원은 핵심 유도무기 제품인 미사일 해성이나 현무3의 경우 유도장비와 최종 조립, 탐색기를 담당하지만 탄두와 제트엔진은 한화에어로의 제품을 쓰고 있어 차이점을 보인다. 그러나 한화시스템의 진짜 저력은 PGM이 아니다.

2대 1의 싸움으로 경쟁우위를 차지하다

원칙적으로 한화그룹에서 만드는 모든 무기들의 체계종합은 탐색기 제작을 담당하는 한화시스템이 아니라 탄두와 엔진, 로켓을 만드는 한화에어로가 담당한다. 그렇기에 어떻게 보자면 한화시스템은 PGM 의 '부품업체'이지 '체계종합업체'라고 말하긴 애매한 면이 있고, 그래서 LIG넥스원보다 기업역량이 부족한 것으로 보일 수 있다. 그러나 실상을 들여다보면 오히려 LIG넥스원이 항상 '2대 1의 싸움'을 해오고 있다해도 과언이 아니다. 한화시스템과 한화에어로는 통합된 지 오래되었고, 두 회사의 개발역량이 화학적으로 잘 결합되어 있기 때문이다.

이를 잘 알 수 있는 대표적 예가 '지상차량용 대전차미사일'이다. 원래 LIG넥스원의 대전차미사일 현궁은 사람이 들고 쏘는 휴대용 무기인데, 그럼에도 중량이 있다 보니 기아에서 만든 소형전술차량 K151에 탑재된 상태에서 자주 운용되곤 한다. 하여 군은 보병전투차 K2에도 현궁이 탑재될 거라 생각했고 실제로 K21의 시제차량에는 2기의 현궁이 탑재되기도 했으나, 비용 문제로 결국 양산 버전에선 제외되었다.

그런데 K21의 양산 도중 생산업체인 두산DST가 한화에어로의

LS사업부로 흡수되었고, 이에 따라 한화그룹 내에서는 '한화시스템과 한화에어로가 만든 LAH용 미사일 천검을 K21에 장착하자'는 제안이 자연스럽게 일기 시작했다.

이에 더해 한화에어로가 만든 수출형 보병전투차량 AS21의 차세대 혹은 국산화 버전이랄 수 있는 레드백X/K에는 현궁이 아닌 천검을 2기 장착한다는 설계가 확정되었다. 이렇듯 한화의 '그룹 내 제품을 선호하는 취향'이 직접적으로 꾸준히 이루어지고 있기 때문에 LIG넥스원은 PGM 사업의 주도권을 위협받는 상황에 있다.

물론 LIG넥스원 역시 또 다른 연합을 형성해 이러한 문제를 해결하고자 노력 중이다. 수출국의 요구로 비공개 상태에서 LIG넥스원이 수출 중인 장거리 대전차유도무기 알테어Altair는 한화가 아닌 탄약기업 풍산이 만든 탄환과 로켓 추진부를 사용한다. 이 연합을 위해 LIG넥스원과 풍산은 LIG풍산프로테크LIG Poongsan Protech라는 합자회사를 설립했으나, 국내 사업에서는 LIG넥스원의 이러한 '탈한화 전략'이 아직 잘 이뤄지지 못하는 실정이다.

치열한 레이더 및 전투체계 시장에서 따낸 판정승

한화시스템의 경우 PGM 분야가 아닌 C4ISR의 몇몇 부분에서 LIG넥스원보다 명백한 우위를 보이고 있는데, 이것이 가능했던 이유는 한화시스템의 기원에서 찾아야 한다. 한화시스템의 시작인 삼성탈레스는 앞서 말했듯 한국이 부족함을 보이는 여러 기술들을 프랑스의 탈레스로부터 받아 국산화하겠다는 목적이 큰 회사였는데, 그 기술들 중

한화시스템 공장에서 테스트 중인 KF-21 레이더.
출처: 한화시스템

에는 야전방공 지대공미사일 천마의 탐색 및 추적레이더, 국산 전투함
의 전투체계 등이 포함되어 있었기 때문이다.

이 전통은 지금까지도 계승되어 현재 한화시스템은 레이더 부분
매출액에서 LIG넥스원을 압도한다. 일례로 지상 무기체계만 보더라도
한국의 핵심 3대 대공방어 무기인 천궁2, L-SAM, LAMD가 표적탐
지에 사용하는 MFR의 생산은 모두 한화시스템이 담당하고 있다.

또한 한국 방위산업에 있어 가장 중요한 부품 중 하나라 할 수 있는
KF-21용 AESA레이더의 개발업체 역시 한화시스템이다. 탐색개발 단
계에서는 LIG넥스원이 KF-21 AESA의 초기 버전 시제업체로 선정되
어 승기를 잡았으나, 체계개발 단계에서 한화시스템이 이를 탈환하는
데 성공한 것이다. 전투기용 레이더는 단순한 표적탐지장비를 넘어
전투기의 핵심 임무수행에 가장 중요한 장비다. 한화시스템은 이러한

레이더의 개발을 담당했기 때문에 KF-21의 추가무장통합이나 성능개량에서도 주도권을 갖고 있다고 말할 수 있다.

이에 더해 한화시스템은 충남급 호위함과 차기구축함 KDDX에 탑재되는 MFR까지도 제작한다. 함정의 신경계라 할 수 있는 함정전투체계 부문에서도 한화시스템은 주도적 위치, LIG넥스원은 도전자의 위치에 있는 것이다. 탈레스로부터 수입한 전투체계의 국산화 과정을 주도하지 않았더라면 현 한화시스템의 이러한 위상 또한 불가능했을 것이다.

경쟁은 계속하지만 한 배를 탄 운명

이상의 내용들을 바탕으로 LIG넥스원과 한화시스템, 두 회사를 재무적 관점에서 보자면 그야말로 막상막하의 숨 막히는 경쟁을 벌이고 있음을 알 수 있다. 2023년 매출액에서는 한화시스템이 더 나은 성과를 보였지만 2024년 1분기 매출액에서는 LIG넥스원이, 2023년 1분기 대비 매출액 증가율에서는 한화시스템이 우위를 보인다. 몇 천억원 규모의 중소형 국방계약 하나 정도의 차이로 승자가 결정되는 상황이라 하겠다.

다만 한화시스템은 앞서 말했듯 한화에어로와 사실상 한 회사처럼 PGM 부문에서 매출을 내고 있기에, 한화그룹과 비교해보면 LIG넥스원의 종합적 역량과 매출이 부족하다. 또한 LIG그룹은 건설 부문에서 실패한 상흔이 여전히 남아 있어 부채비율도 한화시스템보다 좋지 못하다.

　　　　　　　　　　　　K-방산에 투자하라

한화시스템과 LIG넥스원의 매출 및 자산 비교						
구분	2023년 매출액	2024년 1분기 매출액	매출액 증가율	2023년 부채비율	2024년 1분기 부채비율	2024년 1분기 자산 총계
한화 시스템	2조 4531억 원	5444억 원	7.8%	108%	118%	4조 7312억 원
LIG 넥스원	2조 3086억 원	7635억 원	3.0%	263%	305%	4조 3356억 원

하지만 두 회사를 비교하고 성장 모멘텀을 살펴볼 때 단순히 재무제표만을 기준으로 삼으면 한 가지 큰 실수를 하게 된다. 한화시스템과 LIG넥스원은 비록 치열하게 경쟁 중이긴 하나 결국은 한 배를 탄 동료에 가까운 관계이기 때문이다. 이 말의 의미를 이해하려면 한국의 독특한 무기개발 프로세스에 대해 조금 알아야 할 필요가 있다.

한화시스템과 LIG넥스원의 매출이 최근 몇 년간 엄청난 성장을 하게끔 한 일등공신은 누가 뭐라 해도 중동 지역에 수출된 지대공미사일 천궁2다. 또한 향후 핵심 매출원이 될 것으로 예상되는 제품도 장거리 지대공미사일 L-SAM과 L-SAM2, 중거리 지대공미사일 천궁3, 그리고 장사정포요격체계인 LAMD와 LAMD2다. 그런데 이것들 모두는 ADD의 체계종합하에 LIG넥스원과 한화시스템의 생산을 거친다. 이를 좀 더 찬찬히 살펴보면 다음과 같은 의미를 갖는다.

IT업계에서 SI라 하면 시스템 통합system integration, 즉 하청업체 혹은 독자적 솔루션이 아닌 '회사 시스템 구축'의 의미로 통용된다. 하지만 방위산업체에서의 SI는 '체계종합', 다시 말해 모든 책임을 가지면서 모든 IP를 소유한다는 뜻이다. 일례로 천궁2는 엄밀히 말하자면

ADD의 제품이라 해도 과언이 아니다. ADD가 핵심 기술을 연구하고, 시제업체와 도면을 함께 만들고, 개발이 끝난 뒤에는 ADD가 확정 지은 설계도대로 생산업체가 조립 및 납품을 하기 때문이다. 따라서 천궁2의 생산업체인 한화시스템과 LIG넥스원은 쉽게 말해 ADD의 협력업체에 해당한다. 그렇기에 이 두 회사는 천궁2 대공미사일 시스템을 수출할 때마다 IP 사용대가인 기술료를 ADD에 지불한다.

또한 ADD는 천궁3와 같은 미사일들을 어떤 개념으로 어떻게 만들지, 어떤 업체가 생산할지 등도 모두 결정한다. 이는 한국 방위산업 자체가 해외 무기체계를 우선은 복제생산한 다음 그것을 국내에서 생산하는, 이른바 '국산화'라는 개념에서 시작되었기 때문이다. 1970년대의 무기 국산화 이후 ADD는 거의 모든 국산 무기체계의 IP를 가졌고, 대형 방위산업체들도 대개는 ADD 휘하에서 생산과 설계를 돕는 협력업체에 준하고 있다.

다만 항공 무기체계, 특히 KAI가 생산하는 무기체계만큼은 이러한 방식의 예외에 해당한다. 훈련기 T-50, 기동헬기 KUH-1수리온, 전투기 KF-21의 체계종합과 IP는 모두 KAI가 맡는다. 단지 안보적 및 핵심 기술확보의 이슈 때문에 KF-21의 AESA레이더는 ADD가 체계종합을 담당하고 한화시스템이 생산한다.

우주에서도 경쟁하는 두 회사

그런데 최근의 K-방산은 이런 구조에서 점점 벗어나는 동향을 보인다. 방산 선진국인 미국이나 유럽에서는 무기들의 체계종합을 거의 민간

　　　　　　　　　　　　K-방산에 투자하라

기업들이 주도하는 데 반해 한국은 모든 무기의 연구개발을 국가가 주도하고 있어 많은 논란이 있어왔기 때문이다. 그렇기에 최근 새로 개발하는 무기체계들 중에는 업체가 개발을 주도하는 것들이 많다. LIG넥스원이 생산을 맡을 함정용 근접방어체계 CIWS-2의 경우만 보더라도 한화시스템과의 경쟁하에서 LIG넥스원이 독자적으로 설계하고 개발할 항목이다.

또한 이 두 회사는 새로운 미래 신사업 도전에 많은 노력을 쏟고 있다. UAM에 분야 진입하고자 하는 한화시스템은 버터플라이Butterfly라는 UAM 기체를 개발 중인 미국 방산기업 오버에어Overair에 지분을 투자했었고(현재 손실처리), LIG넥스원은 4조 원 규모의 한국형 위성항법 시스템인 KPSKorea Positioning System에 도전하고 있다.

가장 최근에 두 업체의 경쟁이 격렬해지고 있는 분야는 인공위성이다. ADD에서 선정된 미래기술 도전사업인 일명 '초소형 위성체계 개발 사업'은 기상상황에 관계없이 적진 정찰이 가능한 SAR을 탑재한 100kg급 초소형 위성 40개, EO/IR 카메라를 탑재한 초소형 위성 네 개를 우주에 띄우는 것이다. 이 위성들이 얻는 영상들의 해상도는 1m급으로, 최신 SAR 위성보다는 낮지만 전체 개수가 무려 44개에 달하기 때문에 북한의 핵시설 등과 같은 중요 시설들을 실시간에 가깝게 추적할 수 있다는 장점이 있다.

이 사업에는 2030년대까지 약 1조 4000억 원의 자금이 투자되는데, 초소형 위성은 대개 수명이 짧기에 후속 위성의 개발 사업으로까지 이어질 것을 감안하면 전체 사업규모는 수조 원에 달한다. 이것이 한화시스템과 LIG넥스원이 이 사업을 둘러싸고 치열하게 경쟁하는

LIG넥스원이 만드는 초소형 SAR 위성의 모형.
출처: 김민석

이유다. ADD는 이러한 상황을 이용해 독특한 경쟁방식을 내세웠는데, 두 회사 모두에게 총 600억 원 규모의 예산을 지급한 뒤 각각 하나의 위성을 실제로 우주에 띄우게 해 성능과 가격을 검증한 뒤 최종 승자를 가리겠다는 것이다.

현재까지의 진행으로 보면 이 사업에서 앞서나가는 회사는 한화시스템이다. 한화에어로는 ADD가 개발한 초대형 탄도미사일 현무5를 생산하고 있는데, ADD가 개발한 고체연료 우주로켓이 바로 이 현무5와 기술을 공유한다.

이런 인연으로 ADD는 고체연료 발사체 발사권한을 한화시스템에 이전하고, 2023년 12월에 한화시스템은 제주도 남단 앞바다에서 초

K-방산에 투자하라

한화시스템이 만드는 소형 SAR 위성의 모형.
출처: 김민석

소형 위성 'H모델'의 시제품을 발사해 LIG넥스원보다 먼저 우주에 위성을 띄우는 데 성공했다. LIG넥스원에겐 독자적인 우주발사체 기술이 없는 반면, 한화시스템은 한화에어로와 ADD의 기술을 활용할 수 있었기에 LIG넥스원보다 실제 위성을 더 빨리 발사할 수 있었던 것이다.

그렇다 해서 LIG넥스원이 가만히 있는 것은 아니다. 라이벌을 이기기 위해 KAI와 손을 잡은 LIG넥스원은 역시 초소형 위성 'K모델'을 개발해 한화시스템의 H모델과 경쟁할 예정이다. H모델은 구조가 간단하다는 장점이, LIG넥스원과 KAI의 K모델은 기계적 성능이 더 뛰어나다는 장점이 있어 어느 쪽이 승자가 될지에 귀추가 주목된다.

K-방산에 경종을 울린 '천궁2 이라크 수출' 사건

다만 한화시스템과 LIG넥스원, 두 회사의 긴장과 갈등이 워낙 강하고 치열하다 보니 이것이 결국 수면 위로 올라간 적도 있다. 2024년 9월부터 국내 여론들은 양사가 천궁 미사일 시스템의 수출을 둘러싸고 갈등을 빚고 있다는 기사를 연달아 보도했다. 9월 20일 LIG넥스원이 이라크 국방부와 3조 700억 원 규모의 천궁2 미사일 시스템 수출계약을 맺은 직후 일어난 이 사건은 막 상승세를 보이던 LIG넥스원의 주가도 잠시 멈춰세우는 등 작지 않은 파장을 일으켰다.

문제의 핵심은 LIG넥스원의 주도로 수출이 추진되자 한화시스템이 이견을 보였다는 것이다. 한화시스템은 LIG넥스원이 가격을 너무 낮게 책정하고 납기일도 너무 빨리 잡는 등 곤란한 계약을 맺은 바람에 자사가 손해를 보고 있다는 주장을 폈다. 이에 대해 LIG넥스원은, 한화시스템은 수출협상에 불성실하게 임했을 뿐 아니라 가격 면에서 곤란한 조건을 제시한 탓에 오히려 자사가 손해를 보고 있다며 팽팽하게 맞섰다.

이러한 사건이 발생한 원인은, 천궁2가 ADD의 체계종합을 통해 개발되긴 했으나 수출 시의 체계종합은 정부기관이 아닌 기업이 맡았다는 데 있다. 천궁2의 수출대상국 중 UAE의 정부와는 LIG넥스원과 한화시스템이 각각 계약을 한 반면, 사우디와 이라크의 경우에는 LIG넥스원이 상대국 정부와 계약한 뒤 한화시스템과 하청계약을 맺는 방식으로 수출이 진행되었다. 따라서 한화시스템 입장에서는 LIG넥스원이 주 계약자이니 자사가 하청에 불과해졌다는 불만이, LIG넥스원은

천궁2의 이라크 수출계약.
출처: 이라크 국방부

천궁2 시스템에 필요한 MFR을 제작할 수 있는 업체가 한화시스템밖에 없다 보니 그들의 요구사항을 들어주지 않으면 수출이 불가능해진다는 불만이 생겨날 수밖에 없었다.

이 문제를 해결하기 위해 한국 방위사업청은 사업 관계자들을 불러 중재를 진행 중이기에 종국에는 해결될 것으로 보인다. 그러나 이러한 '적과의 동침' 관계에서의 협력 및 긴장 상황은 향후의 천궁3와 L-SAM, L-SAM2와 관련해서도 계속될 수 있다. 향후 K-방산의 수출이 원활히 진행되려면 반드시 극복해야만 하는 과제란 의미다.

미래전을 준비하라

가장 어려운 일, '미래 예측'

어느 산업이든 기업의 흥망성쇠를 결정하는 것은 앞날을 어떻게 예측하느냐에 달려 있다. 향후 어떤 상품이 인기를 끌지, 생산량과 점유율이 어떻게 될지를 내다보고 그에 대해 준비하는 것은 사실상 기업 경영활동의 핵심이자 모든 것이라 해도 과언이 아니다.

그 관점에서 보자면 방위산업의 미래에 대해 예측하는 것은 더욱 어렵다. 방위산업의 시장 특성상 민간시장보다 유리한 점, 그리고 민간시장과 비교할 수 없을 정도로 어려운 점들이 섞여 있기 때문이다. 방위산업을 그저 단순히 관급품 공급, 즉 정부에 제품과 용역을 공급하는 산업으로만 한정해 생각해보자면 어떤 제품이나 솔루션을 만들어야 할지 정하는 데 5년, 그것을 개발하고 생산하는 데 각각 5년, 그리

K-방산에 투자하라

고 유지보수를 하는 데 30년 정도가 걸리는 것이 일반적이다. 즉, 일반 기업의 아이템 하나와는 비교가 불가능할 정도의, 매우 장기적인 시각에서 바라봐야 하는 사업인 것이다.

그간 한국 방위산업에서 진행되었던 대형 획득 사업들을 보면 하나같이 이러한 '초장기 예측'을 거쳐 탄생했음을 알 수 있다. 일례로 한국형 기동헬기 KUH-1수리온의 경우 '이 무기가 필요하다'라는 소요결정 후 5년이 지나서야 '이 무기를 만들어보자'라는 의미의 개발착수가 시작되었고, 개발완료는 그로부터 7년이 더 지나서야 이뤄졌다. 소형무장헬기인 LAH의 경우에는 소요결정 후 획득방식을 어떻게 정할지에 대해 기나긴 논란 및 소요수정을 거쳐 지금과 같은 형태의 LAH를 만들기로 결정한 후 실제 개발에 착수하기까지 꼬박 6년이 걸렸고, 개발착수 이후 거의 8년이 더 지난 후에야 비로소 개발이 완료될 수 있었다.

하지만 이러한 '머나먼 획득 과정'을 가장 극명하게 보여주는 것은 한국형 전투기 KF-21이다. 이 전투기는 2002년 11월 첫 소요결정이 이뤄진 이후 개발착수까지 무려 13년이 걸렸고, 소요결정 이후 22년이 지난 2024년 현재에도 한창 개발 중에 있다. 이렇듯 어떠한 무기체계를 처음으로 만들 때, 최소 15년에서 20년 이후인 미래의 전쟁이 어떻게 될지 먼저 예측한 뒤 생산수량이나 성능을 결정해야 하는 것이 바로 방위산업의 특징이다.

미래 예측에 실패한 무기, 미래를 스스로 만든 무기

하지만 세계에서 가장 뛰어난 정보력과 연구개발력을 가진 미국조차도 자주 틀리는 것이 미래 예측, 그것도 미래 전쟁에 대한 예측과 준비다. 미래전에 대비하기 위해 막대한 예산과 시간을 기울여 개발한 무기지만, 정작 완성시키고 나서 보니 과거에 예상했던 상황과 현실이 너무 동떨어진 탓에 조기에 도태되거나 취소된 프로젝트가 한둘이 아니다. 세 가지 무기를 예로 들어 이 점에 대해 좀 더 살펴보자.

첫 번째는 미국 해군의 DDG-1000줌왈트Zumwalt급 구축함으로, '예측이 잘못된 탓에 기껏 만들어놓고도 애물단지가 되어버린' 무기 체계의 대표적 예다. 1992년에 시작된 '21세기용 구축함21st Century Destroyer, DD-21'계획과 1994년 시작된 '21세기용 해상전투함Surface Combatant for the 21st Century, SS-21'계획을 계승해서 만들어진 줌왈트급 구축함은 '강력한 능력의 함정이라면 적진 근처에서 작전을 수행해도 적의 공격을 피할 수 있고, 적진 가까이 접근할 수 있다면 적 지상의 중요 목표물을 타격 시 폭격기나 미사일보다 구축함이 훨씬 더 정밀하고 경제적으로 할 수 있다'는 관점에서 개발되기 시작했다.

이런 관점이 가능해진 두 가지 원인은 전쟁양상의 변화와 신기술의 등장이다. 과거 냉전시대 미국 해군은 소련의 대규모 함대와 폭격기를 상대해야 하는 전쟁을 준비했다. 그러나 냉전이 끝난 후 치러진 1990년의 걸프전, 1993년의 소말리아 모가디슈 전투, 1999년의 유고 대공습 등을 거치면서 해군력의 목적은 해전이 아닌 해상 화력지원naval surface fire support, NSFS으로 바뀌었다.

가격과 성능 문제로 실패한 줌왈트급 구축함.
출처: RTX

 이에 미국 해군은 대규모 전쟁은 일어나지 않으나 세계 각지에서 국지전이 벌어지고, 분쟁이 일어날 때마다 항공모함 전단을 동원하자니 너무 많은 비용이 드는 것에 문제의식을 갖기 시작했다. 그리고 그에 대한 해결책이 바로 이미 무르익은 스텔스 기술 및 발달한 반도체 기술을 활용한 차세대 구축함 줌왈트급의 개발이었던 것이다.

 줌왈트급은 2014년 처음 건조된 이후 현재까지 10년이 지났음에도 여전히 세계에서 스텔스 성능이 가장 우수한 군함이다. 1만 5000t의 거대한 구축함이지만 적에게 노출되는 것을 최대한 막기 위해 수면 위에 배치된 모든 구조물과 무장에 철저히 스텔스 기술을 적용한 덕에 이 군함은 레이더에 실제보다 훨씬 작은 크기의 배로 표시된다. 또한 음향 스텔스에도 많은 투자를 한 덕에 줌왈트는 잠수함만큼이나 조용하다. 1만 5000t의 동급 군함 가운데 줌왈트보다 은밀한 것은 아직까지 존재하지 않는다.

스텔스 기술과 함께 발전된 반도체 및 전자 분야 기술의 대량활용도 중요했다. 과거에는 값비싼 크루즈 미사일에나 들어갔을 법한 GPS/INS장비가 반도체 기술의 발달로 매우 소형화되어 함포탄에 탑재가 가능해졌다. 더불어 줌왈트의 함포는 100마일, 즉 185km 이상 멀리 있는 표적을 정밀타격할 수 있는 능력까지 갖춘 세계 유일의 함정이기도 하다.

하지만 이렇게 세계 최초 기능, 세계 최고 성능으로 완전무장했음에도 줌왈트급 구축함은 취역하자마자 시대에 뒤떨어진 무기체계가 되어버렸다. 앞서 말했듯 미국 해군의 작전목표가 완전히 달라졌기 때문이다. 테러리스트나 불량한 국가들을 낮은 비용으로 폭격하는 것이 아니라, 냉전시대 구소련의 해군을 아득히 능가하는 중국 해군을 상대하는 것이 미국 해군의 최우선목표가 되자 그러한 기능들의 쓸모가 없어진 것이다.

중국 해군이 전 세계 바다를 감시하는 해양감시용 인공위성망을 깔고 수백 대의 해상초계기를 양산하자 줌왈트급의 스텔스 성능은 큰 의미를 갖지 못하게 되었다. 또한 기존에 가정했던 작전 개념을 중국 공격 시 그대로 적용하면 질과 양 면에서 세계 2위의 중국의 전투기와 지상 미사일부대의 표적이 될 것이 명확한 상황이라 줌왈트의 고성능 함포도 제 역할을 제대로 하는 것이 불가능해졌다. 미래의 위협과 전쟁에 대한 예측이 어긋나다 보니 제아무리 최신 기술로 만든 최고가 무기라 해도 적절한 쓰임새를 찾지 못하게 된 것이다.

이에 미국 해군은 새로운 작전개념을 고안해 그에 맞는 준비를 하

K-방산에 투자하라

고 있다. 줌왈트급의 생산량을 대폭 축소하는 대신 싸고 저렴한 범용 전투함인 콘스틸레이션Constellation급 호위함, 사람이 타지 않거나 극히 소수의 인원만이 필요한 무인미사일발사함 LUSVLarge Unmanned Surface Vehicle를 대량으로 생산하고, 모든 군함은 물론 태평양의 그 어떤 섬에서도 미사일을 발사하게끔 만들어 중국 해군을 벌떼같이 공격하는 '분산된 치명성distributed lethality'이 그 새로운 작전 개념이다. 그러나 전력 건설에 필요한 시간과 비용이 부족해 현재의 미국 해군은 중국 해군으로부터 큰 위협을 받고 있다. 미래전에 대한 예측과 대비가 제대로 이루어졌더라면 이런 상황이 벌어지지 않았을 것이다.

두 번째 예는 '미래는 제대로 예측했으나 때를 잘못 만나 취소된' 미국의 자주포 XM2001크루세이더다. 크루세이더는 냉전시대 끝에 개발이 시작된 미래형 자주포로 사거리, 발사속도, 시간당 화력, 이동 능력이 세계 최고 수준일 뿐 아니라 아군 정찰기나 헬기가 포착한 적의 정보를 즉각 수신해 공격할 수 있어 이전 세대의 자주포와는 전체 성능 면에서 비교가 불가능한 괴물 자주포였다.

심지어 크루세이더는 여러 발의 포탄을 제각기 다른 각도에서 발사하나 한 곳에 동시 집중시킬 수 있는 MRSImultiple-round simultaneous-impact라는 기능을 갖추고 있었다. 한국이 자랑하는 자주포 K9도 동시에 집중사격이 가능한 포탄이 세 발인데, 크루세이더는 표적을 향해 무려 여덟 발을 동시에 발사할 수 있으니 그 위력은 이루 말할 수 없었다. 실제로 현재까지 크루세이더의 전투력을 넘어설 만한 자주포는 등장하지 않았고, 앞으로 개발될 K9의 미래형 자주포 K9A3 정도만이

K9보다 앞선 기술을 가졌지만 개발이 취소된 XM2001크루세이더 자주포.
출처: US army

크루세이더의 성능과 비슷할 것으로 예상된다. 그러나 이 둘의 개발 기간이 거의 20년 이상 차이 나는 점을 생각하면 크루세이더의 성능이 얼마나 뛰어났는지를 알 수 있다.

그런데 결국 크루세이더는 여러 논란 끝에 개발이 취소되었다. 전장의 환경이 이전과 달라져 크루세이더의 우월한 화력이나 성능보다 경량화가 중요 요소가 되었기 때문이다. 크루세이더가 개발 막바지에 이르렀을 때 미국은 항공 수송에 제한이 많다는 이유로 중량 절감을 요구했는데, 이는 무거운 크루세이더보다 비록 성능은 훨씬 떨어지지만 가벼운 견인포를 확보하는 쪽이 더 중요하다 여겼기 때문이었다.

이런 요구를 받은 크루세이더는 중량 절감을 위해 큰 도전을 시도했

K-방산에 투자하라

으니, 바로 자주포를 반으로 가른 다음 폭을 줄여 탄약 탑재량과 연료량을 낮추고, 엔진 또한 더 가볍게 만든다는 것이었다. 문제는 이에 따른 경제성이었다. 크루세이더의 장점이었던 압도적 화력이 줄어들었고, 세계 최고의 자주포였던 만큼 가격 역시 최고가였으나 경량화를 위한 변경 과정을 거치면 그렇게 높은 가격을 매길 수가 없었던 것이다. 이에 따라 크루세이더의 개발은 결국 취소되고 말았다.

하지만 2022년 발발한 우크라이나 전쟁은 크루세이더의 개발 취소가 얼마나 어리석은 일이었는지를 알려주었다. 과거에 미국이 예상했던 미래 전장의 모습과 달리 현대의 전쟁 또한 포병의 위력에 크게 의존하며, 가벼운 무게보다는 강한 화력과 전투력이 더 중요하다는 점이 우크라이나와 러시아 군인들의 피로 증명되었기 때문이다. 항공기로부터의 폭격이나 공격은 포병의 공격보다 위력적이지만 현대전에서도 여전히 자주포가 필요하다는 점을 인식한 미국은 서둘러 차기 자주포인 XM1299A1의 개발에 나섰으나, 자주포 기술연구가 그간 중단되었던 탓에 고성능 포신 개발에서의 문제 등 어려움을 겪고 있다.

마지막 예는 전투기인 F-22랩터다. 앞선 두 가지 예가 미래 예측에 실패한 예라면, F-22랩터는 '미래 예측에 성공하고, 존재 자체로 전쟁의 모습을 바꾼' 예에 해당한다.

많은 이들이 알고 있듯 F-22랩터는 세계 최초의 5세대 전투기이자, 첫 비행 후 27년이 지난 지금도 세계 최고 전투기의 위치에 있다. 하지만 이런 엄청난 위상과 달리, 개발 당시였던 1980년대와 1990년대 초반에는 F-22랩터가 동시기에 개발된 유럽산 전투기, 혹은 구소련제 최신예 전투기와 성능 면에서 큰 차이를 보이지 않을 것으로 예상되었

F-22랩터 전투기.
출처: 김민석

다. F-22랩터의 핵심 기능인 초고기동성supermaneuverability과 초저
피탐지성very low observable, VLO 스텔스 기능에 대해 다른 나라들은 그
중요도를 과소평가하거나 큰 차별점이 아닐 것으로 여겼기 때문이다.

당시 유럽은 물론 구소련도 미국이 F-22랩터를 위한 고등전투기
advanced tactical fighter, ATF 연구를 통해 레이더에 잡히지 않는 스텔스
기능과 강력한 기동성을 개발할 것임을 알고 있었다. 그러나 이들 국
가는 미국이 성공 여부가 불확실한 이러한 기능들을 새로 적용하기 위
해 스텔스 기술의 연구에 막대한 투자를 하거나 이미 돌입한 차세대
전투기 개발을 취소하진 않을 것이라 판단했는데, 바로 이것이 큰 실
수였다.

유럽과 구소련이 이러한 오판을 한 것은 고정관념 때문이었다. 미
국이 공격기인 F-117나이트호크Night Hawk와 폭격기인 B-2스피리트

K-방산에 투자하라

Spirit를 개발 중이라는 사실은 이미 1980년대 후반부터 세계에 알려져 있었다. 하지만 스텔스 기술을 적용하려면 소재와 도료, 형상 기술이 필요하고 무기도 외부가 아닌 내부에 장착하는 복잡한 구조를 채택해야 하니, 제아무리 미국이라 해도 초음속으로 고기동하는 전투기에 스텔스 기술을 잘 적용시키진 못할 거라 여겼던 것이다.

그러나 미국은 세계 최고의 기동성과 세계 최고의 스텔스 성능 모두를 F-22랩터에 구현하는 데 성공했다. 더불어 이전까지는 미국과 동등하거나 약간 부족한 수준으로 평가되었던 유럽과 구소련의 전투기 성능과 그야말로 한 세대를 뛰어넘는 격차를 만들어냈다. 실제로 미국은 현재 F-35라는 5세대 전투기를 세계시장에 판매 중이지만 유럽은 아직도 4.5세대 전투기를 판매하고 있을 뿐이다.

게다가 러시아는 신형 스텔스전투기인 Su-57을 개발하는 데 성공했으나 시기상 미국보다 훨씬 뒤처졌고, 이후에 만들어진 전투기임에도 Su-57은 F-22보다 스텔스 성능이 훨씬 떨어진다. 유럽의 경우 F-22랩터보다 스텔스 및 비행 성능이 뛰어난 차세대 전투기를 완성하기까지는 앞으로 10여 년이 더 필요한 상황이다. 오직 중국만이 미국보다 20년 늦었지만 F-22랩터와 비슷한 개념의 스텔스전투기인 J-20을 생산하는 데 성공했을 뿐이다.

이렇듯 방위산업, 무기개발에서의 미래 예측은 단순히 매출이나 수출성과뿐 아니라 국가의 국력이나 국제정세를 바꾸는 핵심 요소라 할 수 있다. 그렇다면 향후 20년 정도의 가까운 미래에 우리가 겪어야 할 전쟁은 과연 어떻게 바뀔까? 또 이에 대해 K-방산은 어떤 준비를 하고 있을까? 지금부터는 지상, 공중, 해상의 순서로 이에 대해 살펴보자.

드론 전쟁에서 K-방산 지상무기가 설 곳은 있을까

K-방산의 베스트셀러는 누가 뭐라 해도 지상전의 왕자인 전차와 자주포, 장갑차다. 그러나 이 셋은 우크라이나 전쟁을 비롯한 현재의 전장에서 가장 많은 피해를 입는 장비들이기도 하다. K-방산의 핵심 제품들은 이러한 현실에 대해 어떤 대비책을 갖고 있을까?

우선 전차의 경우를 보면, 현대로템의 폴란드향 수출전차인 K2PL에 적용되는 일명 '대드론 방어체계'가 그에 해당한다. 러시아의 FPV 자폭드론 공격에 대한 대응책을 폴란드가 요구해옴에 따라 현대로템은 '드론 재머'로 불리는 드론용 전파방해장비를 K2PL에 장착하는 방안을 연구 중인데, 크게 둘 중 한 가지 방식이 적용될 것이라 한다.

하나는 K2PL에 들어가는 RCWS, 즉 원격사격통제장치에 드론 재머를 탑재한 뒤 적의 드론이 접근해오면 전파방해를 가해 드론을 떨어뜨리는 것이고, 다른 하나는 K2PL의 포탑 상부에 비지향성 재머를 설치해 전파방해를 가하는 것이다. 전자는 높은 출력을 적의 드론에게 집중할 수 있다는 장점, 기관포가 회전해 드론을 조준하는 데 시간이 걸린다는 단점을 갖는다. 후자의 장점은 조준 없이 즉시 적 드론을 공격할 수 있다는 것, 단점은 방해전파의 밀도를 높이는 데 어느 정도 한계가 존재한다는 것이다. 현대로템은 이 두 방식 모두를 시험한 뒤 적절한 방안을 적용할 예정이다.

전차뿐 아니라 자주포도 우크라이나 전쟁에서 드론에 의해 막대한

K2PL 전차에 장착될 드론 재머(붉은 원 안).
출처: 김민석

피해를 입은 무기 중 하나다. 이에 한국군의 차차세대 자주포 K9A3에
는 드론 공격에 대응하기 위해 유무인복합체계를 적용할 예정이다.
K9A3는 세계 최초의 '선택적 무인optionally manned' 자주포로, 필요시
에만 두 명의 승무원이 탑승해 기동과 발사가 가능하고 전시 상황에서
는 무인으로 운영된다.

　K9A3 자주포의 무인운용에 필요한 핵심 무기체계는 바로 사격지
휘장갑차인 K11A1이다. 기존의 사격지휘장갑차인 K11은 그저 포병
부대의 지휘관이 탑승해 지휘할 수 있도록 무전기와 지도정보 표시장
비 등만 갖춘 단순한 형태였다. 그러나 그와 달리 K11A1에는 여섯 명

이상의 원격조종사가 탑승해 무인 모드의 K9A3를 조종하게 된다. 이렇게 무인자주포가 작동되면 적의 드론으로부터 공격을 받아도 인명피해가 발생하지 않아 좀 더 공격적인 운용이 가능하고, 만약 자주포가 손상당한다 해도 엔진과 무한궤도 등 핵심 구동부위만 남아 있다면 전선 후방으로 퇴각시켜 수리 후 재사용을 할 확률도 높일 수 있다. 전체적으로 생존성이 무척 높아지는 것이다.

이에 더해 K11A1은 드론요격미사일, RCWS, 대공미사일 및 탐지장비를 장착해 마치 '지상의 이지스함'처럼 적 FPV드론으로부터의 요격을 막아낼 자체방어장비를 갖추고, K9A3 자주포뿐 아니라 역시 무인 운용이 가능한 'AI복합 대공무기'도 통제할 수 있다. AI복합 대공무기는 한화에어로가 자체연구 중인 차세대 대공자주포로, 대공미사일과 더불어 드론 요격이 가능한 공중폭발탄이 장착된 30mm 기관포, AESA 레이더 등이 탑재되어 사격지휘장갑차와 무인자주포를 보호할 예정이다.

드론에 대응할 수 있는 장갑차에 대해서도 현재 여러 연구가 진행 중이다. 현대로템과 한화에어로 모두 FPV드론의 사정거리 밖에서 사격이 가능한 대전차미사일 장착을 추진 중이고, 원래는 적 대전차미사일의 요격에 사용하는 APS를 드론 요격용으로 개조하는 연구도 진행하고 있다.

이렇듯 지상무기체계들에 대해서는 미래전에서 저가의 드론이 퍼부을 공세에 대응하는 요격 혹은 방어 기능을 적용하는 연구가 계속되고 있다. 드론 방어기술의 발전속도가 공격기술보다 빨라진다면 현재 K-방산의 알짜 효자상품인 지상무기는 미래에도 시장경쟁력을

K-방산에 투자하라

AI복합 대공무기의 모형.
출처: 김민석

확보할 수 있을 것이다. 특히 유무인복합체계를 통해 아군의 피해를 줄이고 유인차량은 대공방어에 집중한다는 방어개념은 미국조차 아직 적용하지 못한 최신의 것이다. 따라서 다른 국가들보다 이런 기능의 실제 적용에서 먼저 성공한다면 K-방산에 대한 수요는 앞으로도 꾸준히 증가할 것으로 보인다.

미래 공중전의 핵심, 유무인복합 항공무기에 대한 준비

미래 공중 무기체계의 주도권 역시 드론에게 있다 해도 과언이 아니다. 다만 육상 무기체계의 드론과 비슷하지만 다른 점도 많은 '무인편대기'가 최근 군용 항공기 시장을 뒤흔들고 있어, 우선은 이를 간략히 정리해보는 것이 필요하다.

우크라이나 전쟁에서 주로 사용된 FPV드론이나 상업용 드론은 대개 사진 촬영이나 레저, 농약 살포 등에 사용하는 드론이라 현대전에 사용하는 초음속전투기나 조기경보기, 전자전 비행기와 함께 작전을 수행하는 것이 불가능하다. 이것 대신 주목받는 것이 바로 CCAcollaborative combat aircraft라 불리는 무인편대기 드론이다. CCA는 전투기와 함께 다니는 전투용 고속드론으로, 제트엔진이 장착되어 있어 전투기와 비슷한 마하 0.9의 속도로 비행하면서 유인 전투기보다 먼저 적진에 돌입해 작전을 펼친다.

이런 무기가 필요한 이유는 무엇일까? 미래 항공전에서는 전투기들이 점점 더 적의 위협에 노출될 수밖에 없는데, 전투기는 적의 공격에서 살아남기 위한 생존성을 갖추는 것이 더욱 힘들어지기 때문이다. 5세대 전투기의 상징이라 할 수 있는 스텔스 기능은 적의 레이더나 적외선 추적장비에 탐지될 확률을 줄이고, 아군의 전투기가 적의 전투기를 먼저 발견해 선공하게끔 해주는 기능이다.

문제는 이러한 스텔스 기능을 갖춘 전투기의 개발비용과 생산비용이 막대한 데 반해 신형 장비에 스텔스 기능을 적용하는 것은 점점 어려워진다는 데 있다. 특히 미국 등 야심차게 6세대 전투기를 만들던 국가들은 예상 개발비용이 폭증하자 6세대 전투기 개념의 일부만 먼저 실용화했는데, 그것이 바로 CCA 무인편대기다.

무인편대기가 유인전투기보다 앞서 날아가 적진에 침투하는 것은

제너럴아토믹스의 CCA 무인편대기.
출처: 제너럴아토믹스

두 가지 이유 때문이다. 우선 유인전투기보다 먼저 적을 발견한 뒤 그 정보를 알려주면, 유인전투기는 자신의 레이더를 사용할 때보다 훨씬 빨리 적을 탐지해낼 수 있다. 거대한 레이더를 장착한 데다 값도 비싼 조기경보기가 굳이 위험을 감수하고 먼저 정찰하지 않아도 무인편대기를 활용하면 아군 전투기에게 정보의 우위를 줄 수 있는 것이다.

　다른 한 가지 이유는 적에 대해 포위, 돌격, 기만, 우회 등 복잡한 전술을 활용할 수 있다는 것이다. 무인편대기는 일부러 적의 눈에 띔으로써 선제공격을 유도해 위치를 노출하게끔 하거나, 위험을 무릅쓰고 적에게 접근하며 돌격하거나, 혹은 적의 후방을 노리는 우회공격을 시도할 수도 있다. 사람이 탄 비행기라면 목숨을 걸어야 할 전술들을 무인편대기로 전개할 수 있는 것이다.

나가며

때문에 현재 세계 각국은 5세대 전투기에서 6세대 전투기로 이행하기보다는 무인편대기 개발부터 서두르는 모양새다. 제한적 스텔스 기능을 갖춘 4.5세대 전투기 KF-21을 보유하고 있는 한국에게 이것은 위기이자 기회이기도 하다.

우선, 방산 선진국들이 6세대 전투기 개발에서의 방향성을 잃었다는 것은 한국에게 있어 그들과의 기술격차를 줄일 수 있는 시간을 벌수 있는 점에서 큰 기회다. 현재와 같은 상황에서 선진국들이 6세대 전투기를 완성하는 데 성공한다 해도 그 가격과 유지비용은 천문학적 수준일 것임이 거의 확실하다. 따라서 가격 대비 성능이 적당한 한국의 4.5세대 전투기 KF-21과 4세대 경전투기 FA-50은 분명 한동안 롱런할 가능성이 높다.

하지만 이러한 전망은 한국이 선진국 수준의 무인편대기 CCA를 갖출 수 있다는 전제조건이 만족될 때에만 기대될 수 있다. 무인편대기가 유인전투기와 함께 다니는 이유는 전투의 유연성, AI기술의 위험성, 성능과 가격의 균형을 위해서다. 다시 말해 이 둘은 그만큼 밀접한 연계하에 공동작전을 펼치고 통합된 시스템으로 움직여야 한다는 뜻인데, 이런 점에서 한국이 만든 유인전투기에 미국 혹은 다른 나라의 무인편대기를 통합하는 일은 매우 어려울 것으로 보인다. 그렇기에 앞서 말한 전제조건이 반드시 충족되어야 하는 것이다.

다행히 현재 한국에서는 대한항공과 KAI가 무인편대기를 제작 중이다. 앞서 설명했듯 대한항공은 중형급 KUS-LW와 소형급 KUS-RP를, KAI는 대형급 UCAV와 소형급 AAP-150을 만들고 있어 플랫폼 자체만 보면 선진국 대비 상당 수준의 기술을 갖고 있다 할 수 있다.

K-방산에 투자하라

문제는 이러한 무인편대기에 필요한 핵심 기능인 소프트웨어 기술이 어떤 수준으로 필요한지 명확하지 않다는 점, 그리고 KF-21과 FA-50에 어떤 무인편대기가 적용될지 아직까지 결정되지 않았다는 점이다. 현재까지로만 보자면 KAI가 제작한 무인편대기와 무인전투기 FA-50 및 KF-21을 조합하는 것이 자연스러울 수 있다. 그러나 대한항공의 무인편대기 역시 업체가 독자적으로 개발한 것이 아닌 ADD와의 합작으로 제작하는 것이라 한국 공군이 어느 회사의 제안을 택할지는 불확실한 상황이다. 향후 연구개발 예산이 본격적으로 투입되려면 일정 정도의 시간이 필요하다는 한계도 있는데, 이를 어떻게 극복할 것인지가 한국 항공 방위산업의 미래를 결정지을 핵심 요소가 되리라고 본다.

'가미카제 자폭보트'의 시대에서 한국 해상무기의 대응은

마지막으로 살펴볼 해상 무기체계의 미래전에서 또한 무인체계의 중요성이 높지만, 공중 및 지상의 무기체계보다 좀 더 복합적인 면이 있다. 공중 드론은 물론 수상 자폭드론, 수중 무인잠수함 등 다양한 형태와 양상의 무인무기를 상대해야 하기 때문이다.

이 관점에서 다른 나라들처럼 한국에서도 자폭 무인수상정, 무인전투함, 무인잠수정 등 수많은 무인무기체계가 선진국에 필적할 만한 속도로 개발되고 있다. 특히 LIG넥스원의 무인기 '해검'은 정찰용 무인수상정으로 정식 선정되면서 수출가능성이 높아지고 있는 것이 사실이다.

다만 한국 해군 무기체계의 핵심 수출 아이템인 전투함과 잠수함은 무인무기체계에 대한 준비 면에서 타국들보다 부족하고, 이 때문에 향후 수출에서 문제를 겪을 가능성이 있다. 전투함 및 잠수함이 무인무기체계를 운용하려면 무인무기 전용의 도크나 사출장비 등이 있어야 하는데 차세대 전투함 KDDX와 장보고-3 등에는 이런 장비가 아직 갖춰지지 않았다. KDDX는 함탑재 소형 무인보트와 무인헬기, 장보고-3는 어뢰 발사관에서 발사 가능한 소형 무인잠수정을 운용할 수 있을 뿐이다.

이 문제를 해결하려면 무인무기체계를 탑재하는 차세대 수상전투함, 상륙함 및 드론모함, 잠수함이 개발되어야 한다. HD현대중공업이나 한화오션 모두 이러한 조건을 만족할 만한 미래 함선 설계를 진행하고 있지만, 아쉽게도 한국 해군의 요구사항은 아직까지 정확히 정해지지 않았다. 한국 방산기업들과 ADD가 개발 중인 무인무기의 도입 자체가 아직은 초기 단계에 있기 때문이다.

다행히 해군과 방산기업들 모두 이러한 문제점 및 한계를 인지하고 있어, 무인무기체계와 통합된 차세대 함선 및 잠수함에 대한 상세 기획이 조만간 나올 것으로 보인다. 또한 한화오션, LIG넥스원, HD현대중공업 등은 우크라이나 전쟁에서 그 위력이 증명된 저가 무인자폭보트의 실용화를 위해 빠르게 개발에 나서고 있으니, 이 무기는 여타것들에 앞서 실전에 배치될 가능성이 높다.

그럼에도 한 가지 우려되는 점은 대형 무인전투함에 대한 계획이 부족하다는 것이다. 한국 해군은 현재 정찰용 무인수상정, 공격 및 자폭형 무인수상정 다음으로 100t 내외의 대형 무인수상정을 개발해

K-방산에 투자하라

구분		주요 특징
해검 II (LIG넥스원)		• 플랫폼 길이: OOm • 최대속도 : OOknot • 원격운용거리 : OOkm • 수상/수중 플랫폼 및 통합운용제어기술 • 레이더, EOIR, GPS, 소나, 수중플랫폼
해검 III (LIG넥스원)		• 플랫폼 길이: OOm • 최대속도 : OOknot • 원격운용거리 : OOkm (중계 포함) • 연안경계 및 감시정찰에 따른 구조 • 레이더, EOIR, GPS, 무장장비, 소나센서
해검 V (LIG넥스원)		• 플랫폼 길이: Om • 최대속도 : OOknot • 함탑재 진회수를 고려한 구조 • 레이더, GPS, INS, EOTS, 소화포

LIG넥스원의 무인수상정 현황.
출처: LIG넥스원

북한과 대치 중인 NLL 등에 투입하겠다는 계획을 갖고 있다. 그런데 미국 등 선진국에서는 현재 1000t 이상의 대형 함정에 1~2인 혹은 무인으로 운용이 가능한 미사일 탑재 무인수상정을 개발 중이다. 이러한 대형 무인수상정은 한국이 개발 중인 무인수상정과 달리 적과 직접 마주치지 않고 적으로부터 멀리 떨어진 곳에서 미사일만 쏟아붓는 화력지원 용도로 사용될 예정이다. 그렇기에 한국 역시 경쟁국들의 방향에 맞춰 유인전투함의 무기고 역할을 해줄 대형 무인수상정의 건조를 고려해볼 시기에 이르렀다고 생각된다.

지금까지 미래전 모습에 대한 예측과 더불어 그에 대응하기 위한 K-방산업체들의 무기개발 전략, 그리고 향후 대응 및 판매 전망을 살

디스코드와 드론으로 지휘통제가 이루어지는 우크라이나 전쟁.
출처: 우크라이나 국방부

펴보았다. 미래전에 대해서는 보다 자세하고 깊게 다룰 수도 있었으나, 이 책의 목적에 맞게끔 시장의 흐름을 중심으로 K-방산기업들의 미래 가치와 먹거리를 중점적으로 다루었음을 밝혀둔다.

새로운 미래전의 모습인 유무인복합전은 사실 한국군에겐 익숙하지 않은 전투 양상이다. 또한 지금까지 K-방산은 유인무기에서의 수출 실적은 좋았으나 무인무기에서는 그렇지 않았던 것도 사실이다. 하지만 미래전 역시 과거의 경험과 전투의 교훈에서 시작하는 만큼, 기초가 튼튼한 K-방산은 복잡하고 변화무쌍한 미래 전장에서도 제 역할을 다하는 우수한 제품을 만들 것이라 확신한다는 말을 끝으로 이 책을 마치고자 한다.

들어가며_진격의 K-방산

· 논문

강은호, '한국 방산 수출의 지속적 증대 방안: 우크라이나 전쟁의 시사점과 선진 방산
전략을 위한 제언',〈국방정책연구〉, 139권, 2023.

권보람, '러-우 전쟁이 미국의 국방전략과 한반도 안보에 주는 영향',〈한국국가전략〉,
9권 2호, 2024.

김금률, '한국의 방산수출 확대 전략 연구: 한·폴란드 방산수출 사례를 중심으
로',〈융합보논문지〉 제23권 제4호, 2023.

김동훈 외 1인, '한국의 방위산업에 관한 담론 및 인식 분석: 국외 주요 포털 빅데이터를
중심으로',〈한국방위산업학회지〉,제31권 제2호, 2024.

양태봉, '러시아-우크라이나 전쟁의 복합성과 비대칭성 연구', 경남대학교 대학원
정치외교학과 박사논문, 2024.

홍성표, '우크라이나 전쟁이 한국안보에 주는 시사점',〈군사논단〉, 113권, 2023.3.

장윤정 외 3인, '러시아-우크라이나 전쟁의 교훈과 시사점: 미래전장을 주도할 과학기술
동향',〈국방과 기술〉 제538호, 2023.12.

• 보고서

장원준, 〈우크라이나 전쟁 이후 글로벌 방산시장의 변화와 시사점〉, 산업연구원,2023.3.

Xiao Liang 외 6인, 'The SIPRI Top 100 Arms-producing and Military Services Companies, 2022', 〈Stockholm International Peace Research Institute〉, 2023.12.

• 기사

'미 "러, 우크라 전쟁 개전 때 투입한 병력 87%·전차 63% 손실', KBS, 2023. 12.13.

'하루 포격 6만 발 vs 6000발… 우크라, 유럽이 준 포탄 못 쓰는 이유, 〈조선일보〉, 20 24.1.5.

'진격의 K-방산…올해 '세계 4대 방산수출국' 향해 잰걸음', 연합뉴스, 2024. 2.12.

• 사이트

https://www.data.go.kr/data/15083447/fileData.do (공공데이터 포털)

1장_무기 1. 전차

• 도서

《세계수준 핵심기술 20선》, 국방과학연구소, 2009.

• 논문

김명호 외 5인, '능동방어체계 시험결과 분석시스템 연구', 2012 방위사업청 무기체계 시험평가 세미나.

정영현 외 2명, 'K2전차 주요구성품 성능개선 설계결과', 2017 한국군사과학기술학회 종합학술대회.

유유혁 외 3명, '차세대전차 승무원실 개념설계에 관한 연구',2020 한국군사과학기술학회 종합학술대회.

김현수 외 2명, '130mm 전차포 개발 방안', 2020 한국군사과학기술학회 종합학술대회.

• 보고서

현대로템주식회사 방산기술연구소, '미래 기술발전을 고려한 차세대전차 발전방향',

2019. 10.

• 기사

'K-2 흑표 파워팩의 '마지막 도전'이 갖는 의미', 〈비즈한국〉, 2020.7.23.

"신형 전차 4종 공개' 독일 전차군단이 돌아온다', 〈비즈한국〉, 2022.6.22.

"건국 이후 최대 거래' 폴란드 방산수출 성공의 의미와 과제', 〈비즈한국〉, 2022.7.29.

'K2 전차가 넘지 못한 대한민국 방위산업의 '세 가지 장벽", 〈비즈한국〉, 2023. 2.7.

'흑표 능가하는 K3 차기 전차가 넘어야 할 세 가지 장벽', 〈비즈한국〉, 2023. 7.24.

'대한민국 걸작 병기 'K2 흑표' 이제는 업그레이드 할 때', 〈비즈한국〉, 2024. 2.1.

1장_무기 2. 자주포

• 논문

한화에어로스페이스, '미래전장을 대비한 유무인 복합운용 포병화력체계개발방안', Inlex Korea, 2024.

한화에어로스페이스, '차륜형 자주포 개발(안)', 2024.8.

김진항, '차기자주포 요구능력에 관한 연구', 〈국방과 기술〉, 제350호, 2008.4.

• 보고서

방위사업청 화력사업부 포병사업팀, 『K9자주포 양산사업』 방위력개선사업집행종결보고', 2020.10.

• 기사

"'중고라도 좋으니 당장 사겠다"… K9 자주포, 이유 있는 질주', 〈매일경제〉, 2023.6.7.

'한화에어로, 유럽 재도전 대비한 '차륜형 K9 자주포' 최초 공개', 〈비즈한국〉, 2024.7.23.

'한화, 차세대 자주포 K9A3 모형 최초 공개', 〈비즈한국〉, 2024.10.2.

• 사이트

포병이 우크라이나 전투에서 주요 요인이 된 이유와 이것이 전투 과정에 미치는 영향(≪Бог войны≫. Почему артиллерия стала главным фактором в боевых

참고문헌   447

действиях на Украине и что это значит для хода сражений), 2023.4.29.
https://rtvi.com/stories/bog-vojny-pochemu-artilleriya-stala-glavnym-faktor
om-v-boevyh-dejstviyah-na-ukraine-i-chto-eto-znachit-dlya-hoda-
srazhenij/

1장_무기 3. 장갑차

• 보고서
대한민국 육군, '차기 보병 전투장갑차 K-21', 2010.
한화디펜스, '차기장갑차 개발동향', 2019.10.
Jane's Land warfare Platforms, 'K21', Janes, 2024.3.

• 기사
'[한국무기 디테일] 13. 국방연구개발사에 한 획을 그은 위업, 대우중공업의
　　K200장갑차', 〈시큐리티팩트〉, 2018.7.2.
'지상전의 왕자는 아니지만 '버팀목'… 흑표전차 축소 대안 찾기', 〈비즈한국〉,
　　2019.2.7.
'차세대 장갑차 NCGV 성공 열쇠는 '하이퍼 보병'', 〈비즈한국〉, 2019.5.24.
'세계 최강 대한민국 기계화 부대에 '진화적 획득전략'이 필요한 이유', 〈비즈한국〉, 201
　　9.11.21.
'한화, 호주와 '레드백 장갑차' 최종 계약… '첫 수출 기획 방산 제품 결실', 한화보도자료,
　　2023.12.8.
'한화 장갑차 '레드백' 129대 호주 수출계약 체결… 3조 원대 수주', 〈조선일보〉, 2023.
　　12.8.
'도면도 없이 뛰어든 장갑차 '레드백', 호주에 3조 수출', 〈동아일보〉, 2023.12.9.
'한화에어로 경전차 K-MPF, 라트비아 수출 노린다', 〈비즈한국〉, 2024.6.13.

2장_무기 4. 전투기

• 논문
전창식, '항공유도무기 발전전략', 항공무기체계 발전 세미나, 2023.

김기홍 외 6명, '국내 ESCORT 전투기 개발 및 효용성 연구',2024 한국군사과학기술학회 종합학술대회.

임상민 외 1명, '전투기 세대구분 정교화에 관한 연구: 6세대 분류기준 정립과 4.5세대와 5.5세대 세분화를 중심으로', 〈한국항공경영학회지〉, 제22권 제2호, 2024.

· 보고서

국방과학연구소, 'KF-21 AESA 레이다 개발현황 및 향후계획',2022.5.

방위사업청 한국형전투기사업팀, 'KF-21 기자단 브리핑 자료',2024.5.

한국항공우주산업, '미래전 대응을 위한 차세대공중전투체계 개발 방안',국방무인체계 전력발전 세미나(2024.7).

Jane's All the World's Aircraft: Development & Production, 'KAI KF-21 Boramae', 2024.2.

· 기사

'6세대 전투기 공중전, 우리 '4.5세대 KF-X'로 승산 있을까', 〈비즈한국〉, 2019.2. 25.

'순항 중인 KF-X 보라매 "진짜 난관은 지금부터"', 〈비즈한국〉, 2019.10.8.

'KF-X·장거리공대지미사일·스텔스무인기… 아덱스에 뜬 '국산무기 삼총사'', 〈비즈한국〉, 2019.10.15.

'최종 조립 단계 KF-X 보라매, 스텔스 성능 강화해야 하는 이유', 〈비즈한국〉, 2020.9.8.

'천룡의 진짜 정체는 '공대지 미사일', 게임 체인저 기대감', 〈비즈한국〉, 2021.5.17.

'KF-21G 보라매, '대공 미사일 사냥꾼' 될까', 〈비즈한국〉, 2023.1.30.

'국산 항공기용 제트엔진 개발의 의미와 과제', 〈비즈한국〉, 2023.3.7.

'10년 넘게 '보라매' 발목 잡은 국방연구원, 이제는 KF-21 도울 때', 〈비즈한국〉, 2023.11.3.

'KAI, 폴란드 MSPO에서 'FA-50 개량형' 모형 최초 공개', 〈비즈한국〉, 2024. 9.5.

'국산 전투기 경쟁력 강화할 '초음속 공대지 미사일', 최초 공개', 〈비즈한국〉, 2024.10.25.

"시작의 끝'에 도착한 KF-21의 과거와 미래', 〈Fly Together〉,2024.9.

• 논문

유홍주 외 6인, 'MUAV(중고도정찰용무인항공기) 개발현황', 2008 항공우주 무
    기체계발전 세미나.

서강원 외 1인, '수출을 고려한 무인항공기 연구개발 활성화 방안',〈한국방위산
    업학회지〉, 제19권 제1호, 2012.

• 보고서

김철환 외 4인, '중-고고도 정찰용 무인항공기 사업추진을 위한 사업분석', 국방
    대학교 정책연구 보고서, 2003.9.

감사원, '감사결과 보고서: 국방연구개발 추진실태', 2015.5.

오장환, '국내 유무인 협업체계 개발방안(Air Platform을 중심으로', KODEF세
    미나 2021.

국방과학기술연구소 항공기술연구원 4부, '무인항공기용 터보팬엔진 기술발전
    방향', 2021.5.

국방기술품질원,〈'23-'37 국방기술기획서 일반본〉, 2023.06

방위사업청,〈대한민국 드론 전력의 발전방향〉, 2024 항공우주전자 심포지엄,
    2024.07

• 기사

'KAI, KF-21용 '다목적 소형 무인기' 최초 공개,〈비즈한국〉, 2023.5.2.

'서울 ADEX 2023, 방산기업들의 '전투 드론 전쟁'을 주목하라',〈비즈한국〉, 2023.10.
    16.

'방산 연구개발 예산 '싹뚝' 되어도, 기업이 먼저 쉬쉬하는 까닭',〈비즈한국〉, 2024.8.8.

3장_무기 6. 디젤잠수함

• 보고서

민주연구원 안보문답 시리즈, '핵추진 잠수함 문답 5문 5답-필요성과 가능성검토',
    2017.10.

K-방산에 투자하라

신형식, '수출 잠수함 신뢰성 보장을 위한 설계 안전성 확보 발전방향', 2024 ISTC 국제
　　잠수함 기술 컨퍼런스, 2024.11.

・기사
'대한민국을 지키는 '비수' 도산안창호함을 주목하라', 〈비즈한국〉,2018.9.18.
'잠수함 수출 쾌거, 이젠 '수중전 토탈 솔루션'을 구축하라', 〈비즈한국〉,2019. 4.20.
"한국 방산 망해라' 일본 인기 칼럼은 현실이 될까', 〈비즈한국〉,2019.3.13.
'북한은 왜 SLBM을 두고 '남한제는 초보적'이라고 폄하했나', 〈비즈한국〉, 2021.9.22.
'K-잠수함 성공의 필수조건, '하이-로우 믹스' 전략', 〈비즈한국〉,2023.12.20.
"오션 2000 vs HDS-2300' 2000톤급 잠수함 경쟁 승자는?', 〈비즈한국〉, 2024.11.
　　13.

3장_무기 7. 다목적 전투함

・논문
최봉완 외 1인, '차기호위함 및 검독수리함 운영유지비 추정', 〈대한설비관리학회〉,
　　2010.

・보고서
Jane's Fighting Ships, 'Daegu (FFX-II) class (FFGHM)',2024.3.
Jane's Fighting Ships, 'Chungnam (FFX-III) class (FFGHM)',2024.3.

・기사
"30분 내 한국 해군 전멸?' 됐고, 지금 급한 건 KDDX야', 〈비즈한국〉, 2019. 1.30.
"깜짝 공개' 차세대 전투함 KDDX의 예상 성능은?', 〈비즈한국〉,2023.5.16.

3장_무기 8. 해상 무인체계

・논문
조용진 외 3인, 'EO 카메라와 딥러닝을 활용한 무인수상정의 장애물 회피용수상장애물

자동탐지/식별 시스템', 2022 한국군사과학기술학회 종합학술대회.

하정웅 외 2인, '대잠전용 다중 무인수상정의 자율운항을 위한 DWA 기반 장애물 충돌회피 알고리즘에 관한 연구', 2022 한국군사과학기술학회 종합학술대회.

허진영 외 4인, '단계별 강화학습 기반 무인수상정 자율임무제어 기법 연구', 2022 한국군사과학기술학회 종합학술대회, 2024.

· 보고서

김경섭 외 3인, '무인잠수정용 수중음향센서 기술발전방향', 2023 함정기술· 무기체계 세미나.

한화시스템, '해양 유/무인 복합체계 개발 현황', 2023 함정기술·무기체계 세미나.

김진우, 『해양 유·무인 복합전투체계』 구축을 위한 운용개념 및 핵심기술 기획방향', 2024.5.

LIG넥스원 무인체계연구소, '해양무인체계 개발현황 및 지휘통제방안', 2024.7.

· 기사

'"무인 무기 주도권 잡아라" 진해는 지금 총성 없는 전쟁 중', 〈비즈한국〉, 2024.4.25.

4장_무기 9. 지대지미사일

· 논문

임형태 외 1인, '비동맹국 다련장 체계의 제원 및 발전 동향 분석', 2019한국군 사과학기술학회 추계학술대회.

· 보고서

장원, '한-UAE 방산 협력 동향', KOTRA, 2024.5.

국방기술진흥연구소, '고성능 다련장 개발기술 연구개발 과제 제안요청서', 2023.4.

· 기사

광희 외 1인, '다연장로켓포의 발전추세와 시사점', 〈주간국방〉, 제754호, 1999.2.

'한국형 다연장 로켓 천무', 〈밀리터리 리뷰〉, 군사정보, 2011.11.

K-방산에 투자하라

"서울 불바다'의 그 장사정포, 철수하면 무조건 좋은 걸까', 〈비즈한국〉, 2018. 6.22.

'한화, 폴란드 다연장로켓에 '전투함 킬러' ASBM 미사일 통합 제안', 〈비즈한국〉, 2024.9.23.

"북한판 초대형 현무' 상대할 KTSSM-III 미사일의 실체는?', 〈비즈한국〉, 2023.11.16.

4장_무기 10. 지대공미사일

· 논문

황호성 외 3인, '복합 유도무기체계의 신뢰성 확보를 위한 체계 통합 시험 설계'〉,〈신뢰성응용연구 신뢰성기술〉, 제12권 제2호, 2012.

· 보고서

Jane's Land Warfare Platforms: Artillery & Air Defence, 'M-SAM', 2024.2.

· 기사

'천궁(철매-II) 개발 완료 보고회', 〈밀리터리 리뷰〉, 군사정보, 2012.1.

'북한 탄도미사일을 요격하라! 천궁 성능개량 프로그램회', 〈밀리터리 리뷰〉, 2012.6.

'한국형 '아이언돔' 도입, 이스라엘제 수입만이 능사일까', 〈비즈한국〉, 2020. 6.25.

5장_1. K-방산기업들의 세 가지 생존전략

· 도서

신인호, 《무내미에는 기적이 없다》, 책으로만나는세상, 2003.

· 기사

'사공 많은 KF-X, 전투기는 산으로…', 〈더스쿠프〉, 2014.6.3.

'[한화디펜스] 차세대 6x6 차륜형장갑차 '타이곤' 실물공개', 〈이코노미톡뉴스〉, 2018.4.17.

'38억 규모 군사무기 사업 입찰… '가위바위보'로 정하는 방사청', 〈중앙일보〉, 2020.11.26.

'[기술개발史] ⑥"韓기술로 만든 군용기 어떻게 믿나" KT-1 비사', 〈대덕넷〉, 2020.12.09.

'데뷔 15년차 'K21', 이젠 하품 나올 지경이라는 말 나온 까닭', 〈중앙일보〉, 2022,4.10.

5장_2. 항공 분야

· 보고서

한국항공우주산업, '2024년 1분기 잠정실적 발표', 2024.4.

한국항공우주산업, '2024년 1분기 분기보고서', 2024.5.

대한항공, '2024년 1분기 분기보고서', 2024.5.

스톡홀름국제평화연구소, 'SIPRI YEARBOOK 2024', 2024.8.

· 기사

'KAI, 차세대 고속 중형기동헬기 'XUH' 본격 추진', 〈비즈한국〉, 2023.11.13.

'"중동 수출 노리나" 수리온 KUHE001, 두바이 에어쇼 최초 공개', 〈비즈한국〉, 2023.11.13.

'항공기 사는 것보다 정비에 돈이 더 든다? MRO에 힘주는 대한항공·KAI', 〈중앙일보〉, 2024.3.27.

5장_3. 기동 무기체계

· 논문

김종하, '전문화-계열화제도 폐지 후의 보완대책: 신 방위산업기반의 구축을중심으로', 〈한국방위산업학회지〉, 15권 1호, 2008.

이규현, '기업체 중심의 국방 R&D 활성화 방안', 건국대학교 산업대학원방위사업학과 석사학위 청구논문, 2017.

윤이숙 외 1인, '국방과학기술료 징수정책의 문제점과 개선방향', 〈행정논총〉, 제51권 1호, 2013.

• 보고서

현대로템, '2024년 1분기 실적 발표', 024.4.

한화에어로스페이스, '2024년 1분기 실적 발표',2024.4.

• 기사

'K2전차 해외파워팩 허술한 검증 논란', 〈뉴시스〉,2012.10.11.

'두산DST, 차륜형 중장갑차 개발', 〈경남신문〉,2013.5.3.

'삼성, 테크윈-종합화학 매각 이유는?', 〈글로벌이코노믹〉,2014.11.26.

'(선장 바뀐 현대로템 1년) ①'악몽의 4분기' 올해도 재현되나?',〈IB토마토〉, 2019.11. 27

'방사청 문 열면서 전문화계열 폐지됐다', 〈아시아경제〉,2020.10.04.

5장_4. 센서와 미사일

• 논문

권태영, '21세기 전력체계 발전추세와 우리의 대응 방향', 〈국방정책연구〉, 2000년 겨울 호.

• 보고서

한화시스템, '2024년 1분기 실적 발표',2024.4.

LIG넥스원, '2024년 1분기 실적 발표',2024.4.

• 기사

'김민석의 세계는 지금 PGM 전쟁 중 (1)', 〈LIG넥스원 근두운〉, 2014.9.5.

'데이터 전자해전의 시대의 핵심 무기체계 '함정용전자전장비-II', 〈비즈한국〉, 2022.9. 29.

'한화시스템, KF-21 AESA 레이다 첫 양산 돌입…국내 최초 항공기용 전력화', 〈이로운 넷〉, 2023.6.25.

'미국 수출 노리는 '비궁', 미 텍스트론사 무인수상정 탑재 포착', 〈비즈한국〉, 2024.4.4.

"윈-윈' 삼성·한화 빅딜 후 10년… 전자 중심 재편·거대 방산기업 탄생',〈시사저널〉, 20 24.5.14.

'갈등 빚던 LIG·한화, 천궁II 이라크 수출 본격 협의', 〈조선비즈〉, 2024.11.8.

나가며_미래전을 준비하라

· 보고서

USMC, 'Expeditionary Force 21', 2014.3.

Jane's Unmanned Maritime Vehicles, 'Executive overview: Jane's Unmanned Maritime Vehicles 2023-2024', 2023.10.

· 기사

'김민석의 군사오락: 치명적인 미래전을 다룬 소설, 『유령함대』', 〈국방홍보원〉, 2018.10.

부록

K-방산의 대표 무기와
이를 만드는 회사들

K2 전차

HYUNDAI Rotem	체계종합 현대로템(064350)
HD현대인프라코어	엔진 HD현대인프라코어(042670)
SNT 다이내믹스	변속기 SNT다이내믹스(003570)
Hanwha Systems	사격통제장비 한화시스템(272210)
HYUNDAI WIA	포 현대위아(011210)
SNT Motiv	기관포 SNT모티브(064960)
POONGSAN	포탄 풍산(103140)
POONGSAN	연막탄 풍산(103140)
For Technology of Composite Samyang Comtech	장갑 삼양컴텍(비상장)
HYUNDAI Rotem	능동방어장비 현대로템(064350)
HYUNDAI Rotem	자동장전장비 현대로템(064350)
SNT 다이내믹스	복합연막탄발사기 SNT다이내믹스(003570)
LS 엠트론	궤도 LS엠트론(비상장)
MNC SOLUTION	포탑 구동장비 MNC솔루션(상장 예정)
MNC SOLUTION	현수장비 MNC솔루션(상장 예정)
(주)삼주기업 SAMJU INDUSTRY Co.,Ltd.	로드휠 삼주기업(비상장)

Hanwha Aerospace	체계종합 한화에어로스페이스(012450)
STX엔진	엔진 STX엔진(077970)
Hanwha Systems	사격통제장비 한화시스템(272210)
HYUNDAI WIA	포 현대위아(011210)
POONGSAN	포탄 풍산(103140)
Hanwha Aerospace	모듈장약 한화에어로스페이스(012450)
Hanwha Systems	유무인복합조종기 한화시스템(272210)
FOOSUNG 퍼스텍(주) FIRSTEC CO.,LTD.	조종수 계기/조종패널, 차량 전원분배기, 구동조종기 퍼스텍(010820)
SNT 다이내믹스	기관포 SNT다이내믹스(003570)
MNC SOLUTION	현수장치 MNC솔루션(비상장)
MNC SOLUTION	포탑 구동장치 MNC솔루션(비상장)
EOST	조종수용 열상카메라 이오시스템(비상장)
FOOSUNG 퍼스텍(주) FIRSTEC CO.,LTD.	구동제어기 및 조종기 퍼스텍(010820)

레드백-eX 장갑차

Hanwha Aerospace	체계종합 한화에어로스페이스(012450)
stx엔진	엔진 STX엔진(077970)
SNT 다이내믹스	변속기 SNT다이내믹스(003570)
SNT Motiv	포 SNT모티브(064960)
Hanwha Aerospace	미사일 한화에어로스페이스(012450)
For Technology of Composite Samyang Comtech WELCRON 웰크론	장갑 삼양컴텍(비상장) 웰크론(065950)
Hanwha Aerospace	RCWS 한화에어로스페이스(012450)
SNT 다이내믹스	기관포 SNT다이내믹스(003570)
Hanwha Systems	능동방어장비 한화시스템(272210)
Hanwha Aerospace	통합전장시스템 한화에어로스페이스(012450)

KAI 한국항공우주산업주식회사 KOREA AEROSPACE INDUSTRIES LTD.	체계종합 한국항공우주산업(047810)
Hanwha Systems	레이더 한화시스템(272210)
LIG Nex1	비행/무장 컴퓨터 LIG넥스원(079550)
LIG Nex1	통합전자전 장비 LIG넥스원(079550)
Hanwha Aerospace	엔진 한화에어로스페이스(012450)
Hanwha Systems	IRST 한화시스템(272210)
Hanwha Systems	EOTGP 한화시스템(272210)
Hanwha Aerospace	보조연료탱크 한화에어로스페이스(012450)
FOOSUNG 퍼스텍(주) FIRSTEC CO.,LTD.	NVIS 패널 퍼스텍(010820)
FOOSUNG 퍼스텍(주) FIRSTEC CO.,LTD.	소화장치조립체 퍼스텍(010820)
DACC CARBON 주식회사 데크카본	브레이크 디스크 데크카본(비상장)
MNC SOLUTION	주유압펌프 MNC솔루션(상장 예정)
Hanwha Systems	임무컴퓨터 한화시스템(272210)
LIG Nex1	장거리 공대지미사일 LIG넥스원(079550)
LIG Nex1	KGGB 유도폭탄 LIG넥스원(079550)

중고도무인기

KOREAN AIR	체계종합 대한항공(003490)
Hanwha Aerospace	엔진 한화에어로스페이스(012450)
LIG Nex1	SAR LIG넥스원(079550)
Hanwha Systems	EO/IR 한화시스템(272210)
FOOSUNG 퍼스텍(주) FIRSTEC CO., LTD.	착륙장치용 구동장치 퍼스텍(010820)
FOOSUNG 퍼스텍(주) FIRSTEC CO., LTD.	추진계통/연료계통/방빙계통 퍼스텍(010820)
연합정밀(주) YEONHAB PRECISION CO.,LTD.	전원제어장치 연합정밀(비상장)
LIG Nex1	지상통제체계 LIG넥스원(079550)
LIG Nex1	항전체계 LIG넥스원(079550)

Hanwha OCEAN / HD현대중공업	건조회사 한화오션(042660) HD현대중공업(329180)
퍼스텍(주) FIRSTEC CO.,LTD.	어뢰 기만기 발사체계 퍼스텍(010820)
LIG Nex1	자항식 기마기 LIG넥스원(079550)
WooriByul	위성통신 모뎀 우리별(비상장)
DOOSAN 두산에너빌리티	수직발사기 두산에너빌리티(034020)
KSB 한국특수전지	연축전지 한국특수전지(비상장)
Bumhan	수소연료전지 범한퓨얼셀(382900)
LIG Nex1	범상어 어뢰 LIG넥스원(079550)
Hanwha Aerospace	SLBM 한화에어로스페이스(012450)
LIG Nex1	순항미사일 LIG넥스원(079550)
Hanwha Systems	전투 체계 한화시스템(272210)
LIG Nex1	통합 음파탐지기 체계 LIG넥스원(079550)

대구급 호위함

▶HD현대중공업 / Hanwha OCEAN	건조사 HD현대중공업(329180) 한화오션(042660)
Hanwha Systems	레이더 한화시스템(272210)
FOOSUNG 퍼스텍(주) FIRSTEC CO., LTD.	레이다 냉각 시스템 퍼스텍(010820)
Hanwha Systems	전투체계 한화시스템(272210)
LIG Nex1	전자전 LIG넥스원(079550)
LIG Nex1	지대함미사일 LIG넥스원(079550)
LIG Nex1	대잠수함미사일 LIG넥스원(079550)
LIG Nex1	함대공미사일 LIG넥스원(079550)
HYUNDAI WIA	함포 현대위아(011210)
Hanwha Aerospace	추진기관 한화에어로스페이스(012450)
LIG Nex1	음파탐지기 LIG넥스원(079550)
삼양화학공업(주) SAMYANG CHEMICAL Co., Ltd.	MASS 대응탄 삼양화학공업(비상장)
SPECO	조타기 스페코(013810)
WooriByul	위성통신 모뎀 우리별(비상장)
LIG Nex1	경어뢰 LIG넥스원(079550)
Hanwha Systems	대유도탄기만체계 한화시스템(272210)
LIG Nex1	음파탐지기 LIG넥스원(079550)

LIG Nex1	LIG넥스원(079550) 해검2 해검3 함탑재무인함 M-헌터
Hanwha Systems	한화시스템(272210) 해령 서쳐

천무 로켓

Hanwha Aerospace	체계종합 한화에어로스페이스(012450)
Hanwha Aerospace	유도로켓 한화에어로스페이스(012450)
KD Ind.	무유도로켓 코리아디펜스인더스트리(비상장)
Hanwha Aerospace	CTM-290미사일 한화에어로스페이스(012450)
동양정공	130mm 포드 동양정공(비상장)
MNC SOLUTION	발사대유압구동장치 MNC솔루션(상장 예정)
For Technology of Composite Samyang Comtech	수출형 부가장갑 삼양컴텍(비상장)
FOOSUNG 퍼스텍(주) FIRSTEC CO., LTD.	CTM-290 유도조종장치 및 구동장비 퍼스텍(010820)
FOOSUNG 퍼스텍(주) FIRSTEC CO., LTD.	발사통제장치 퍼스텍(010820)

천궁 미사일

LIG Nex1	체계종합 LIG넥스원(079550)
LIG Nex1	요격미사일 LIG넥스원(079550)
Hanwha Systems	다기능레이더 한화시스템(272210)
FOOSUNG 퍼스텍(주) FIRSTEC CO., LTD.	미사일 측추력기용 고압용기 조립체 퍼스텍(010820)
FOOSUNG 퍼스텍(주) FIRSTEC CO., LTD.	구동장치 퍼스텍(010820)
DANAM SYSTEMS	TLM/CLU 단암시스템즈(비상장)
DANAM SYSTEMS	지령수신기용 SSPA 단암시스템즈(비상장)
MNC SOLUTION	발사대 구동장비 MNC솔루션(비상장)
MNC SOLUTION	다기능레이더 유압장치 MNC솔루션(비상장)
WooriByul	레이더통제기 우리별(비상장)